비판 인문학 120년사

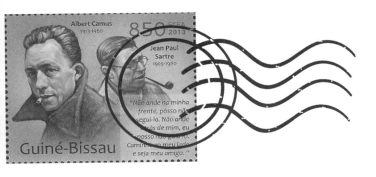

비판 인문학 120년사

정신분석학에서 실존주의, 코로나 시대의 인류세까지
프로이트에서 푸코, 카스텔까지

성일권

Le Monde

목차

왜 인문학 120년사인가

　지식인들이 존경받는 이유는 인간의 희로애락, 개인과 사회의 관계 뿐 아니라, 인류가 직면한 다양한 쟁점들을 고민하고, 삶의 궁극적 목표를 추구하기 위한 대안을 찾고자 고민해왔기 때문이다. 그 고민의 과정이 인문주의다.

　인문학이라는 제목을 단 강좌들이 대학 강단이나 시민 학교에서 대거 선보이고 있다. 하지만 대부분은 인문학을 유명 작가들의 문학작품 또는 철학가들의 사상과 동일시하고 있는 게 현실이다. 명작이나 고전의 가치를 칭송하는 것에 갇힌 인문학은 진정한 인문주의 정신을 발현한다고 할 수 없다. 에드워드 사이드의 지적처럼, 인문주의는 우리가 이미 알고 느끼는 것을 다시 확인해 공고히 하는 방식이 아니라, 논쟁의 여지없이 무비판적으로 받아들여지는 '확실성'에 대해 질문하고 그것들에 대해 소란을 일으키고 재정립하는 것이다. 세계화의 파고 속에 강대국과 약소국의 이해관계는 더욱 첨예하게 대립하고, 빈익빈 부익부의 심화, 실업문제, 노동문제, 환경오염, 다문화사회의 도래, 소수자 인권문제 등 수많은 난제들이 쌓여만 가는데, 우리들이 흔히 접하는 인문학은 출세지향의 처세술을 매끄럽게 분칠하는 도료이거나 자기만족의 립스틱으로 소비되고 있다.

　인문주의는 인간 고유의 가치를 담은 예술·종교·철학·과학·윤리학 등을 존중하며, 인간을 짓밟는 모든 압력을 떨쳐내려는 노력을 일컫는다. 인문주의는 본질적으로 인간성을 신의 굴레로부터 해방하려는 노력에서 시작되었다. 인문주의는 인간이 봉건적인 '신의 세계'에 도전한 중세 말기인 14~15세기, 이탈리아에서 오래 전에 신에게 죽은 인간을 다시 탄생시키려는 노력, 즉 르네상스(Renaissance)를 계기로 개화되었다. 고대 그리스·로마 시대에 『오이디푸스』, 『안티고네』(소포클레스) 등의 고전문학이 신들의 시대에 인간의 탄생을 담은 '네상스'(Naissance)를 다루었다면, 단테를 선구자로 하여 페트라르카, 보카치오 등을 중심으로 한 중세 말의 인문주의자들은 신과 관습으로부터 인간을 다시 해방시키고 완성하려는 노력, 즉 르네상스 (Renaissance)를 전개하였다.

초기 인문주의자들은 권위적인 기독교와 절대군주 권력의 억압적 질곡에 갇힌 인간의 자유와 해방을 부르짖었다. 이러한 사상적 경향은 반(反)종교적이며, 인간 본능적인 내용을 담은 조반니 보카치오(1313~1375)의 『데카메론』에서 선구적으로 두드러졌다. 『데카메론』은 단테(1265~1321)의 신곡(神曲)에 비견되어 인곡(人曲)이라고 불리며 민중들 사이에 큰 인기를 모았다. 인문주의는 독일·네덜란드·영국 등으로 전파되어 울리히 폰 후텐(1488~1523), 데시데리우스 에라스무스(1466~1536), 토머스 모어(1478~1535) 등을 낳고, 이어 프랑스로 유입되어 프랑수아 라블레(1483~1553)와 같은 풍자 작가를 배출하였다. 이어 인문주의는 18세기에 들어와 프랑스에선 샤를 몽테스키외(1689~1755)와 장 자크 루소(1712~1778)의 계몽사상에 영향을 끼쳤으며, 독일에선 요한 볼프강 괴테(1749~1832), 프리드리히 쉴러(1759~1805) 등의 작품 세계에 깊이 스며들었다. 19세기 후반에는 프리드리히 니체(1844~1900), 레프 니콜라예비치 톨스토이(1828~1910), 로맹 롤랑(1866~1944)과 같은 철학자·문학자들이 인간의 본성적 의지와 한계, 인류애적 사랑을 찾고자 했다.

20세기 들어와서는 인간의 현실적 존재에 대해 깊이 고민한 인문학자들이 출현하였다. 인문학적 관점에서 볼 때, 산업혁명 이후 인간 능력을 극대화한 지난 100년은 우리 인류에게 있어 오만함의 극치와 그 반성이 뒤따른 세기(世紀)라고 할 수 있다. 즉 인간 스스로 자신이 이성과 합리성이라는 특출한 능력을 지닌 최고의 존재라고 믿다가 그 한계를 깨닫고, 새로운 사유와 반성의 담론들을 쏟아낸 시기라 할 수 있다.

1, 2차 산업혁명과 근대국가의 등장 이후 인간의 이성과 합리성이 신의 전지전능함을 대신했으나, 곧 그 정당성을 위협받았다. 공교롭게도 20세기는 신의 죽음을 선언하고, 인간의 의지를 강조했던 니체의 죽음(1900), 그리고 인간의 나약한 정신세계를 탐구한 지그문트 프로이트의 『꿈의 해석』(1900)의 발표와 함께 시작됐다. 1900년을 기점으로 '신의 죽음'과 함께 '인간의 해방'이 본격화한 셈이다. 지난 한 세기 동안, 그리고 21세기의 문턱을 넘은 지금까지 인문학에서는 줄곧 인간의 주체성을 연구 담론의 중심에 놓았다.

이 책에서는 지난 한 세기의 인문학사(史)를 10년 단위로 나눠 프로이트의 정신분석학에서부터 멀티미디어 시대의 집단지성, 코로나 시대의 인류세에 이르기까지 그 사상적 흐름을 짚어봄으로써 21세기를 살고 있는 인류의 존재론적 의미를 찾아보고자 한다. 하지만 이 책은 거대한 인문학의 바다로 나서기 위해 작은 실개천을 더듬는 시도에 불과할 것이다. 이 책은 필자가 〈르몽드 디플로마티크〉 한국어판 (2016년 2~12월)에 기고한 글들을 묶고, 보완한 것으로 독자들이 이해하기 쉽게 우리가 익히 알고 있는 지식을 때론 날것으로, 때로는 가공하여 정리했음을 밝혀둔다. 인문학 120년사를 정리하는데 프랑스 등 적지 않은 국내외 도서와 매거진, 학술지 등을 참고했으나, 현대 인문학사에 치중하는 바람에 결과적으로 서양 인문학사 중심의 글이 되고 말았다. 추후 수정 보완을 통해 인문학 120년사의 온전한 완성을 약속드린다. 부디 이 책이 독자들의 지적 탐험에 조금이나마 길잡이가 되어주길 바란다.

1장

1900~1910년대

▼ 1900년 『꿈의 해석』 출간으로 인간탐구의 문을 연 지그문트 프로이트

[시대적 배경]
산업혁명 이후 인류의 재발견과 '라 벨 에포크'

19세기 무렵, 서구인들은 과학기술을 앞세워 다른 세계의 발견을 끝내고 식민지 경영에 나섰다. 서구 국가들은 세계를 각기 분할하여 지배했는데, 서로 더 큰 식민지를 차지하기 위해 전쟁을 일으켰다. 대영 제국은 당시 인구 5억의 인도를 차지했고, 프랑스 제국은 아프리카와 인도차이나를 삼켰다. 오랫동안 아시아의 맹주로 군림했던 중국은 영국, 독일, 프랑스, 일본, 미국이 호시탐탐 노리는 먹잇감으로 전락했다.

20세기 전까지만 해도 제국주의의 영향 탓에 서구와 비서구 문명을 진화론적 차이로 설명하는 구분 짓기가 유행했다. 인류학자 루이스 모건(1818~1881)은 1877년 저서 『시대에 뒤떨어진 사회』에서 '진화론'을 적용해 사회발전 단계를 구분했다. 그러나 시간이 흐르면서 이러한 관점은 힘을 잃어 갔다. 미국으로 이주한 독일 출신 인류학자 프란츠 보아스(1858~1942)는 문화영역, 주변영역, 부족유형 등의 개념을 고안하는 등 역사주의적인 입장[1]을 취하며, 특히 사회인류학자 제임스 프레이저(1854~1941)가 주창한 진화주의적인 문화발전론을 경멸했다. 보아스는 알프레드 크로베, 에드워드 사피르, 랠프 린튼 등을 이끌며, 인류학의 새로운 전환점에 도달했다.

제국주의와 더불어 본격화한 산업혁명은 시간이 흐르면서 기업들의 집중화, 즉 트러스

---

[1] 19세기 말부터 인문관계 제반 과학에서 쓰기 시작한 새로운 개념으로, 모든 사상(事象)을 역사적 생성과정으로 보고 그 가치 및 진리도 역사의 발전과정에서 나타난다고 주장한 입장.

트, 카르텔, 독점 현상을 드러냈다. 산업혁명의 확장과 함께 빠르게 도시화가 진행됐다. 유럽과 미국의 대도시에서는 노동 분업과 상품시장의 등장, 관료사회와 개인주의의 출현으로 삶의 양식이 크게 바뀌었다. 바야흐로 대중과 군중의 시대가 도래한 것이다. 페르디난드 퇴니이스 같은 사회학자들은 이 새로운 삶의 양식을 공동체에서 대중사회로의 이행과정으로 이해했고, 에밀 뒤르켐 같은 이들은 이를 도덕이나 종교와 연계된 기술적 연대로부터 구체적인 사회그룹 내 개인들 간의 유기적 연대로 향하는 이행과정으로 파악했다. 또한 일부 학자들은 전통적 삶의 양식이 합리주의로 변화하는 것이라고 이해했다. 이 무렵, 산업혁명에 힘입어 어느 때보다 풍요로운 시대, 이른바 '라 벨 에포크(아름다운 시대)'가 펼쳐졌다. 카바레와 선술집, 영화관에 사람들이 몰렸고, 해수욕장도 여가를 즐기려는 사람들로 붐볐다. 건축과 실내장식 분야에도 새로운 양식의 취향이 더해졌다. 1905년 앨버트 아인슈타인이 그의 첫 상대성 이론을 창안했으며, 같은 해 그는 빛이 작은 알갱이로 이뤄졌다는 '광자(光子)'의 가정을 세웠다. 또한, 그는 1900년 독일의 물리학자 막스 플랑크(1858~1947)가 창안한 양자(量子) 이론을 발전시켜, 현대 물리학의 혁명을 이루었다. 미술에서 마티스, 고갱, 고흐, 라울 뒤퓌(1877~1953) 등으로 대표되는 야수파(fauvism)가 기존 미술에 화려한 색깔을 입혔다면, 피카소가 1907년 '아비뇽의 아가씨들'로 첫 선을 보인 입체파(cubism)는 기존 미술의 전통적 기법을 깨뜨렸다. 입체파는 동작과 형태의 해체를 가져왔고, 이로써 이른바 '추상의 시대'가 시작되었다.

욕망하거나 관계를 맺거나

산업혁명 이후 대중적 생활과 개인의 삶이 충돌하는 사회 분위기 속에서 1900년 오스트리아 빈에서 44세의 의사 프로이트가 쓴 『꿈의 해석』이라는 야심만만한 책이 출간된다. 이 책은 꿈의 심오한 의미, 즉 인간 정신 현상의 어려운 수수께끼에 대한 답을 제시한다. 프로이트에 따르면 꿈은 우리들의 숨겨진 심리영역, 즉 무의식과 맞닿아 있는 관문이다. 꿈은 정신착란증세 같기도 하고, 또 일관성이 없어 보이지만 어떤 숨겨진 의미를 전달하며, 꿈속에 담긴 내용은 의식 상태를 엿볼 수 있는 강력한 욕망의 표현이라는 것이다. 욕망은 종종 성적 욕구, 주로 근친상간적 경향을 띤다.

프로이트, "모든 꿈은 욕망의 추구로 발현"

의학을 공부한 후 1873년 빈 의과대학에서 생리학을 전공한 프로이트는 1876년부터 신경학에 관심을 갖고 15년간 신경학자로서 연구에 전념했다. 1885~1886년에 그는 신경병리학 분야의 권위자 장 마르탱 샤르코 (1825~1893)[2]가 운영하는 파리의 사르페토리에르 병원에서 연수했다.

샤르코는 평소에도 자신의 진료를 시연하는 등 남들 앞에 나서는 것을 즐겼는데, 정신적 문제로 마비 상태에 있던 여자 환자를 최면으로 침대에서 일어나게 하는 장면을 동료들에게 보여주면서 유명해졌다. 그는 기본적으로 암시에 잘 반응하는 히스테리 환자들의 치료에 최면을 시도해서 성공을 거두었고, 이를 통해 최면도 히스테리의 일종이라고 결론 내렸다. 즉, 최면에 걸리는 것도 히스테리와 같은 신경증을 앓는 것으로 비정상 상태라는 주장이다. 낭시 대학의 이폴리트 베른하임(1840~1919)은 샤르코의 비정상론을 정면으로 반박하며, 최면에 걸리는 피암시성은 모든 인간에게 존재하는 정상적인 기질이라고 주장했다. 다만 성별이나 타고난 기질에 따라 차이가 존재한다는 것이다. 한동안 이 두 학파는 서로 대립해 논쟁을 해나갔다. 지금은 베른하임의 이론이 당연시되지만, 1800년대 후반 프로이트가 샤르코에게 배운 최면술을 빈의 다양한 환자들에게 적용하고, 자신의 여러 저술에 소개한 덕분에 샤르코의 명성이 베른하임보다 더 커졌고, 이는 두 학파의 대립에 영향을 미치기도 했다.

이후 빈으로 돌아온 프로이트는 정신과 의원을 개업했다. 사실, 프로이트가 자신의 새로운 정신이론을 고안한 것은 1889년 프랑스 낭시에서 심리학자 이폴리트 베른하임의 강연을 듣고 나서다. 프로이트는 나중에 그의 강연에 대

---

2 1882년에 파리 사르페토리에르병원에서 유럽 최초로 신경의학클리닉을 설립한 샤르코
  는 주로 신경의학에 관심을 집중하면서 다발성 경화증에 관한 연구에 몰두하였다. 1872
  년에 파리대학교 의과대학에서 병리해부학 교수가 되어 1882년 신경의학의 최고 권위자
  가 될 때까지 신경계 질환을 연구하는 대표적인 학자로 이름을 떨쳤다. 1885년에는 프로
  이트가 그의 제자가 되었다. 샤르코는 수많은 논문과 책을 출판했으며, 특히 1874년에 출
  간된 『사르페토리에르 신경계 질환 강의집』이 유명하다.

한 소감을 이렇게 적었다. "나는 그곳에서 인간 의식에 숨겨진 정신의 가능성에 대해 아주 강렬한 인상을 받았다." 1895년, 프로이트는 자신을 치료해준 오스트리아 빈의 의사 요제프 브로이어(1842~1925)와 함께 『히스테리에 관한 연구』라는 저서를 출간한다. 이 책에서는 브로이어가 1880~1882년 치료했던 안나 오(Anna O)라는 젊은 여성의 히스테리 증세가 묘사되었다. 프로이트는 이 여성의 히스테리 증세를 아버지를 향한 근친상간적 욕망이라고 명명했다. 그러나 그는 안나를 만난 적이 전혀 없었다. 당시 브로이어가 안나에게 시행한 대화치료는 새로운 치료방법이라고 할 만 했다. 그러나 연구 성과를 공유하기를 원치 않는 브로이어로 인해 두 사람은 갈라선다. 이후 프로이트는 자기 나름의 연구 업적을 쌓는다. 몇 년 간의 연구를 통해 그는 '정신분석학'의 중요한 개념들을 창안하고, 정리했다.

정신분석학은 1896년 그의 저서에 처음 등장했다. 무의식, 리비도, 오이디푸스 콤플렉스, 자유연상(free association)[3], 유년기의 성, 방어 기제[4] 등의 용어가 정의되었다. 물론, 프로이트가 언급한 무의식의 개념은 전적으로 독창인 것은 아니었다. 아더 쇼펜하우어(1788~1860)[5]는 이미 오래전 '무의식'의

---

3 어떤 자극어를 주었을 때 마음에 떠오른 생각을 자유롭게 나타내게 하는 것, 자유연상법에는 자극어를 하나씩 읽어 주고 피험자의 마음에 떠오른 표상을 반응하게 하는 것으로서 어떤 연상을 어떠한 방법으로 하느냐를 밝히는 것과, 처음에 주어진 자극어에서 시작해서 머리에 차례로 떠오르는 생각을 연상시키는 방법으로 정신분석에서 정신의 심층을 분석하는데 사용된다. 자유연상에 대해 첫 번째 연상되는 말, 반대어 또는 동의어를 답하게 하는 것을 제한 연상(controlled association)이라 한다.
4 프로이트(S. Freud)는 성격구조를 원초아, 자아, 그리고 초자아의 세 가지 요소로 가정하고 이들 사이의 갈등을 토대로 불안을 설명하였다. 적절한 대처능력이 결핍되었을 때, 자아가 너무 취약할 때, 그리고 상황 자체가 합리적으로 해결될 수 없는 경우 불안을 야기하는 상황을 제대로 처리할 수 없다. 방어기제는 이러한 상황을 무의식적으로 처리할 수 있도록 도와준다.

개념을 자신들의 철학에 응용했고, 피에르 자네(1859~1947)는 극복할 수 없는 외상의 경험과 관련이 있는 '다중 인격장애'라는 정신분석학의 개념을 발전시켰다. 그러나 무의식 개념의 진정한 창시자는 독일의 심리학자 테오도르 립스(1851~1914)로 꼽힌다.

그는 "무의식이 과거의 전체적인 표상 행위들로 이뤄졌으며, 항상 내가 의식하지 않더라도 무의식은 나 자신 안에서 활동하고 있다"고 말했다. 프로이트의 독보적인 저서로 자리 잡은 『꿈의 해석』(1900)은 아버지의 죽음을 계기로 프로이트가 빠진 우울증과 그 기간 이뤄진 자기분석 과정의 산물이라 할 수 있다. 이 자기분석을 통해 그는 두 달 반 전의 기억까지 되살리면서 자신에게도 아버지에 대한 적개심과 어머니에 대한 욕망이 있었음을 발견한다. 그는 죽은 아버지와의 관계에서 자신이 죄의식을 가진 아들이기를, 즉 곧 이론화할 오이디푸스 콤플렉스의 소유자이길 선택한 것이다. 그는 이 이론을 다듬어 일반화한다.

프로이트는 『꿈의 해석』의 출간에 힘입어 황금기를 맞았다. 그는 몇 년 간 수많은 저서들을 출간했다. 『일상생활의 병리』(1901), 『성 이론에 관한 세 가지 논문』(1905), 『무의식에 관해』(1915), 『자아와 이드』(1923) 등이 그것이다. 프

---

5 쇼펜하우어는 직관이 오성의 작용이라고 주장한다. 직관이 성립하기 위해서는 인과범주가 적용되어야 한다는 것이다. 쇼펜하우어가 말하는 직관과정이란 오성이 인과범주를 적용하여 감각의 원인을 찾아가는 과정이다. 그는 이러한 직관능력을 지각하는 모든 존재가 갖는다고 본다. 동물들도 인과법칙에 대한 인식을 선천적으로 갖는다는 것이다. 그는 인식의 선천성을 오성의 형식이 아니라 본질에서 오는 것으로 본다. 오성은 신체 즉 뇌의 작용이다. 위가 소화작용을 경험에서 배우지 않듯이 오성의 직관작용도 선천적이라는 것이다. 그리고 신체의 작용과 같이 오성의 선천적 직관작용도·무의식적이다. 쇼펜하우어는 칸트의 선천성 개념을 무의식의 영역에까지 확대하여 적용함으로써 서양 근대철학이 직면하는 회의주의라는 문제 상황을 극복할 새로운 길을 제시한다.

로이트의 정신분석학은 빈에서 환영받았다. 그가 말한 유년의 성(性)이라는 주제는 아서 쉬니츨러[6]의 글에서 종종 언급되었고, 성의 병리학에 관한 연구는 특히 마조히즘과 소아애 개념을 정립한 리하르트 크라프트-에빙의 『성의 심리학(Psychopathia Sexualtis)』(1886)에서 많이 다뤄졌다.

　프로이트의 주장들은 빠르게 확산됐으며, 격렬한 논쟁의 불씨를 지피곤 했다. 몇 년 후 그는 유명한 정신의학자가 된다. 많은 환자가 그의 병원을 찾아온다. 프로이트는 병원에 있는 긴 의자에 환자들을 눕게 하고 의식과 무의식의 흐름을 자유롭게 말하게 했다. 또한, 프로이트는 자신의 학파를 구성하기 시작했다. 1902년부터 그는 매주 수요일 저녁 자신의 병원에서 정신분석학에 관심이 많은 의사 및 지식인 그룹과 교분을 나누었다. 열등 콤플렉스 개념으로 유명한 오스트리아 출신 정신분석학자 알프레드 아들러(1870~1937)는 바로 이 그룹 출신이다. 1907년 3월, 스위스 출신의 칼 구스타브 융(1875~1961)과 루드비히 빈스방거(1881~1966)가 프로이트 학파에 합류한다. 그룹 회원들은 국제적 운동의 토대가 될 새로운 정신의학그룹을 형성한다.

　1908년, 정신의학 최초의 국제회의가 잘츠부르크에서 개최된다. 이듬해, 정신분석학회지의 창간호가 발행된다. 이 무렵 미국에 초대받은 프로이트는 자신의 이론을 발표한다. 1911년 아들러가 프로이트의 성 충동 중시를 비판하고, 그로부터 떨어져 나와 이듬해 '개인심리학회'를 창설한다. 그는 프로이트의 무의식 이론을 평가하면서도 성 충동이 인간 동기의 주요한 요인이라는 프로이트의 견해를 받아들이길 거부했다. 아들러는 개인행동의 주요 동기는 열등

6　독일 작가 아서 쉬니츨러의 소설 『꿈 이야기(Traumnovelle』(1926)는 스탠리 큐브릭 감독이 만들고, 톰 크루즈와 니콜 키드만이 극중 부부로 나온 2000년 영화 『아이즈 와이드 샷(Eyes Wide Shot)』의 토대가 되었다는 말도 있다.

베버의 '검약' vs. 좀바르트의 '사치'

막스 베버가 금욕을 자본주의 태동과 연관 지어 설명한 것과는 달리 좀바르트는 소비, 그중에서도 '사치'를 통해 자본주의 탄생을 규명하려 했다는 점에서 이채롭다. 십자군 전쟁 이후 유럽사회에 변화가 일어나면서 남녀관계에도 변화가 발생한다. 사랑의 세속화가 진행되면서 비합법적인 사랑, 즉 불륜이 성행하기 시작한 것이다. 궁정에서 왕이 애첩을 위해 사치스러운 물품을 사들이며 시작된 사치 풍조는 신흥 부자들에게 퍼져나갔다.

신흥 부자들 사이에서도 첩을 두는 것이 유행했고 첩을 만족시키기 위한 비용이 재산가의 생활비에서 큰 비중을 차지하기 시작한다. '아름다운 여인'을 위한 화려한 의상과 가구, 여인이 머무를 화려한 건축물이 필요해졌고 상류 사회의 '품위 있는 여성'들 역시 이들과 경쟁하기 위해 애첩들의 생활방식을 따라하게 됐다.

그 결과 이런 사치품들의 수요를 맞추기 위한 가공업이 발달했고 이는 교역과 생산의 발달, 그리고 결국 자본주의적 경제체제까지 이어졌다는 것이 좀바르트의 주장이다.

콤플렉스의 극복 의지로 이뤄진다고 주장했다. 이어 융도 1913년 프로이트로부터 떨어져 나와 자신의 학파를 설립한다. 스위스 바젤 대학에서 의학을 공부한 그는 처음에는 프로이트의 학설에 매료돼 프로이트파의 핵심인물로 활동하기도 했으나, 프로이트의 초기 학설인 성욕 중심설의 부적절함을 비판하고 독자적으로 집단적 무의식 세계를 탐구해 분석심리학설을 주장하기에 이른다.

신화와 종교에 관심이 많은 그는 집단적 무의식이 물, 불, 부친, 모친 또는 상징적 의미를 지닌 형태와 같은 원형들에서 형성된다고 주장했다. 그의 집단적 무의식과 원형의 개념은 신화학이나 민속학, 종교학이나 문화인류학의 연구자에게 큰 영향을 주었다. 그러나 칼 아브라함(1877~1926), 어니스트 존스(1879~1958), 오토 랑크(1877~1939), 샌더 페런치(1873~1933) 등 새로운 제자들이 프로이트의 사상을 변호했다. 이들의 노고에 힘입어 프로이트 사상은 초현실주의, 마르크시즘, 현상학, 문화인류학 등과 혼재돼 다양한 새 이론들을 생산해냈다. 그리하여 정신의학은 1920년대부터 인문과학의 핵심이론으로 각광받으면서 발전하게 된다.

대중의 '관계'를 논하는 사회학 등장

대중시대에 접어든 20세기를 전후해 복합적인 사회문제가 대두되면서, 유럽에서는 사회학, 미국에서는 실용주의가 본격적으로 싹트기 시작했다. 또한, 이 시기에는 인류문명의 보편성과 특수성을 이해하려는 인류학이 지식인들의 관심을 끌기도 했다. 오귀스트 콩트(1798~1857)가 새로운 사회현상에 주목해 1848년 '사회학'이라는 용어를 처음 만들어냈으나, 사회학이 본격적으로 형태를 갖추기 시작한 것은 19세기 말이었다. 20세기에 들어 가브리엘 타르드(1843~1904), 르네 보름스(1867~1926), 에밀 뒤르켐(1858~1917) 등 3명의 지식인이 사회학 발전에 선도적인 역할을 했다. 이들 중 가장 핵심적인 인물인 타르드는 저서 『여론과 군중』 등으로 국제적 명성을 얻었다. 그러나 그는 자신의 학파를 만들지 않은 외로운 학자였다. 보름스 역시 19세기 말 사회학 분야에서 혜성 같은 존재였으나 오늘날 그의 이름은 완전히 잊혀졌다. 그는 1893년 국제사회학회지를 창간한 데 이어 이듬해에는 국제사회학연구소를 설립해 연례학술행사를 개최했다. 보름스는 특히 1896년 『조직과 사회』를 출간해 당시 사회학적 글쓰기의 전형(典型)을 선보였다.

보름스의 뒤를 이어 등장한 뒤르켐은 사회학을 "자연과학의 실험과 같이 비교학적인 방법론을 적용하는 사회과학"으로 정의했다. 그는 1895년 저서 『사회학적 방법의 규칙들』에서 사회학의 학문방식을 정의했으며, 1897년 『자살론』에서 이를 자살 문제에 적용했다. 이렇게 해서 사회학은 연구의 목적과 대상, 방법론을 갖추게 된 것이다. 조직 활동에 탁월한 실력을 가진 뒤르켐은 자신의 연구계획에 많은 이들을 참여시킨다. 그는 1898년 젊은 학자들과 함께 『사회학의 해(L'Année sociologique)』라는 학술지를 창간한다. 여기에 그의 조카인 마르셀 모스(1872~1950)를 비롯해 모리스 알박스(1877~ 1945)[7], 셀레스탱 부글레(1870~1940)[8], 프랑수와 사미앙, 폴 포코네 등이 가담했다. 이로써 프랑스 지식인 사회에서 사회학이 주요학문으로 자리 잡는다.

---

7 소르본대학 교수 역임. 에밀 뒤르켐의 문하생으로 그의 근본적 입장을 지지함과 동시에, 순수한 개인 속의 과정으로 여겨 왔던 기억 등도 사회적·집합적 테두리 속에서 조합됨으로써 비로소 성립한다고 주장하였다. 주요 저서에 『자살의 원인』(1930), 『사회형태학』(1938) 등이 있다.

8 스스로 뒤르켐의 '독립된 제자'라 칭하였으며, 초기에는 G.지멜 등의 형식사회학적 영향을 받아 사회학에 심리적 설명을 도입하여야 한다고 역설하였다. 후기에는 형식사회학적 경향에서 벗어나 가치사회학에 깊은 관심을 보였다. 그러나 본래의 학문영역은 근대 민주주의의 실증적 연구와 계발에 있었으며, 근대 민주주의 연구자로서 유명하다. 주요저서로 『평등사상·사회학적 연구』(1899), 『카스트제도 시론(試論)』(1908) 등이 있다.

9 알제리 식민지의 반란과 파리 코뮌을 진압한 조르주 블랑제(1837~1891)의 정치사상. 독일이나 이탈리아의 국가 사회주의(socialisme national)와 유사한 점이 많다. 시각적인 정치 선전이나 언론 공세, 민족주의, 반 의회주의 정서를 이용한 민심 조작, 카리스마적 군지도자에 대한 인신 숭배, 블랑제 측근 지도 인사들의 반유대주의의 특징을 갖는다.

19세기 말은 각종 '사회 문제'가 대두되며 사회 체제 붕괴에 대한 위기감이 팽배한 시기였다. 극우 애국주의 형태인 블랑제주의[9]와 드레퓌스사건과 같은 정치·사회적 위기감이 젊은 지식인들을 뒤르켐의 주변으로 끌어 모았다. 프랑스 기득권 체제에 자리했던 반유대주의, 보수주의, 교권주의에 맞서 사회주의, 이성주의, 공화주의 정신이 사회적 의제로서 유행처럼 부상했다. 이런 분위기에서 경험사회학의 선창자 중 한 명인 프레데리크 르 플레(1806~1882)는 가톨릭 보수주의를 표방한다는 이유로 사회학계에서 외면당한다. 사회학에서 사회문제를 다루는 것이 지적 유행이 되다시피 했다.

한발 늦은 독일 사회학의 출발

프랑스와 달리, 독일에는 20세기 초까지 사회학이 존재하지 않았다. 막스 베버, 베르너 좀바르트와 조지프 슘페터는 1903년 독일에서 최초의 사회과학 잡지라 할 『사회과학과 사회정책』을 창간했다. 하지만 '사회학'이라는 용어는 아직 출현하지 않았다. 그 무렵, 하이델베르크 대학의 경제학 교수로서 지식인 사회에 잘 알려진 막스 베버(1864~1920)가 경제사와 토지 소유문제, 주식 등 경제 분야에서 다양한 저술을 펴냈다. 정치에도 관심이 많았던 그는 사회개혁을 강력하게 주장하기도 했다. 그러나 그는 과로의 누적과 가정불화로 인해 1897년 대학 교수직을 그만둔다.

베버는 1900년부터 활동을 재개해 사회과학 방법론과 인식론적 문제에 관심을 가졌다. 그의 또 다른 주요 관심사는 자본주의의 역동성이었다. 신교도 출신의 기업가 가족에서 태어난 베버는 경제적인 역동성과 종교적인 원리 사이에서 존재할 수 있는 연관성들에 대해 호기심을 가졌다. 그는 1905년 출간한

『프로테스탄티즘의 윤리와 자본주의의 정신』에서 프로테스탄트 윤리가 자본주의에 어떠한 영향을 주었는가를 분석하고, 합리적이고 자주적인 윤리로서 금욕적 직업윤리를 강조했다. 베르너 좀바르트(1863~1941)도 비슷한 주제에 열중했다.

1902년, 그는 자신의 역작이 될 『근대 자본주의』의 초판을 발행했고, 이 책이 칼 마르크스의 『자본론』을 잇는 명저가 되길 바랐다. 좀바르트는 자본주의의 등장을 기술적, 사회적, 경제적 및 정치적 요인으로 설명했다. 특히 그는 이 요인들을 새로운 사회 계급, 예를 들면 기업가 계급에 의해 발현된 '새로운 정신'의 출현과 연결시키고자 했다. 이어 1904년 베버와 함께 『사회과학 및 사회정책(Archive für Sozialwissenschaft und Sozialpolitik)』을 펴낸 그는 윤리적 사회정책학파에 대항해 과학적인 사회정책 확립에 힘썼다. 그는 역사학파의 몰이론성에 불만을 품고, 이론과 역사의 통합에 노력해 '경제체제'의 개념을 확립하는 등 경제사회의 전체적 파악을 시도했다. 그 성과를 집대성한 것이 『근대 자본주의』의 최종판(1927)이다. 그러나 베버와 달리, 좀바르트는 프로테스탄티즘의 역할을 중시하지 않은 채 부르주와지의 사회적 배경에 관심을 가졌다. 예컨대, 신교도들 못지않게 유대인 부르주아들 역시 자본주의의 등장에 특별한 역할을 수행했다는 게 그의 견해였다. 물론 근대적인 시장체제의 발전을 분석하는데 있어, 그는 유대인의 역할을 매우 비판적으로 다뤘다(『유대인과 경제생활(Die Juden und das Wirtschaft sleben』, 1911). 그 후 1913년, 『사치와 자본주의』(이상률 옮김, 문예출판사, 2017)를 통해 부르주아의 사회적 삶의 조건에 대한 독창적인 분석을 시도했다.

좀바르트는 금욕과 절제, 소비의 억제가 자본주의를 발전시킨다는 베버의 주장을 정면으로 거부하고, 사치와 소비가 자본주의를 지속시킨다고 주장했다. 독일 사회학의 두 거목 간 인식 차이는 분명했지만, 현대사회의 사회·문화적 토대에 대해 치열하게 고민한 공통점을 발견할 수 있다.

1910년, 베버는 게오르그 지멜(1858~1918), 페르디난드 퇴니이스(1855~1936)와 몇몇 다른 사회학자들과 함께 독일 사회학회를 설립한다. 종교의 영향력이 쇠퇴하면서 인간 소외, 과학과 기술의 발전, 행정과 경영의 등장, 노동문제 대두 등은 20세기 전반기 독일 사회학자와 철학자들의 주요 관심사가 됐다. 독일 사회학회의 좌장격인 퇴니이스는 1887년 『게마인샤프트와 게젤샤프트』를 출간했으나, 1902년 재판 발행을 통해 학계의 주목을 받았다. 그는 인간의 사회를 본질의지에 기초한 친족, 자연사회, 도시공동체 등의 게마인샤프트와 선택의지에 기초한 대도시, 국가, 세계 등의 게젤샤프트의 2가지 기본유형으로 분석했다. 그의 사회이론은 산업화나 근대국가와 국제사회의 성립 등을 게마인샤프트적인 사회(공동 사회)에서 게젤샤프트(이익 사회)적인 사회로의 전개 과정으로서 분석했다. 그의 영향력은 사회과학 전반에 미쳤다.

이에 반해 지멜은 초기의 종합사회학에 반대했으며, 사회화의 형식을 그 내용으로부터 분리시켜 형식사회학을 주장했다.[10] 그는 사회에 대해 개인을 초월해 실재하는 실체 개념으로 파악하는 것에 반대하고, 사회를 각 분야의 기능적인 상호작용으로 파악했다. 그에 따르면 실재하는 것은 통일체로서의 사회가 아니라 개개 인간의 상호작용일 뿐이다. 따라서 사회학의 연구 대상도 개인 간의 심적인 상호작용에 두었고, 심리학적 측면을 중시했다. 그는 1900년, 저서 『돈의 철학』에서 화폐를 통해 인간적 관계와 사회적 관계를 탐색했다. 특히

---

10   형식사회학은 사회학의 초기단계에 나타난 백과전서적·종합사회학적 경향의 극복을 목표로 19세기 말~ 20세기 초에 전개되었다. 종합사회학이 프랑스에서 수립된 데 비하여 형식사회학은 독일의 지멜로부터 시작되었으며, 비제 등이 이를 계승·발전시켰다.

화폐가 '물물교환-금속화폐-종이화폐'로 진화하면서 결국 '돈의 추상화' 내지 '신격화'가 진행될 것이라고 주장했다. 지멜에 따르면 돈은 모든 인간적 관계와 사회적 관계를 수로 환산 가능한 단순한 양적인 크기와 관계로 환원시켜버린다. 그리고 개인을 점점 더 단순한 경제적·사회적 기능의 소유자로 전락시킨다. 더욱이 원래 수단이었던 돈이 나중에 절대적인 가치로 고양되며 종래는 신격화된다. 신용카드가 일반화되고 가상화폐까지 통용되는 현 시점에서 볼 때 지멜이 말한 '돈의 추상화'는 한 세기를 앞서 간 탁견이라고 할 만하다.

미국 실용주의의 탄생

그러나 미국에서는 인간 사회의 본질적 문제에 천착하려는 유럽의 지적 분위기와는 달리, 다윈의 진화론적 시각을 반영한 실용주의가 태동했다. "아이디어는 진위(眞僞)의 문제가 아니다. 그것은 유용성의 문제다." 윌리엄 제임스(1842~1910)는 1907년 펴낸 소책자 『실용주의』에서 이같이 주장했다. 다윈의 사상에 영향을 받은 하버드대 교수 출신인 그는 도덕, 정치, 교육 등 모든 영역에서 실용주의적 가치의 우위를 설파했다. 이어 등장한 존 듀이(1859~1952)는 제임스의 실용주의에 이끌려, 실용주의 또는 도구주의의 입장을 확립했다.

그의 『논리학적 이론의 연구』(1903)에 의하면, 모든 사고는 혼탁하고 불확실한 상황을 명확한 상황으로 개조하려는 노력, 다시 말하면 '탐구'이다. 특히 교육과 관련해, 그는 "교육이란 경험의 끊임없는 개조이며 미숙한 경험을 지적인 기술과 습관을 갖춘 경험으로 발전시키는 것"이라고 주장한다. 따라서 학생들에게 일방적으로 지식을 주입시키거나, 학생들의 자발성에만 의존해서는 불충분하다. 학생들을 여러 가지 경험에 참여시킴으로써 그 속에서 창조력을 발휘하게 해야 한다는 주장이다.

이를 위해 학교는 현실사회의 모델로서 뿐 아니라, 사회개조의 모체가 될 수 있는 이상사회로서 제시돼야 한다는 것이다. 실용주의는 미국 사상사의 주류 사상이 됐지만, 유럽에서는 애써 무시됐다. 영국의 버틀랜드 러셀은 실용주의를 "장사꾼의 철학"이라고 폄하했다.

| 더 알아보기 |

대공황기의 아들러, '헬조선'이 그를 소환하다!

역대 최장기 연속 베스트셀러를 기록하며 국내에서 100만부 이상 판매된 『미움받을 용기』(기시미 이치로·고가 후미타케 지음)는 아들러 심리학이라는, 조금은 생소한 개인 심리학 이론을 철학자의 말을 빌려 쉽고 간결하게 소개하고 있다. 아들러 심리학 관련 책들이 30종 이상 출간됐으며 지금도 출간을 준비 중이다. 프로이트가 성(性)본능을 중시한 반면, 아들러는 인간의 행동과 발달을 결정하는 것은 인간존재의 보편적인 열등감과 무력감, 그것을 보상 또는 극복하려는 권력에의 의지, 즉 '열등감에 대한 보상 욕구'라고 생각했다. 책을 1년에 고작 한두 권 읽는 우리 사회에서 아들러의 심리학이 크게 주목받는 것은 의미심장하다. 과거보다 물질적으로 풍족해졌으나, 적지 않은 사람들이 공황장애, 우울증, 불안장애 등에 시달리고 있는 작금의 현실이 그를 소환한 듯하다.

2장

1910~1920년대

▼ 자본주의의 기생성과 제국주의적 독점을 비판한 블라디미르 레닌

[시대적 배경]
유럽 제국주의의 퇴조와 미국 신흥강국의 등장

1910년 전후하여 몇 년간 긴장되는 분위기가 지속된 후, 유럽 강국들은 식민지를 놓고 분쟁에 돌입한다. 그리고 이 무렵 미국이라는 새로운 강대국이 등장한다. 최초의 세계 전쟁이 발발했다. 주 무대는 프랑스의 북쪽 지역이었다. 전쟁의 여파로 병사 9백만 명이 사망했고, 2천만 명이 부상을 입었으며, 수백만 명의 고아들이 발생했다. 전쟁은 사회, 경제, 문화적으로도 큰 변화를 초래했고, 관련 국가들 사이에서도 평화를 지켜내자는 쪽과 설욕전을 해야 한다는 쪽으로 나뉘기도 했다.

독일에서 사회주의 혁명이 발생할 것이라는 마르크스의 기대와는 달리, 1917년 10월 제정 러시아에서 볼셰비키 혁명이 일어났다. 다른 유럽 국가들에서 혁명이 시도되었지만 실패로 돌아갔다(1919년 독일에서 스파르타쿠스의 난이 제압되었다).

신생 경제대국이었던 미국은 1차 세계대전 직후, 세계 최고의 산업 강대국이 되었다. 1913년, 포드 자동차는 처음으로 해외(영국)에 자동차 생산라인을 구축하여 최초의 다국적기업으로 발전하게 됐다. 1914년에서 1919년까지 미국의 국민 총생산(GNP)은 400억 달러에서 800억 달러로 두 배 증가했다. 1차 대전의 종식과 함께 중앙유럽과 동유럽을 지배했던 제국들 역시 종말을 맞이했다. 제정 러시아 붕괴 외에도, 오스트리아-헝가리제국은 1919년 생제르맹 조약에 따라 해체되고, 오스만제국은 1920년 세브르 조약에 의해 무너지게 되었다. 또한 프랑스와 영국의 식민 제국에선 민족주의 운동들이 발발했다.

전쟁이 진행되는 몇 년 동안, 여성들이 대거 공장에서 일을 하게 되면서 여성의 노동권에 관한 법들이 도입되었다. 남성들이 참전했을 때, 여성들은 어린 숙련공들, 식민지 노동자들과 함께 무기 생산을 담당했다. 예술 분야에서는 구스타프 말러의 '천인 교향곡(1910)'이 발표되고 2년 후, 아놀드 쇤베르크가 작곡한 '달에 홀린 광대'가 탄생했다. 이듬해 이고르 스트라빈스키의 '봄의 제전' 제1부가 완성됐다. 이어서, 에릭 사티, 모리스 라벨, 가브리엘 포레, 클로드 아실 드뷔시 등이 프랑스 음악을 재탄생시켰다.

| 더 알아보기 |

스파르타쿠스의 부활

기원전 73년, 로마에서는 노예 검투사들이 삼엄한 경비를 뚫고 탈출한 후 베수비오 산으로 숨어 들어가 반란을 일으켰다. 이들을 이끄는 지도자의 이름은 영화화되어 우리에게도 낯익은 이름 스파르타쿠스(?~기원전 71)였다. 비록 검투사들의 혁명은 2년 만에 실패로 끝났지만, 스파르타쿠스의 혁명 정신은 2천 년이 훨씬 지나 유럽에서 부활하였다. 1916년 독일에서 사회주의 활동을 주도하던 카를 리프크네히트(1871~1919), 로자 룩셈부르크(1871~1919), 프란츠 메링(1846~1919) 등이 이미 제1차 세계대전 참전을 반대하며 스파르타쿠스단을 비밀리에 조직하고 패전과 함께 사회민주당을 탈퇴하여 독일공산당을 창당했다. 스파르타쿠스단이 독일공산당으로 탈바꿈한 셈이다. 이후 로자 룩셈부르크를 비롯한 독일공산당 지도부는 노동자 정부를 주장하며 사회민주당 정부에 강력히 저항했다. 그러나 보수적인 사회민주당 세력과 군부는 이들을 탄압했고, 이에 저항해 스파르타쿠스단은 베를린에서 반란을 꾀했으나 실패로 돌아갔다. 로자 룩셈부르크와 리프크네히트는 체포된 후 살해됐다. 특히 여성 공산주의 이론가의 대표 인물인 로자 룩셈부르크는 보위대에게 체포된 후 보위대원이 휘두른 개머리판에 두개골이 함몰되어 살해된 후 운하속으로 처넣어져 수개월 동안 묻혀 있다가 시신으로 발견되기도 했다. 한편 스파르타쿠스가 사회주의자들과 공산주의자들에게 상징이 된 까닭은 공산당을 처음으로 주장한 카를 마르크스가 가장 존경하던 인물이 바로 스파르타쿠스였기 때문이었다.

그토록 잔혹했던 우리는 대체 누구인가?

"먹구름이 천둥을 가져오듯, 제국주의가 전쟁을 부른다."

블라디미르 레닌(1870~1924)은 1916년 『자본주의의 최고단계로서의 제국주의』라는 제목으로 발표한 소책자에서 제국주의가 자본주의 발전의 최후국면임을 주장하며, 20세기 초에는 자본주의의 기생성과 부패성이 제국주의적인 독점단계에서 극에 달해 사회주의로의 과도기를 맞이할 것이라고 보았다. 이미, 2년 전에 제국주의적 전쟁이 유럽을 파탄시키지 않았던가?

레닌에 의하면, 제국주의적 경제의 특징은 생산과 자본의 집적 · 집중에 의한 독점형성, 은행자본과 산업자본이 융합한 '금융자본'에 의한 과두(寡頭) 지배, 자본수출의 증대, 국제적 독점체에 의한 세계시장의 분할, 강대국에 의한 지구적 영토 분할의 완료다. 그는 강대국 간 경제발전의 불균등성으로 세계 재분할을 위한 제국주의 전쟁이 불가피해진다고 주장하고, 제2 인터내셔널의 기회주의를 비판했다.[1] 그의 저서는 주식자본의 경시, 금융자본 개념의 불명확성이라는 이론적 문제점에도 불구하고, 후에 "제국주의 전쟁을 내전의 승리를 위한 혁명으로 전화한다"는 레닌주의(일국 혁명론)의 기초가 된다. 레닌은 자신보다 앞서 활동한 학자들의 분석들을 취합, 보강해 자신의 주장을 뒷받침했다. 그가 내세운 자본의 집중과 자유 경쟁체제 아래의 자본주의 종말은 독일 베르너 좀바르트(1863~1941)[2] 의 저서 『근대 자본주의』(1902)에서, 또 은행과 산업의 융합에 의한 금융자본의 구성은 루돌프 힐퍼딩(1877~1941)의 『금융자본론』(1910)에서 가져온 개념들이다. 그러나 자본주의는 만성적 위기를 피하고자 새로운 돌파구의 모색과 시장 확대를 필요로 한다.

영국의 경제학자 존 앳킨슨 홉슨(1858~1940)은 저서 『제국주의』(1902)에서 "불평등 구조 속에서 강대국들이 돈을 쓰지 않고, 과잉 저축만 하면 새로운 식민주의로 눈을 돌리는, 이른바 제국주의적 탐욕이 발생한다"고 비판했다. 그의 주장은 레닌에게 많은 영향을 주었다. 독일의 혁명가 로자 룩셈부르크도 이에 영향을 받아 『자본의 축적』(1913)에서 자본주의 국가들은 결국 다른 대륙을 정복해, 전쟁을 일으키게 될 것이라고 경고했다. 제국주의 성격에 관한 논쟁은 사실 20세기 초, 마르크스주의자이든 아니든 수많은 경제학자와 사회학자들

---

1   제2 인터내셔널은 제1 인터내셔널 해산 후 13년 만에 프랑스혁명 100주년을 기념해 1889년 7월 14일 파리에서 결성됐다. 창립 당시 엥겔스의 지도하에 있었으나, 점차 우익 기회주의 경향으로 돌아섰다. 특히 엥겔스 사후 베른슈타인은 수정주의를 주창했으며, 그에 맞섰던 카우츠키의 '정통파'도 사실상 '사회민주주의'라는 기회주의에 입각해 있었다. 1914년 제1차 세계대전이 터지자 자국 정부의 제국주의 전쟁에 협력하면서 사실상 붕괴했다.

2   좀바르트는 베를린대학에서 경제학을 공부하고, 카를 마르크스 등의 영향을 받았다. 초기의 저서 『사회주의와 사회운동』(1897)에서는 마르크스주의의 영향이 강하여 계급투쟁 사관을 신봉하였지만 제1차 세계대전을 통하여 점차 마르크스주의에 실망하고 이후에는 민족사회주의를 주창하여 나치즘에 근접했다. 1904년에는 막스 베버와 함께 『사회과학・사회정책 잡지』의 편집에 참여했고, 1909년에는 독일 사회학회의 창설에 기여했다. 그의 자본주의론은 베버의 금욕설과는 대조적인 해방설로 모험적 기업가의 정신을 중시하고 있다. 주요저서로 『근대 자본주의』(1916~1927)가 있다.

간의 대립과 갈등으로 이어졌다.

영국의 철학자 버트런드 러셀도 저서 『19세기 사상의 역사』에서 제국주의의 도발적 탐욕을 우려했다. 강대국 간에 식민지 쟁탈전이 벌어지는 가운데, 독일과 이탈리아, 오스트리아의 도발로 1차 세계대전(1914~1918)이 일어났다. 4년 간 9백만 명 이상의 사망자와 2천만 명 이상의 부상자를 낸 이 전쟁 직후, 많은 사람들이 정신적 공황 상태에 빠졌다.

인간 본질을 해석하려는 게슈탈트 심리학

농부 출신으로 총을 들게 된 젊은이들이, 어떻게 그렇게 많은 사람들을 죽일 수 있었을까? 순진한 시골 청년이 진짜인가, 잔인하기 그지없는 군인이 진짜인가? 둘 다 진짜다. 존재란 항상 자신이 속한 '맥락'을 포함하기 때문이다. 존재의 본질을 규정하는 맥락에 관한 설명은 '텍스트(Text)'를 '콘텍스트(Context)'와의 관계로 설명하려는 해석학에서 유래한다. 그러나 맥락의 의미가 인문·사회과학의 본격적인 탐구 영역이 되기 시작한 것은, 20세기에 들어와 1차 세계대전을 즈음해서다. 게슈탈트 심리학, 미하일 바흐친(1895~1975)의 대화주의[3], 사회학의 상징적 상호작용론, 레프 비고츠키(1896~1934)의 사

---

3 바흐친은 대화가 상호 소통과 조정의 역동적 관계를 형성한다고 주장했다. 그는 저서 『라블레와 그의 세계』에서 급적인 기존 문화 속에서 전복적이고 익살적인 카니발은 민중에게 저항적 즐거움을 안겨 준다며, 기존의 질서와 가치를 거부하는 카니발레스크라는 용어를 만들었다. 그의 이론은 20세기 이후 재발견되어 인문·사회과학의 다양한 전공을 포함, 문화이론과 서술이론 등 여러 분야에서 그 영향력을 확대하였으며, 포스트모던 사조의 영향과도 결부되어 세계적인 명성을 얻었다.

회문화적 인지론 등이 이에 해당된다.

우선, 독일의 막스 베르트하이머(1880~1943)와 볼프강 쾰러(1887~1967), 그리고 쿠르트 코프카(1886~1941)에 의해 이론화된 게슈탈트 심리학은 1900년대 초 독일에서 발전한 심리학 사조다. 게슈탈트 심리학은 '마음'을 구성요소로 분석하려는 구성주의 심리학과 인간을 환경 반응에 대한 수동적인 존재로 보았던 행동주의 심리학을 반박했다. 그리고 인간이 어떻게 지각된 내용을 전체적으로 통합하고, 분리된 자극들을 의미 있는 유형으로 통합하는지 연구했다. 게슈탈트(Gestalt)는 독일어로, 전체로서의 형태, 모양 등의 의미를 시각적으로 형상화한 개념이다. 당시 심리학의 주류를 이루던 구조주의는 우리의 지각 내용을 단순 요소들인 감각으로 분해해 이해할 수 있다는 이론적 입장을 취했다. 게슈탈트 심리학자들은 이러한 구조주의적 생각에 정면으로 도전해 여러 가지 지각현상을 보여 주었다.

1911년 심리학자 베르트하이머는 기차를 타고 독일을 여행 중이었다. 그는 프랑크푸르트 역에 내려 장난감을 하나 샀다. 스트로보스코프라는 이 장난감은 약간 다른 사진들을 교대로 빨리 제시해 운동착시를 유발하는 기계장치였다. 베르트하이머는 "경험이 감각들로 구성된다"는 구조주의적 입장이 그가 관찰한 운동착시를 설명할 수 있을지 궁금해했다. 약간 다른 위치에 있는 두 자극이 정확한 시간 간격으로 교대해서 비치면 두 자극 간 운동이 지각되는데, 이러한 착시를 '가현 운동(假現運動)'이라 한다. 베르트하이머는 점멸하는 두 자극 간에 보이는 운동이 어떻게 감각에 의해 생길 수 있는지 의문을 품었다. 두 자극 사이의 공간은 자극을 받지 않으므로, 운동에 관한 설명을 제공할 아무런 감각이 없다.

이 질문에 공감한 베르트하이머와 동료 코프카, 쾰러는 프랑크푸르트 대학교에 실험실을 차렸다. 그리고 자신을 '게슈탈트 심리학자'라고 명명하며 "지각이 감각으로부터 생긴다"는 구조주의적 입장에 문제를 제기하는 연구와 논문들을 발표했다. 베르트하이머는 이러한 지각 현상을 토대로 "전체는 부분의 단순한 합이 아니다"라는 유명한 명제를 내놓았다. 인간의 심적 활동은 부분의 인지의 합으로 이루어질 수 없으며, 항상 전체를 보게 된다고 주장했다. '전체'에 관한 이러한 강조는 기존 심리학과는 상반된 것이어서 주목을 받았다. 기존의 심리학은 심리 현상을 요소로 나누고, 그 요소들의 결합과 집합으로 설명해왔다. 이는 요소심리학 또는 모자이크 심리학이라고 불렸다.

게슈탈트 심리학에 의하면, 주체를 둘러싼 사회문화적 맥락은 단지 주체의 행동에 영향을 미치는 외적 요인에 그치지 않는다. 맥락 자체가 주체를 구성하는 한 부분이 된다. '맥락적 주체(主體)'를 전제해야만 문화가 어떻게 내면화돼 인간 의식의 일부분이 되고, 다음 세대로 전승될 수 있는가를 설명할 수 있기 때문이다.

사실, 깊이 들여다보면 게슈탈트이론은 19세기 말 독일의 철학자 크리스티안 폰 에렌펠스(1859~1932)의 '형태 성질(Gestaltqalitat)'로 거슬러 올라간다. "인식하는 것, 그것은 게슈탈트를 인지하는 것이다." 에렌펠스는 1890년 논문 『형태질에 대해』(1890)에서 도형이나 멜로디 등의 표상이 이조(移調), 즉 조옮김이 가능하므로, 형태질은 단지 그것을 근거 짓는 개개의 감각, 표상의 총화 이상의 복합태라고 주장했다. "만일 누가 그 멜로디를 인식하거나 인정하거나, 또 기억한다면 그것은 그 멜로디를 이루는 각 음표를 배웠거나 기억해서가 아니라 그 멜로디를 이루는 각 음표 간의 조화, 즉 구조를 받아들였기 때문이다. 또한, 음표를 다른 음조로 바꾸더라도, 원래 멜로디는 매한가지다."

또 게슈탈트 심리학은 인간이 아닌 원숭이에도 적용돼 한층 심화됐다. 게슈탈트 심리학을 발전시킨 볼프강 쾰러는 원숭이의 학습 및 문제 해결 과정을 연구했다. 그는 원숭이의 학습이 초기에는 모색과 시도, 실수를 거쳐 이루어지며 특히 학습의 주제가 메커니즘 전체를 내포했을 때 효과가 크다는 점을 증명해 보였다. 그런데 일련의 행동들을 하나씩 기억하는 것은 어렵고, 모든 것을 그 자체로서 종합해야 이해하기 쉽다. 게슈탈트 심리학은 현재까지도 유효하다. 실제로 오늘날에도 심리학자들은 전체적인 지각과 분석적인 지각 사이의 논쟁에서 고민 중이며, 교육학에서는 아이들이 '좋은 형태'를 언제부터, 왜, 어떻게 인지하는지 연구하고 있는 것이다.

이처럼 게슈탈트 심리학에서는 인간이 사물을 지각할 때 사물의 각 부분을 따로 인식하지 않고 하나의 통합된 형태로 파악한다. 이때 중요한 부분은 '전경(前景·Vordergrund)'이 되고, 그 나머지는 '배경(背景·Hintergrund)'이 된다. 사진 촬영 시 인물만 뚜렷하게 나오게 하고 나머지 부분을 흐리게 만드는 셀카의 '아웃포커싱'과 같은 원리다. 문제는 이 전경과 배경의 관계가 고정돼 있지 않다는 사실이다. 게슈탈트 심리학적 원리를 심리 치료에 응용한 게슈탈트 치료법에 의하면, 삶이란 이 전경과 배경의 관계가 끊임없이 변화해가는 과정이다. 삶의 어떤 부분이 관심의 초점이 돼 전경이 되면 나머지는 배경이 된다. 그러나 시간이 흘러 맥락이 바뀌면 지금까지의 전경은 배경으로 물러나고, 배경이었던 부분이 전경으로 올라온다.

이렇게 게슈탈트의 끊임없는 형성과 해소의 과정이 내 삶의 내러티브가 되는 것이다. 문제는 전경과 배경의 전환이 항상 매끄럽지 않다는 데 있다. 배경으로 물러나야 할 전경이 계속 버티고, 전경으로 올라와야 할 배경이 그렇지 못하다. 내 삶의 내러티브가 무너지고 있다는 얘기다. 1차 세계대전 직후, 사람들의 정신적 공황상태가 그랬다.

루빈이 말하는 전경-배경의 가역성

전경-배경 분리는 1915년 에드가 루빈이 최초로 자세히 기술했다. 루빈은 게슈탈트 심리학자는 아니지만 게슈탈트 심리학자들은 그의 전경-배경 현상을 자신들의 주장에 활용했다. 전경(형태)은 앞에 떠오르는 형상이고 배경은 전경의 뒤로 확산된 무정형의 공간처럼 지각되는 부분을 말한다. 루빈은 형태에는 그것을 배경과 분리하게 하는 여러 독특한 특징이 있다고 주장했다. 예를 들어 가장자리는 전경에 속한 것처럼 보이는 반면에 배경은 전경 뒤로 뻗어 나간 것처럼 보이는데, 이와 같은 지각적 인상은 강력해서 우리가 그렇지 않다는 것을 알고 있을 때에도 일어난다. 또한 전경은 배경보다 더 기억하기 쉽고 배경에는 없는 어떤 실체가 있는 것처럼 보인다.

▲ 루빈의 얼굴-꽃병 그림

루빈은 1915년 논문에서 전경-배경의 가역성을 기술했다(그림 참조). 그림에서는 중앙의 꽃병 또는 서로 마주보고 있는 두 얼굴의 실루엣을 볼 수 있다. 눈의 초점을 바꿈으로써 꽃병이 전경이 될 수도 있고 측면에서 본 두 얼굴이 전경이 될 수도 있는 것이다. 그러나 꽃병과 얼굴을 동시에 보기는 어렵다. 이는 꽃병이 전경으로 보일 때는 꽃병과 얼굴을 나누는 윤곽이 꽃병의 윤곽으로 취해지며 얼굴 부분은 꽃병 뒤의 배경으로 지각되기 때문이다. 이처럼 루빈의 그림을 통해 인간의 지각이 하나의 전체와 다른 전체 사이를 재빨리 왔다 갔다 함을 알 수 있다. 인간은 전경과 배경을 조직화하여 지각의 장을 마련하고 의식 속으로 받아들인다. 따라서 자신의 현재 욕구를 기초로 게슈탈트를 형성하여 지각하는 것이다. 전경으로 떠올렸던 게슈탈트를 해소하고 나면 그 전경은 배경으로 물러나고, 새로운 게슈탈트가 형성되어 전경으로 떠오른다.

'있는 그대로' 인식하려는 후설의 현상학

거슬러 올라가면, 게슈탈트 심리학은 에드문트 후설(1859~1938)의 현상학과 맞닿아 있다. 후설의 철학이 난해하다고 생각되는 것은 그가 남긴 방대한 원고의 전모가 제대로 파악되지 못한 점과, 그가 일정한 철학적 체계를 형성하기보다는 부단한 사유 실험으로 다양한 문제영역을 분석하면서 발전시켜나갔기 때문이다. 후설은 원래 수학자로 출발했다. 그가 철학으로 방향을 바꾼 것은, 1884년부터 1886년까지 빈 대학에서 프란츠 브렌타노(1838~1917)[4]의 강의를 들으며 "철학도 수학처럼 하나의 엄밀한 학문성을 갖출 수 있을 것"이라는 확신을 얻은 후다.

후설은 눈앞에서 복잡하게 전개되는 현상들을 제대로 파악하기 위해선 편견과 선입견을 배제해야 한다고 주장했다. 젊은 시절 수학자의 길을 걸었던 그는 수와 도형·기호학 등 수학적 사상에 영향을 받아 이를 자신의 학문에 응용했다. 그에 의하면, 올바른 현상학에서는 우선 설명이 필요 없다. 어떤 사실에 관해 설명한다는 것은 그 사실에 대해 나름대로 판단한다는 뜻이기 때문이다. 따라서 현상학은 모든 사실에 대해 두 가지 제약을 가진다.

하나는 '판단금지'다. 사실에 대해 어떠한 판단도 내리지 않는 것이다. 다른 하나는 '괄호 치기'다. 확실하지 않으니 일단 괄호를 쳐두라는 뜻이다. 하지만 후설 스스로도 실제 사실 그 자체로 다가가는 것, 즉 어떠한 선입관이라도 배제하는 건 불가능함을 인정했다. 이는 인간의 생각 속에는 미리 본 선견(先見), 나도 모르게 판단하는 '선판단', 앞서 이해하는 '선이해'가 자리하고 있기 때문이다. 그럼에도, 후설은 "사실 그 자체로"를 강조하며, 최대한 선입관을 배제하고 현상을 바라보아야 한다고 주장했다.

1916년 4월 후설은 프라이부르크 대학 교수에 취임했다. 취임 전 3월에는 차남의 전사, 다음 해 1917년에는 장남의 부상과 애제자 라이나흐의 전사 등 전쟁으로 인한 크나큰 아픔을 겪었지만, 개인적 선입견을 배제한 채 엄밀하게 학문의 세계에 몰두했다. 사실, 현상학이라는 용어는 이미 많은 철학자들이 각기 다른 개념으로 사용해왔다. 1764년 『신기관(Neues Organon)』에서 '현상학'이란 명칭을 처음으로 사용한 독일의 철학자 요한 하인리히 람베르트는 본체의 본질을 연구하는 본체학과 구별해 본체의 현상을 연구하는 학문

---

4 독일의 철학자·심리학자. 경험적 방법에 의해 정신 현상을 기술하는 기술적(記述的) 심리학의 이념을 전개한 그는 후일의 현상학 전개에 큰 영향을 주었다. 제자로서는 후설, 마이농 등이 있으며, 프로이트도 한때 청강하였다.

을 현상학이라고 했다. 그 후 칸트는 물자체(物自體: 본체)에 관한 학문과 구별되는 경험적 현상의 학문을 주창했고, 헤겔은 감각적 확실성에서 출발해 절대지(絕對知)에 이르기까지의 의식의 발전과정을 일컫는 '정신현상학'을 제시했다. 후설에 의해 재점화된 현상학은 그 후 모리츠 가이거(1880~1937), 알렉산더 펜더(1870~1941), 아돌프 라이나흐(1883~1917), 막스 페르니단드 셸러(1874~1928), 마르틴 하이데거(1889~1976) 등 이른바 현상학파라고 불리는 학자들의 철학운동으로 발전한다. 후설의 현상학은 인간존재를 '세계 내 존재'로 파악한 하이데거나 실존철학을 주창한 장 폴 사르트르에게로 계승됐다.

마천루 숲의 주변인들, 그리고 사회학

미국의 경우는 어떤가. 전쟁의 상흔을 앓던 유럽의 도시들과는 달리, 미국의 도시들은 마천루가 하늘을 뒤덮고, 외국 이민자들이 밀물처럼 밀려들기 시작했다. 특히 시카고는 미국의 대표적인 도시로서 현대 자본주의의 중심지로 자리 잡았다. 이런 이유로 1892년 시카고의 대학에 미국 최초로 설립된 사회학과는 세계 최대의 사회학 연구소로 꼽혔다.

시카고학파의 선두주자 중 한 명인 윌리엄 토머스(1863~1947)는 시카고라는 공동체와 도시민들의 삶을 연구한 결과, 다음과 같이 말한다. "현대의 도시는 전통적인 도덕적·사회적 기준의 쇠약, 나아가 사회적 탈조직의 논리들로 가득 차 있다."

이 학파의 창시자격인 로버트 파크(1864~1944)는 도시의 중심에 사회적 탈조직 과정과 항상 불안정한 재조직화 과정 사이의 균형을 규명하려 했다. 그가 '도시생태학'이라고 명명한 것은 도시 환경과 이 환경에 활기를 불어넣는 개인들 간의 상호작용을 위해서다. 이 같은 맥락에서 시카고학파의 가장 큰 공헌 중 하나는 현대 개인의 새로운 이미지에 의미를 부여했다는 점일 것이다. 파크는 또한 미국 내 폴란드인 이민자들을 연구하면서 '주변인'이라는 개념을 고안했다. 주변인은 서로 이질적인 문화를 가진 두 사회에 걸쳐 생활하는 사람이다. 폴란드와 미국이라는 두 문화에 걸쳐 있지만, 어느 쪽에도 완전히 속하지 못하는 경계인이라는 것이다.

동심원지대모형에 따른 시카고 (파크와 버지스,1921)

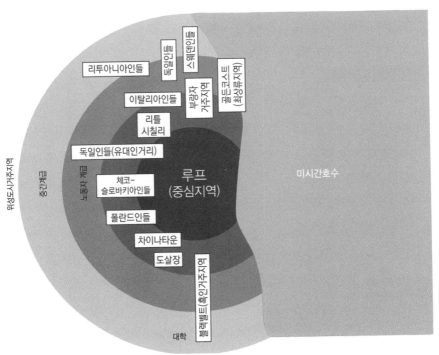

2장 그토록 잔혹했던 우리는 대체 누구인가?

R.E.파크와 어니스트 버지스는 공동연구를 통해 시카고의 다양한 인종과 계층의 사람들이 상이한 지역으로 분화돼 거주하며, 빈곤·범죄·생활양식들의 사회문화적 특성 또한 공간적으로 분화되는 것을 발견했다(1921, The City). 그들은 동심원지대모형을 통해 도시가 침입·경쟁·지배·분화 등의 생태학적 과정들에 의해 어떻게 '자연 지역(Natural area)'으로 변하고, 각각의 지역들은 또 어떻게 민족성, 인종, 사회계층으로 분화되며, 독특한 언어와 전통, 그리고 생활양식을 가진 세계를 구성하는지 설명했다. 여기에서 파크는 지역공동체를 '하위 사회적'과 '사회적'이라는 두 차원으로 분류해 설명했다. 하위 사회적 차원은 인구구성이 공간과 기타자원에 대한 경쟁에 영향을 받는다. 이러한 경쟁은 생태학적인 것으로, 인위적이지 않고 자연스러운 것이라고 했다. 반면 사회적 차원은 협동, 조직, 문화 등 사회과정들과 같은 것이다. 이러한 것들은 보다 인간적이며 문명화된 것이라고 강조했다.

그러나 파크는 "생산양식과 같은 사회의 하부구조가 이데올로기, 종교, 정치와 같은 사회의 상부구조를 결정한다"는 카를 마르크스의 믿음처럼, 생태학적 현상들이 도시 공간구조와 도시 내에서 사회집단 간의 관계의 하부구조를 형성한다고 생각했다. 이처럼 그는 사람들이 시공간에서 최적의 적소(Niche)를 놓고 벌이는 경쟁이 성장의 원동력이라고 지적했다. 도시인들 간의 장소에 대한 자유경쟁은 장소의 특정 위치에 대한 상대적 선호도와 상호 경쟁하는 장소 사용자들 간의 구매력에 의해서 결정된다. 이때 장소의 가격에 의해 최선의 장소가 최대 구매력을 가진 사람들에게 돌아간다는 것이다. 그 결과로 최적의 거주지가 서열화된다. 이러한 자원배분의 불평등은 불가피하며 나쁘지 않다는 것이 그의 주장이다.

도시 내에서의 장소 간 차이처럼 도시 간 성장의 차이는 도시의 물리적 장

점들, 생태학적 우위에 의해 생겨난다고 시카고학파 학자들은 생각했다. 예를 들어, 뉴욕시는 깊은 항구가 있고 유럽과 가깝다는 점에서, 시카고는 미국의 중앙에 있다는 점에서 시장과 원자재에 쉽게 접근할 수 있는 도시로 성장할 수 있었다는 것이다. 그러나 시카고학파 학자들은 자신들의 주장이 자칫 생물학적 인종우열론의 수단으로 악용될 것을 경계했다.

나중에 로버트 머튼은 파크의 주장을 '자기실현적 예언(Self-fulfilling prophecy)'이라고 명명했다. 그러나 머튼의 말을 빌자면 인종차별의 악순환조차도 '자기실현적 예언'으로 해석될 수 있다. 만약 한 아이가 밤낮으로 "너는 죄인이다"라는 말을 듣는다면, 정말 그는 그렇게 되는 것이 아닌가. 달리 말하면, 사회학은 객관적인 사실들 뿐 만 아니라, 그것의 전체적인 묘사에도 신중해야 한다는 지적이다.

하워드 베커(1899~1960)와 어빙 고프만(1922~1982)은 상징적 상호작용론의 발전에 기여해 미국 사회학의 기틀을 닦았다. 베커는 후에 저서 『아웃사이더』(1963)에서 교외 지역의 소외계층에 대한 '낙인이론(Labelling theory)'을 주장했고, 고프만은 자아표현에 대한 '연극학적' 접근을 시도했다. 사람들의 실제 사회생활을 마치 연극의 한 형태인 것처럼 보고, 그들이 처한 사회적 상황 내에서 다른 사람들에 대한 인상을 어떻게 관리하는지 밝히려 했다.

낙인이론과 스티그마 효과

"역시 그렇지!, 나라는 사람은 안 될 수밖에 없어."

일을 도모하다가도 자조적인 푸념을 자주 늘어놓는 사람이 있다. 부정적인 인식이 계속되어 결국에도 자신이 염려한 대로 일이 잘 안 풀리는 경우를 볼 수 있는데, 이런 현상을 가리켜 '스티그마 효과'(Stigma effect)라고 한다. '스티그마 효과'란 어떤 대상에 대해 부정적으로 평가하거나 규정지으면 그 부정적 인식이 지속되고, 그 대상도 점점 더 나쁜 행태를 보이는 현상을 말한다. 여기서 스티그마는 오명 또는 낙인을 뜻하는데, 이 현상이 누군가를 부정적으로 낙인찍는 것에서 비롯되는 것이기 때문에 '낙인 효과'라고도 한다.

낙인 효과, 즉 낙인 이론은 1960년대 미국의 사회학자인 하워드 베커가 처음 주장했다. 처음 범죄를 저지른 사람에게 범죄자라는 낙인을 찍으면 결국 스스로 범죄자로서의 정체성을 가지고 재범을 저지를 가능성이 높다는 이론인데, 스티그마 효과와 같은 맥락이라고 할 수 있다. 스티그마 효과는 심리학에서 일탈 행동을 설명할 때 자주 거론되는데 특히 비행 청소년들의 일탈과 관련해 많이 거론된다. 한번 비행 청소년으로 낙인찍힌 아이는 스스로를 비행 청소년이라 생각하여 행동을 수정하려 하지 않고 계속해서 일탈 행동을 이어나가는 경향을 보인다. 한 번의 실수로 소년원에 들어가게 된 이후 전과범이라는 주변의 인식 때문에 점점 더 심각한 범죄에 빠지게 되는 것도 이와 비슷한 경우다.

낙인 이론에 따르면 무심코 쉽게 하는 험담 한 마디가 누군가에게는 치명적인 피해를 가져올 수도 있다.

3장

1920~1930년대

▼ 빈 서클의 리더인 비트겐슈타인

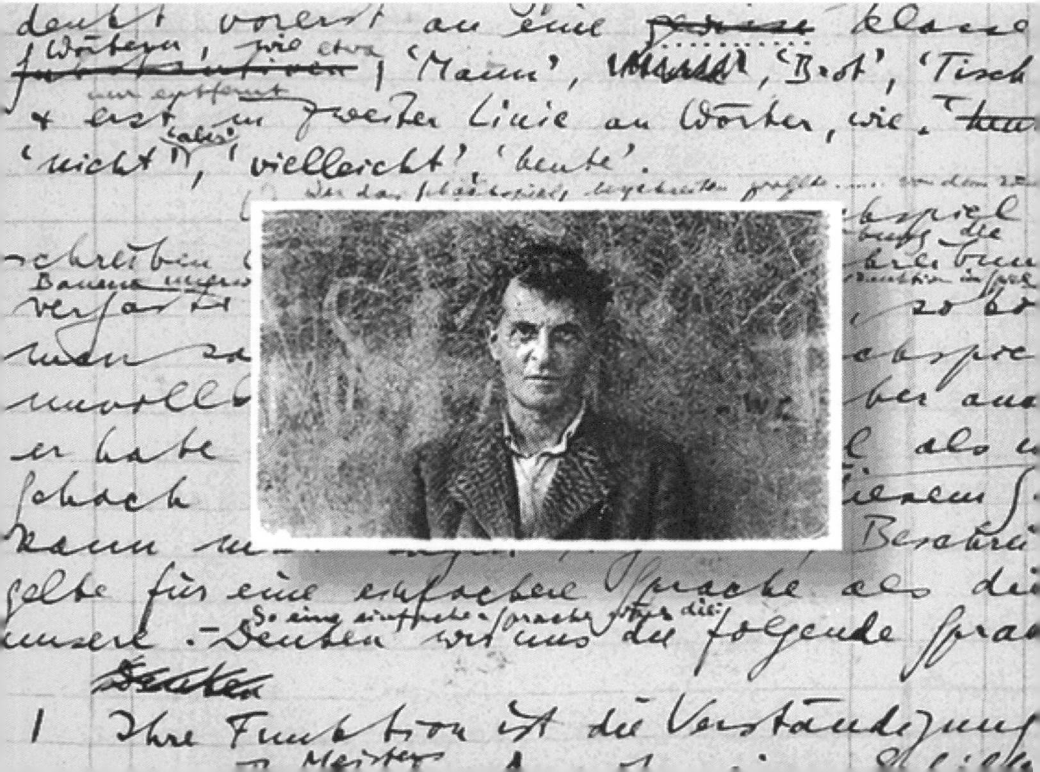

[시대적 배경]
러시아의 사회주의적 사실주의 vs. 미국의 비이성적 적색 공포

세계 1차 대전이 끝나자 유럽의 질서는 새롭게 재편된다. 전쟁의 여파로 인적 물적 피해가 속출하자 평화 조약들이 체결되었고, 이에 따라 새로운 국가들이 모습을 드러냈다. 독일이 점유했던 알자스 로렌 지역은 다시 프랑스로 넘어갔다. 오스트리아-헝가리의 제국(1867~1918)은 분리됐으며, 발트 해의 국가들은 허약해졌고, 오스만 제국은 역사의 뒤안길로 사라졌다. 이제, 유럽 국가들은 평화의 시대를 열고자 부전 조약을 체결하기에 이른다.

1921년, 세계 경제는 풍부한 자본과 공산품의 대량생산으로 인해 활황기를 맞았고, 특히 미국 경제가 매우 건실했다. 이제는 미국이 세계 제일의 강대국이 되었다. 테일러의 과학적 관리법이 널리 퍼져나가면서 이 관리법은 헨리 포드의 임금 정책에 모델이 되기도 했다. 그러나 미국에서 발생한 주식투기, 유럽의 인플레이션으로 경제가 위태로워졌다가 겨우 안정세에 돌입하게 된다. 1925년 러시아에서는 레닌의 사망 이후, 스탈린이 트로츠키와 대립 구도를 형성하여 절대 권력을 손에 쥐기 시작한다. 산업화, 계획경제, 국유화와 같은 몇몇 선동적인 슬로건을 내세워 공포정치와 숙청을 감행한다. 이때의 모든 문화는 사회주의적 사실주의를 기반으로 만들어진다.

한편 자동차, 고층빌딩, 뮤지컬. 루이 암스트롱, 그리고 뮤지션 시드니 베쳇(1897~1959), 얼 하인드 밴드, 듀크 엘링턴(1899~1974)의 음악을 들을 수 있는 시카고, 뉴욕 혹은 캔자스시티, 여기에 공산주의자들과 이민자들에 대한 두려움까지, 이 모든 것들이 당대 미국의 비이성과 불합리를 상징하는 특징이 되었다. 미국인들의 비이성적인 적색 공포는 이민자 출신의 사코와 반제티를 무고한 살인범의 누명을 씌워 죽게 했다.

소위 '마이너 예술'로 불리는 가구와 건축 분야가 장식 예술과 근대 산업에 큰 비중을 차지하게 되며, 영화가 메이저 예술로 자리매김하게 된다. 찰리 채플린, 칼 테오도르 드레이어, 지가 베르토프, 세르게이 에이젠슈타인 등이 탄생한 시기이기도 하다. 한편, 용기와 자유를 얻은 여성들은 남성처럼 옷을 입고 머리를 짧게 자르기도 했다.

앙드레 브르통은 루이 아라공, 필립 수포와 함께 다다이즘 잡지 『문학(Littérature)』을 창간한 이후, 프로이트를 만나 1924년 『초현실주의 선언(Le Manifeste du surréalisme)』을 발표한다. 또한 『초현실주의자 혁명(Révolution surréaliste)』지를 통해서 라틴 아메라카의 젊은 작가들에게 큰 영감을 주고, 초현실주의 운동을 이끈다.

| 더 알아보기 |

사코와 반제티의 무고한 죽음, 그리고 미국의 비이성

니콜라 사코(1891~1927)와 바르톨로메오 반제티(1888~1927)는 이탈리아계 미국인 무정부주의자들로, 1920년 미국 매사추세스 주의 신발 공장에서 무장 강도를 하다가 사람 두 명을 죽인 혐의로 기소되었다. 당시 러시아에서는 차르 체제가 무너지고(1917년), 이어 볼셰비키 혁명의 성공으로 사회주의 체제가 등장했다. 한편 미국은 제1차 세계대전이 끝난 후 자국 내 사회주의 운동과 반전 운동에 적극 대처하기 시작했다. 노동조합 운동도 강하게 압박했다. 이는 러시아 사회주의 혁명의 파급을 미리 차단하기 위해서였다. 무리한 억압 뒤에는 비합리적·비이성적 결과가 드러나는 법이다.

1920년 4월 15일 매사추세츠 주 사우스 브레인트리에서 구두 공장 경리 직원인 파민터와 경비원 베라르델리가 살해당했다. 사건 발생 20일 후인 5월 5일 사코와 반제티라는 두 이탈리아계 노동자가 이 사건의 용의자로 체포됐다. 그런데 구두 제조공과 생선 장수 출신인 두 사람은 살인과는 거리가 먼 인물이었다. 다만, 이들은 무정부주의에 심취해 있었다. 1년여의 심리가 끝날 무렵 배심원들은 당연하다는 듯이 이들에게 유죄라는 평결을 내렸다. 언제나 편파적인 이념이 사회를 휩쓸게 되면 대중은 보이지 않는 편견에 휩쓸리는 우중(愚衆)으로 전락하기 쉬우며, 당시 미국 사회 역시 예외가 아니었다.

두 사람의 혐의를 뒷받침할 어떠한 증거도 나오지 않았다. 더욱이 1925년 첼레스티노 마데이로스가 자신이 매사추세츠주 살인 사건의 범인이라고 시인했다. 그것도 혼자가 아니라 갱단과 함께 말이다. 그러나 역사를 놀라게 할 일은 그 뒤에 일어난다. 주 대법원에 상고되어 있던 이 사건에 대해 추가로 확인된 증거를 바탕으로 1심 판사가 재심을 요구했으나 대법원은 재심을 기각했다. 판사가 자신의 판결이 잘못이라고 확인했는데도 이를 무시했다. 결국 두 사람은 1927년 4월 9일 사형선고를 받기에 이르렀다.

이때부터 두 사람 사건은 미국 내 사건에 머무르지 않고 국제적 관심사가 되었다. 세계 각국의 진보주의자들은 곳곳에서 집회를 열고 이 사건의 재심을 요구하면서 미국 정부에 강력한 항의 메시지를 전달했다. 그러자 매사추세츠 주지사 풀러는 독립조사위원회를 발족시켰는데 이는 형식적인 모양새에 불과했다. 1927년 8월 3일 두 사람에 대한 사면권을 거부한 풀러에 대해 조사위원회는 문제 삼지 않았다. 이로써 두 사람에 대한 사형 선고가 확정되었고, 이에 전세계적인 항의는 더욱 거세졌다. 그러자 주 정부는 부랴부랴 이들에 대한 사형을 집행하였고, 8월 23일, 그러니까 사형이 확정된 지 20일 만에 두 사람은 살인범의 누명을 쓴 채 세상을 떠났다. 그 후 30여 년이 지난 1959년 사코와 반제티, 두 사람에 대한 사면이 이루어져 결국 진실이 승리했으나 무고한 두 명의 목숨을 다시 살려낼 수는 없었다.

3장 악마의 지침을 버리고 주체적 인간을 만들어야

악마의 지침을 버리고 주체적 인간을 만들어야

"사변적이고 형이상학적인 정신에 과학적 개념이 맞선다."

1929년 빈에서 과학의 논리적 분석 방법을 강조하는 선언문이 발표된다. 이른바 '빈 서클'이라고 불리는 모임의 회원들이 주류를 이루었다. 이 모임의 주도자인 모리츠 슐릭(1882~1936)을 비롯해, 루돌프 카르나프(1891~1970), 쿠르트 괴델, 오토 노이라트, 한스 라이헨바흐 같은 학자들이 대표적이었다. 그들에 따르면 관찰된 사실과 명백한 입증에 의한 과학만이 지식을 발전시킨다. 과학적 지식은 본래 그 자체로서 일관성이 있으며, 따라서 경험에 영향을 받지 않는 논리학과 수학이야말로 지식의 기본이 된다. 빈 서클은 루드비히 비트겐슈타인(1889~1951)이 발행한 『논리-철학적 논고』(1921)에서 영향을 받았다. 빈의 대부호 집안에서 태어난 비트겐슈타인은 세계 1차 대전 발발 후 군대에 입대할 무렵 이 소책자를 펴냈다. 이 책은 수학 정리처럼 논리적으로 상호 연관되는 공식집으로 편집됐다. 비트겐슈타인은 세계를 '사실들'의 전체로 이해했다. 언어의 목적은 이 사실들을 묘사하는 것이다. 사실에 근거하지 않은, 형이상학적이거나 윤리적인 명제들은 진리를 주장할 수 없다. 왜냐하면 그 것들은 실제적인 세계에 대해 아무 것도 말할 수 없기 때문이다. 그 후 그는 부친의 엄청난 유산을 모두 기부한 채 정원사, 가정교사를 전전하며 몇 년을 떠돌다가 옛 스승인 버틀랜드 러셀의 부름을 받아 캠브리지대로 향했다. 이로써 비트겐슈타인을 추종한 빈 서클은 만들어진 지 얼마 되지 않아 해체된다. 이 그룹의 공통분모는 형이상학의 거부(拒否)였으나 구성원들이 실제로 일치된 견해를 가졌는지의 여부는 확실하지 않다. 이 그룹의 정식 멤버는 아니었지만 그 주위를 맴돌았던 젊은 시절의 칼 포퍼는 이 그룹의 과학적인 시각에 의문을 나타냈다. 그에 따르면 과학은 '가정'들을 일시적으로 거절하거나 유효화하지만, 결코 결정적인 증명을 내놓지 않는다는 것이다.

하지만 나치가 권력을 잡은 뒤 독일과 오스트리아에서 유대인을 검거하기 시작하자, 빈 서클의 많은 회원들이 영국이나 미국으로 떠난다. 포퍼, 비트겐슈타인, 카르나프, 노이라트 등…. 그 후 빈 서클의 사상가들은 앵글로색슨 국가들에서 과학적 철학의 발전에 대해 크게 기여하게 된다.

더 이상 악마의 지침을 가르칠 수 없다

제1차 세계대전이 파괴와 공포, 그리고 지울 수 없는 상처를 남기자 인간성 회복을 위한 신 교육운동이 일어났다. 일방적이고, 교조주의적인 제도권 교육을 개혁하고, 인간적이고 평화적이며, 공동체 지향적인 교육의 필요성이 제기됐다.

"악마의 지침에 따라 우리는 학교를 세웠다. 아이는 자연을 사랑했지만, 우리는 그 아이를 막힌 방에 가뒀다. 아이는 자신의 행위가 무엇인가에 기여되길 원했지만, 그 행위는 우리에게 아무런 목적이나 의미도 갖지 않는다. (…) 아이는 말하길 원했지만, 우리는 그 아이가 침묵하도록 강요했다. 아이는 이치를 따지길 원했지만, 우리는 그 아이에게 암기하길 강요했다. 아이는 과학을 추구했지만, 우리는 그 아이에게 이미 완성된 것을 제공했다. 아이는 야망을 키우길 바랐지만, 우리는 처벌방식을 고안했다. 이처럼 아이들은 그것(악마의 지침)에 따라 배운 까닭에 (진실을) 숨길 수 있었고, (사실을) 속일 수 있었으며, 거짓말을 할 수 있게 됐다."

1921년 설립된 '국제신교육연맹'의 공동설립자인 아돌프 페리에르(1879~1960)의 이러한 선언은 당시 신교육 운동의 필요성을 제기한 대목이다. 진보주의적 색채를 띤 이 신교육운동의 주요 목표는 전인교육, 즉 지적 성장뿐만 아니라 신체적·정서적 성장까지도 도모하는 것이다. 학교는 아이가 직접 무엇인가를 함으로써 배우는, 즉 능동적 역할을 할 수 있는 실험실로 간주됐다. 학습과 관련된 과업을 아이가 직접 해보아야 가장 잘 배울 수 있다는 것이 기본적인 가정이다. 교과과정에서는 창조적 수공 예술이 강조됐고, 아이들은 실험과 독립적인 사고를 하도록 고무됐다. 가장 영향력 있는 진보주의 이론가였던 미국의 철학자 존 듀이는 학급을 민주주의를 실천하는 소우주로 인식했다.

진보주의적 교육 운동의 기원은 궁극적으로 장 자크 루소의 『에밀』(1762)까지 거슬러 올라가지만, 부분적으로는 17~19세기 유럽의 교육개혁에서 찾을 수 있다. 18세기 말에서 19세기 초에 루소의 교육이론이 여러 실험적인 대안학교에서 실제로 적용됐다. 그러나 세계 1차 대전 이후 황폐해진 인간성의 회복을 위해 신교육운동은 또 다시 활발한 기운을 얻는다. 스위스의 심리학자 에두아르 클라파레드가 1912년 제네바에 세운 '장 자크 루소 연구소'는 이 같은 정신을 구현하는 데 앞장섰다. 이 연구소 출신의 장 피아제는 1920년대에 유아의 지능개발에 관한 책들을 출간했고, 페르디난드 뷔송과 알프레드 비네는 지능의 측정에 관한 연구 보고서를 발표했다.

그러나 신교육 운동은 학계 내에서 날카로운 비판을 받았다. 인문주의자들과 관념주의자들은 진보주의적 색채, 자연주의적 성격, 아이의 흥미와 자유에 대한 지나친 강조, 고전 문학과 고전어 교육을 소홀히 여기는 교육방식에 대해 못마땅하게 여겼다. 이로 인해 서머힐과 같은 대안학교들은 줄곧 당국에 의해 폐교의 위협에 시달렸다. 그럼에도 불구하고, 1920~1930년대의 신교육운동은 오늘날까지도 아이 존중, 자아 표현의 중시, 그리고 민주주의 교육의 실현 등 교육적 가치를 환기시켜주고 있다.

이러다가 서구 문명은 몰락하지 않을까

한편 세계 1차 대전으로 인해 서구 사회가 황폐화될 무렵인 1918년, 독일 철학자 오스발트 슈펭글러(1880~1936)[1]는 저서 『서구의 몰락』에서 서구 문명의 운명적인 몰락을 예고했다. 그는 "세계대전과 러시아 혁명 등으로 혼란스러웠던 당대 서구의 상황이 발전의 정점에 이르렀다가 곧 쇠퇴의 길로 접어들었던

---

1 오스발트 슈펭글러, 『서구의 몰락』(책세상문고, 2008, p.22).

옛 그리스, 로마 문화가 보여준 양상과 유사하다"는 점을 역설하고 서구 문화의 '종말'을 예언했다. 문화를 하나의 유기체로 파악한 그는 인간이나 동물, 식물, 별 등 모든 유기체가 태어나고 성장해 어른이 되고, 늙어 죽는 것처럼 문화도 생성기에서 융성기를 거쳐 결국에는 몰락한다는 사상을 전개했다. 서구는 반드시 몰락할 수밖에 없다는 슈펭글러의 주장에 당시 서구 사회는 충격을 받았지만 제국주의의 확산, 그로 인한 세계대전의 참상은 '깨어 있는' 서구인들이 자신들 문화에 대한 자성과 비판을 하게 했다. 슈펭글러에 따르면 제국주의, 세계대전, 사회주의 혁명 등 혼란으로 점철된 20세기의 서구사회는 고대-중세-근대로 내려올수록 진보한다는 발전 사관에 따라 다른 문화들을 미개한 단계로 규정하면서 서구 문화의 폭력적 팽창을 정당화했다. 그러나 슈펭글러는 문화란 발생, 성장, 노쇠, 사멸의 과정을 밟는 유기체와 같아서 이미 고도성장을 이룬 서구 문화는 필연적으로 사멸, 몰락에 이를 것이라고 예언했다. 즉 당시의 서구가 문화 발전의 최종 단계 즉 '문명'의 양상을 뚜렷이 드러내면서 소멸을 향해 치닫고 있다고 진단한 것이다. 물론 그 소멸은 다시 탄생으로 이어지는 '생명'의 순환 구조를 따르게 되지만, 이를 제대로 통찰하기 어려웠던 당대 서구인들에게 슈펭글러의 주장은 충격적일 수밖에 없었다.

그는 서구의 직선적 발전사관에서 벗어나 세계 전체의 역사, 그 구조를 통찰할 것을 제안하면서 그 일환으로 '역사순환론'과 '세계사의 비교형태학'을 내세웠다. 이 방법론들은 '역사란 문화라는 자족적인 개별 단위의 연속'이기 때문에 '살아 있는(존재하는) 세계의 형식 언어로서 역사'를 제대로 파악하려면 다양한 문화들의 형이상학적 구조를 비교, 통찰하고 나아가 부분의 역사가 아니라 전체의 역사를 기술해야 한다는 인식에 기초하고 있다. 이는 그가 1922년 개정판 머리말에서도 밝히고 있거니와 괴테와 니체의 영향에 힘입은 바 크다.

그는 "괴테에게서 방법을 배웠고 니체에게서 문제를 얻었다"(1)라고 고백했는데, 인류 문명의 운명을 비관하면서 문화의 보편성과 모든 도덕적 가치의 절대성을 부정하고 상대성을 강조함으로써 새로운 역사의 전망을 열어놓았다는 점에서는 니체를, 인류의 역사란 생물체로서의 의지나 목적이나 계획 없이 정해진 과정을 그대로 밟지 않으면 안 되는 운명의 유기체이자 출생, 성장, 늙음과 죽음의 과정을 겪는 생물 유기체와 같다고 본 점에서는 괴테를 각각 계승했다고 할 수 있다. 즉, 사유적 측면에서는 누구보다 전위적이었지만 연구 방법에 있어서 객관적 비교형태학까지는 나아가지 못한 니체의 방법론적 한계를 괴테의 자연과학적 방법을 통해 극복한 것이다. 이로써 슈펭글러는 서구 근대의 역사에서 입지전적인 두 사상가를 독창적으로 계승, 발전하면서 세계사 전체상을 조망할 수 있는 터전을 마련해놓았다는 평가를 받았다.

슈펭글러와 마찬가지로, 같은 시기의 아놀드 토인비(1889~1975)도 인간의 역사와 문명에 대해 관심을 쏟았다. 처음에는 고대사를 전공했으나, 제1차 세계대전 발발의 소식을 접하고 '여러 문명의 철학적 동시대성'에 대한 영감을 얻는다. 그리스 로마 문명의 멸망처럼, 서유럽 문명의 몰락이 그의 주된 관심사였다. 토인비는 총 12권에 이르는 『역사의 연구』(1934~1961)에서 문명의 발생에서 해체에 이르는 과정으로서 세계사를 기술했다. 그리스 이후 쇠퇴했던 역사 문명의 반복성에 주목함으로써 고대와 현대 사이에 철학적 동시대성을 발견하고 역사의 기초를 '문명'에 두었다. 문명 그 자체를 하나의 유기체로 포착하고, 이는 생성과 사멸의 역사이며, 그 생멸(生滅)에 일정한 규칙성, 즉 발생·성장·해체의 과정이 주기적으로 반복되는 것을 보았다. 또 26개의 문명권을 병행적·동시대적으로 나열하고, 이들 모두가 규칙적인 주기를 가지고 있다는 것을 규명했다.

한편, 문명의 추진력을 고차 문명의 저차 문명에 대한 '도전'과 '대응'의 상호작용에 있다고 보았다. 예를 들면, 외적인 프롤레타리아, 즉 인민 또는 국가가 제국의 중심부에 대해 적대적 전쟁을 시작하고, 내적인 프롤레타리아트도 역시 엘리트 계급, 즉 보수주의자들과 싸울 때 새로운 문명이 시작된다는 것이다. 토인비에 따르면 종교가 문명권을 결정짓는 결정적인 요소로서 새로운 변화를 추동한다는 것이다. 같은 시기, 프랑스 사회학과 역사학에서도 문명에 대한 성찰이 이뤄졌다. 마르셀 모스(1872~1950)는 슈펭글러의 문명론에 대해 과학성의 결핍을 지적하며, 자신의 '과학적인' 문명이론을 전개했다. 에밀 뒤르켐(1858~1917)의 조카이자 그의 후계자인 모스는 1925년, 논문 '증여론'에서 증여와 같은 사회 현상을 오로지 경제적 측면에서만이 아니라 도덕적, 종교적, 미적 등등의 측면을 고려한 '전체적 · 사회적 사실'로서 파악할 필요가 있다고 주장했다. 특히 북미 원주민의 의식 포틀라치(Potlach; 막대한 양의 증여물을 분배했던 의식)에 주목해 증여를 호혜적 교환이라는 관점에서 파악했다. 이는 후에 레비-스트로스의 구조주의 인류학에 커다란 영향을 주었다. 예를 들어, 부족원들이 한 해 동안 수확한 곡물을 추장에게 바치면 추장은 그 곡물을 부족원에게 재분배하고 남은 곡물은 다른 부족들을 초청해 큰 잔치를 벌이는 데 사용한다. 그 후 접대하고 남은 곡물과 그 곡물로 구매한 물품을 전부 부수거나 불태운다. 이때 파괴한 자기 재산이 많을수록 그 부족과 부족장은 그만큼의 권위를 인정받는다. 문명사회의 '과시형 사치'는 현대판 포틀라치로 해석되기도 한다. 하지만, 그의 주장은 세계 1차 대전의 문명파괴적 폭력을 이해하기에는 작위적인 논리라는 평가가 나온다.

뒤이어 등장한 프랑스의 사학자 페르낭 브로델(1902~1985)은 역사의 관점에서 인간 문명을 이해하고자 했다. 마르크 블로크, 루시앙 페브르의 뒤를 이어, 아날학파[2]의 리더가 된 브로델은 독특한 모델로 근대사에 대한 해석을 꾀했다. 흔히 3중구조로 설명되는 그의 모델에 따르면 근대세계는 사람들의 '일상생활'이 이루어지며 거의 변화하지 않는 부분인 '하층', 그 위로 교환활동이 조직되는 '경제', 그리고 다시 이 모든 하층들의 구조를 굽어보며 위에서 통제하는 고도로 조직적인 '자본주의'로 돼 있다는 것. 브로델은 이 모델에 기초해 3부작『물질문명, 경제, 자본주의』중 첫 번째 책에서 '일상생활'에 해당되는 부분을 다루고 있고, 두 번째 책에서는 '경제'와 '자본주의'를 함께 다루며, 마지막 책에서는 근대 경제사를 전통적인 방식 즉, 시간상의 변화에 따라 그려내고 있다. 브로델은 또한 역사를 시간적 지속에 비례해 순식간의 역사(사건사), 주기적 역사(변동사), 장기지속의 역사(구조사)로 나누는데 여기서 진정한 역사 인식은 장기지속, 즉 구조를 파악하는 것이란 주장이다. 구조란 사건사의 관점에서 보면 변화가 없으며 정체된 듯한 현상들, 몇 세기에 걸쳐 지극히 완만하게 흐르고 있는 '관습'과 같은 것을 말한다. 그런데, 이러한 것들이 사실은 변천하는 시대의 밑바닥에서 사회와 인간을 규제하고 있다는 것이다.

이러한 역사 인식과 방법론에 따라 브로델은 여러 세대 내지 몇 세기에 걸쳐 이어지면서 체화되고 관습화되어 사회화된 것들을 찾아 사회사를 서술한다. 그 대상은 중세나 18세기 이전의 '움직이지 않는 역사' 속에서 찾는데 특히

---

2 프랑스 아날학파는 1929년 루시앙 페브르와 마르크 블로크에 의해 창간된 역사6잡지『사회경제사 연보』(Annales d'histoire economique et sociale) -'아날'은 연보라는 뜻-를 중심으로 모인 일군의 역사학자 집단을 지칭한다. 아날학파는 19세기 독일의 랑케(1795~1886)로부터 시작된 '정치, 지도자(개인), 연대' 중시의 근대 전통 사학이 사실주의를 토대로 사료에만 집착하는 것을 비판하며 등장했다. 이들은 인간의 삶에 관한 모든 학문 분야를 통합해 생활사 중심으로 역사를 기술하며 1970년대 이후 세계 역사학계의 주류로 자리 잡았다.

사회를 구성하고 있는 민중의 일상생활이 가장 중요한 주제가 된다.

그러나 동서냉전 종식과 더불어, 미국의 정치학자 새뮤얼 헌팅턴은『문명의 충돌』(1996)에서 슈펭글러, 토인비, 브로델의 이론을 제 방식대로 수용해, 문명의 중요성을 지적했다. 하지만, 서구의 기독교 문명에 대한 우월적 시각을 표출했다. 냉전 이후 전 세계에서 일어난 분쟁은 이데올로기를 둘러싼 투쟁이 아닌 문명 충돌, 특히 종교에서 비롯되었다는 것이 그의 주장의 핵심이다. 헌팅턴은 현재의 세계를 서구·중국·이슬람·일본·아프리카·동방정교회·라틴 아메리카·힌두나 불교 등의 문명권으로 나눈다. 이 중 가장 위협적인 세력으로 이슬람과 중국문명권을 꼽고 있는데, 이는 슈펭글러, 토인비, 브로델의 상대주의적이고 유기체적인 문명이론과 상반되는 주장이다. 헌팅턴의 주장대로라면, 우리나라는 위협적인 중국문명권에 속해 있는 셈이다.

▲ 1920년대 신교육운동차원에서 문을 연 대안학교 '서머힐'

기계적인 '휴머니즘'에 저항하다

학계에 등장한 구조주의적 관점은 언어학에도 큰 영향을 미쳤다. 모스크바 대 출신의 로만 야콥슨(1896~1982)은 1차 세계대전이 끝나자 1920년 체코슬로바키아로 이주해 프라하에 머무는 동안, 언어학회를 결성하고 프라하학파의 창시자가 됐다. 구조 언어학은 스위스 언어학자 소쉬르(1857~1913)의 『일반언어학 강의』(1916)를 토대로 하고 있으나, 야콥슨의 주도 아래 니콜라이 트루베츠코이(1890~1938), 세르게이 카르세브스키가 1929년 제1회 국제언어학회에 본격 사용함으로써 공식화됐다. 다른 비평 방법과는 달리 구조주의는 그 역사가 길지 않다. 물론 그 계보를 굳이 거스른다면, 고대 그리스에까지 거슬러 올라갈 수 있지만, 문학 연구 방법으로서의 구조주의는 그 시기를 아무리 일찍 잡는다고 하더라도 20세기 초를 넘어서지 못한다. 그것은 제2차 세계 대전 이후에 생겨난 새로운 지적 운동이며, 문학 이론이기 때문이다. 구조주의는 제1차 세계 대전을 전후해 러시아에서 일어난 형식주의[3]가 논리적으로 발전한 이론이다. 그러니까 구조주의의 씨앗은 이미 러시아 형식주의에서 뿌려졌다. 구조주의의 기본 개념은 대부분 러시아 형식주의에서 찾을 수 있다. 러시아 형식주의가 구조주의로 발전하는 데에 있어 프라하 언어학파는 징검다리 역할을 했다. 특히 모스크바 언어학파와 프라하 언어학파를 이끈 로만 야콥슨은 구조주의 탄생에 산파역을 한 사람이다. 야콥슨은 1941년 미국으로 건너가 뉴욕

---

3 1915~1916년 발생해서 1920년대에 번성하다가 1930년대에 이르러 소비에트 정부에 의해 강제해산된 문학운동이다. 모체는 1915년에 설립된 '모스크바 언어학 서클'과 1916년에 설립된 '시어연구회'다. 이 운동이 세계에 널리 알려진 것은 로만 야콥슨이 미국에 망명해 서방세계에 소개한 것과 함께 구조주의가 문학 연구의 과학화라는 꿈을 갖게 한 것을 계기로 삼고 있다.

의 고등학술연구소에서 교수로 재직했으며 이곳에서 프랑스의 인류학자 클로
드 레비스트로스(1908~2009)와 조우했으며, 이로써 2차 대전 후 프랑스에
서 발전하는 구조주의를 연결하는 매개 역할을 한다. 프랑스에서 구조주의는
레비스트로스의 인류학을 비롯해 롤랑 바르트(1915~1980), 알기르다스 줄리
앙 그레마스(1917~1992), 제라르 주네트의 문학 연구와 문화 연구, 자크 라캉
(1901~1981)의 정신분석, 루이 알튀세르(1918~1990)의 정치 이데올로기 이
론으로 나타났다. 비록 이들이 구조주의라는 학파를 공식 출범시킨 것은 아니
지만 이들의 작업은 구조주의라는 용어로 통칭된다. 이들은 다양한 방법을 지
향하지만, 구조주의가 보여주는 일반 원리를 공유했다. 그것은 원자주의, 역사
주의, 기계주의, 행동주의, 심리주의, 휴머니즘에 대한 저항이기도 했다.

4장

1930~1940년대

▼ 1937년 뉴욕에서 나치즘을 숭배하는 일부 미국인들이 성조기와 나치깃발을 들고 행진하고 있다.
나치의 인종주의를 경멸하면서도 어느덧 그들을 닮아버렸다.

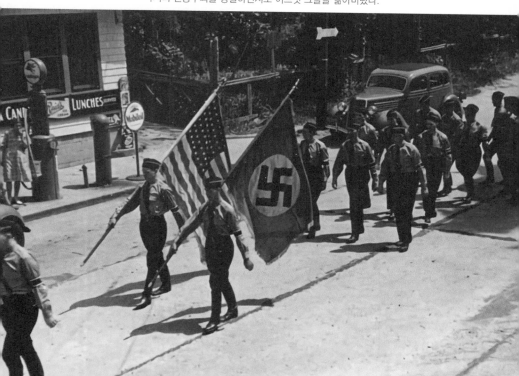

[시대적 배경]
파시즘의 등장과 문화예술계의 저항

1929년 10월 24일, 이른바 '검은 목요일'에 월가의 주가 폭락으로 미국 경제가 무너졌다. 세계 경제는 마비됐고, 거리는 실업자들로 넘쳐났다. 미 정부는 경제 활성화를 위한 개입 정책에 나선 한편, 물가 상승을 억제하기 위한 통화 가치 절하, 디플레이션 같은 다양한 경제정책들을 실시했다. 독일과 이탈리아도 실업난 해소를 위해 국책 대형공사에 착수했다. 1922년부터 이탈리아에서는 무솔리니에 의해 파시즘이 성행하게 되고, 독일에서는 히틀러가 1933년 정권을 잡는다. 히틀러가 집권한 이후, 가장 먼저 약탈과 제거의 대상이 됐던 존재는 지식인들과 공산주의자, 유대인들이었다. 한편, 스페인은 프랑코 장군의 반란으로, 국제여단의 지원에도 공화국이 붕괴되었다. 레닌 사후인 1937년~1938년, 러시아의 독재자 스탈린은 1917년 혁명의 영웅으로 소련의 공업화와 농업화 정책을 성공적으로 이끈 카메네프, 지노비예프, 부하린 등의 지도자들을 체포하고 처형한다. 반면 프랑스에서는 1차 대전 이후 국내외적으로 움튼 파시즘에 대항하고자, 좌파 전체의 연합체인 인민전선(1935~1938)이 성립됐다. 그러나 인민전선의 내부 분열로 인해 독일의 침략을 막지 못했다. 이 실패의 쓰라린 경험은 2차 대전 중 레지스탕스 운동으로 발전, 계승됐다. 1933년 앙드레 말로는 『인간의 조건』이란 작품으로 공쿠르상을 수상하였고, 1938년 사르트르는 『구토』를 출판했으며, 미국 소설가 존 스타인벡이 1939년 『분노의 포도』를 발표했다.

또 이 무렵에 등장한 대표적인 영화계 거장으로는 찰리 채플린(영화 <모던 타임스>에서 찰리 채플린은 "현실주의자이자 이상주의자이며 감상적인" 인물로 나온다.), 마르셀 파뇰,

<토니>와 <게임의 규칙> 감독인 장 르누아르, <북쪽의 호텔>과 <안개 낀 부두>의 마르셀 카르네 등을 꼽을 수 있다.

당대 화가들은 사회적인 주제와 기술적인 주제, 이 두 가지를 작품에서 말하고자 하였다. 라울 뒤피의 '전기 요정', 페르낭 레제의 '건설자들', 파블로 피카소의 '게르니카'가 대표적인 예라 할 수 있다.

'디아스포라' 학자들이 세상의 부당함과 싸우다!

학문과 법체계에 자리잡은 인종주의

1930년대는 독일 나치즘과 일본 전체주의가 인종주의적 편견과 증오심을 내세우면서 지구촌의 비극을 촉발한 시기였다. '세계의 구원자'를 자처하고 나선 미국 학계에서도 인종주의가 기이한 방식으로 자리 잡기 시작했다. 1933년 프린스턴대학의 다니엘 캐츠(1903~1998)와 K. W. 브랠리는 백인, 흑인, 독일인과 일본인 학생들의 특성을 분석해 인종 유형화를 시도했다. 미국거주 백인과 독일인, 일본인들은 부지런하고 똑똑한 반면에 흑인들은 미신을 신봉하고 게으르다는 식이다. 이들의 인종 특성 유형화는 당시 미국인들에게 대체적인 '견해'로 받아들여졌지만, 미국이 세계를 제패한 1950년대에 들어서자, 인종 유형별 특성 표현이 조금 바뀌었다. 미 백인들은 물질적인 안락을 추구하며 삶을 영위하는 유물론자들로 인식되는 반면, 전쟁 중 미국의 적이었던 독일인과 일본인들은 근면하고 똑똑한 이미지를 다소 상실했으며, 흑인들은 미신의 미몽에서 벗어나기 시작했다.

4장 나치의 '광기'를 증오하면서도 닮아가다

1960년대에 들어와서 독일인과 일본인들은 전쟁 이전의 이미지를 회복했다. 그리고 흑인들은 재능이 풍부한 뮤지션의 이미지를 가지게 됐다. 인종적 고정관념은 시간의 흐름과 더불어, 역사적 사건들과 사회상황 등에 따라 변화한다. 사회심리학의 기원은 19세기 말로 봐야 한다. 이 시기 가브리엘 타르드(1843~1904)는 저서 『모방의 법칙』(문예출판사, 2012)에서 개인들이 사회적 메커니즘에 어떻게 영향을 받는지를 탐구했다. 또한 귀스타브 르 봉 (1841~1931)은 『군중심리학』에서 개인이 어떻게 군중이 되는지를 다뤘다. 그러나 과학적인 사회심리학의 본격적 연구는 1930년대에 들어서야 이뤄졌다. 사회심리학이 학문으로서의 실험적 방법론과 이론적 장을 정립한 것은 이 시기다. 초기 사회심리학의 많은 연구자들은 독일과 오스트리아에서 아돌프 히틀러와 나치즘의 등장을 피해 도망친 유대인들이 주류를 이룬다. 하지만 아이러니하게도, 사회심리학에 가장 중대한 영향을 끼친 인물로는 히틀러가 꼽힌다. 망명 연구학자들은 히틀러의 '광기'를 증오한 반면, 그의 여론조작, 프로파간다 그리고 조직 장악력 등의 주제에 관해 관심을 가졌다. 한편, 미국은 원하든 원하지 않든 다문화 사회로 전환되면서, 인종주의의 문제가 점차 두드러졌다.

1924년, 미국의 '실험적 사회심리학'의 아버지라고 불리는 플로이드 올포트(1890~1948)는 『사회심리학(1924)』을 출간했다. 그는 사회심리학의 주요 테마 중 하나인 '태도', 즉 각 개인이 특정 대상이나 견해, 사람에 대해 보이는 반응을 중시했다. 나아가 그의 동생인 고든 W. 올포트(1897~1967)는 종교나 직업, 타인에 대한 태도가 단순한 지적 견해를 넘어, 우리의 행동을 이끄는 정서를 담고 있다고 봤다. 이러한 개념은 2차 세계대전 이후 고정관념과 인종주의에 관한 연구에서 다시금 차용됐다. 한편 터키 출신의 미국 사회심리학자 무자퍼 셰리프(1906~1988)는 개인의 판단이 집단의 규범에 얼마나 많은 영향을 받는지를 실험으로 증명했다. 실험 결과, 애매한 상황에 처한 개인은 홀로 판단을 내릴 때보다 집단의 규범에 더 따르는 모습을 보여준다. 쿠르트 레빈(1890~1947)과 그의 동료 로널드 리피트(1914~)[1]는 어느 집단의 성과에서 리더십의 스타일(전제적, 민주적, 혹은 방임주의적)이 지닌 효과에 관심을 보였다.

실험실에 들어간 심리학

또한 사회심리학이 오늘날처럼 가설과 연역의 과정을 매우 중시하는 실험 및 연구의 학문이 된 것도 1930년대에 들어서였다. 이로부터 10년간 사회적 행동의 초창기 척도가 만들어진 것이다. 1928년 루이스 리언 서스톤(1887~1955)은 태도 측정방식을 확립했다. 여기서 '태도'란, 종교에서부터 인종적 선입관에 이르는 다양한 주제에 관한 각 개인의 의견이나 믿음을 뜻한다. 이러한 방식은 외부 관찰자를 필요로 했다. 1932년, 렌시스 리커트(1903~1981)는 더 이상 관찰자가 필요 없는 새로운 방식을 개발했다. 이는 특정 사항에 관해 상대방의 공감 정도를 묻되, 점수로 변환할 수 있도록 하고 이를 합산해 총점을 매기는 방식이다. 또 다른 분야에서 야코브 레비 모레노(1889~1974)는 계량사회학(Sociometry), 즉 한 집단 내 여러 구성원 간의 친밀도 관계를 측정하는 학문을 창설했다. 그는 한 집단의 구성원들이 해당 집단

---

1 미국의 사회심리학자. 레빈의 지도하에 행한 집단의 분위기에 관한 실험은 그 후 집단역학발전의 기초를 이룬 것으로 유명하다.

의 다른 구성원들에 대해 느끼는 호감, 혹은 반감을 관찰했다. 이러한 계량 사회학적 테스트는 한 집단 내에서 인기 있는 리더, 영향력 있는 리더, 소외된 인물, 배척당하는 인물 등을 분간할 수 있게 했다. 실험의 중요성이 부각되자, 여론조사나 자연환경 상의 관찰조사가 인기를 잃게 됐다. 그리고 학파 간의 알력과 대립이 일어났다. 여론조사 지지자들은 "실험주의자들이 연구하는 상황이 인공적인 성격을 지녔다"고 지적한 반면에 실험주의자들은 "여론조사의 자료수집에서 정확성이 결여됐다"고 비난했다.

망명하는 유대인 지식인들

　1933년 히틀러가 독일의 정권을 장악하자, 대학가에서 대규모의 유대인 숙청 작업이 이뤄졌다. 유대인 교수들은 협박과 가혹행위, 해임을 당했다. 1933년 5월 베를린에서 나치당은 '유대인' 프로이트의 저서들을 불태웠다. 1938년 이후에는 오스트리아에서도 지식인들의 대대적인 망명이 시작됐다. 망명객에는 거의 모든 학문 분야가 망라됐다. 물리학자(알버트 아인슈타인, 에르빈 슈뢰딩거[2], 막스 보른[3], 볼프강 파울리[4] 등), 수학자(존 폰 노이만[5], 쿠르트

2　1887~1961. 오스트리아의 이론물리학자. 파동역학의 건설자이다. L.V.드브로이가 제출한 물질파의 개념을 받아들여 미시 세계에서는 고전역학이 파동역학으로 옮겨간다는 생각을 기초방정식으로서의 파동방정식에 집약하였으며, 이것은 '원자 이론의 새로운 형식의 발견'이었다.

3　1882~1970. 독일의 브레슬라우 태생의 독일의 물리학자로 1954년에 파동함수의 통계적 해석으로 노벨물리학상을 수상하였다.

4　1900~1958. 오스트리아의 이론물리학자이자 양자역학의 개척자 중 한 명이다. 파울리 배타 원리에 대한 업적으로 1945년 노벨 물리학상을 수상했다.

괴델[6] 등), 작가(토마스 만[7], 블라디미르 나보코프[8], 베르톨트 브레히트, 슈테판 츠바이크[9] 등), 예술가(파울 클레[10], 아르놀트 쇤베르그[11] 등) 등 많은 지식인들이 국경을 탈출했다. 철학자, 정신분석학자, 사회학자, 경제학자, 역사학자 등도 마찬가지였다. 지식인들의 망명이 이어지자, 빈과 베를린은 '지성적' 수도로서의 지위를 졸지에 잃었다. 반면 미국과 영국은 이 새로운 지식인들을 영입한 효과를 톡톡히 누렸다. 이러한 망명의 물결은 이념의 단순한 지역적 이동으로만 그치지 않고, 이념의 흐름 자체에 영향을 미쳤다. 이는 특정 이념의 변화와 재탄생, 그리고 때로는 완전한 쇠퇴로 이어졌던 것이다.

5 1903~1957.헝가리출신으로 컴퓨터 중앙처리장치의 내장형 프로그램을 처음 고안한 수학자. 1949년 에드박(EDVAC: Electronic Discrete Variable Automatic Computer)이라는 새로운 개념의 컴퓨터를 만들었으며 이때 고안한 방식은 오늘날에도 거의 모든 컴퓨터 설계의 기본이 되고 있다.
6 1906~1978. 오스트리아 출신의 수학자 · 논리학자. 수학기초론이나 논리학의 방법에 결정적인 전환점을 가져온 많은 '괴델의 정리'를 발표하였는데, 특히 유명한 것은 1931년 발표한 '불완전성 정리'이다.
7 독일 출신의 소설가 · 평론가. 1929년 노벨 문학상 수상자. 대표작으로는 마의 산 (1924), 선택받은 사람(1951) 등이 있다.
8 1899~1977.러시아 출신의 미국 소설가 · 시인 · 평론가 · 곤충학자. 나비류 수집가로도 유명하다. 미국으로 이주한 뒤로는 뛰어난 영어로 작품을 발표하였는데, 10대 소녀에 대한 중년 남자의 성적 집착을 묘사한 『롤리타』(1955)는 큰 반향을 일으켰다.
9 1881~1942.오스트리아 출신의 시인 · 극작가 · 소설가. 나치스의 오스트리아 병합과 동시에 망명하여 브라질에서 자살했다. 처음에 낭만파 서정 시인으로 등장하였으며, 전기작가로서 『세 사람의 거장』· 『세 사람의 시인』등이 저명하며, 회고록 『어제의 세계』는 유럽 정신사의 귀중한 자료로 평가된다.
10 1879~1940. 독일의 화가로 현대 추상회화의 시조이다. 1914년 튀니스 여행을 계기로 색채에 눈을 떠 새로운 창조세계로 들어갔다. 1933년까지 독일에 머물며 나치에게 102점의 작품을 몰수당한 뒤 "독일은 이르는 곳마다 시체 냄새가 난다"고 말하고 스위스로 돌아갔다.
11 1874~1951. 오스트리아 출신의 작곡가. 그는 독일의 시와 예술에서 표현주의 운동을 주도했으나, 나치의 핍박을 받아 미국으로 이주했다. 12음 기법을 도입한 것으로 유명하다.

심리학과 정신분석학의 엇갈린 운명

  형태심리학(게슈탈트 심리학)의 창설자 3인방인 쿠르트 코프카 (1886~1941), 막스 베르트하이머(1880~1943), 볼프강 쾰러(1887~1967) 는 미국으로 건너갔지만 뿔뿔이 흩어져 대학가에서 인정받지 못했다. 당시 미국의 심리학계에서는 행동주의적 관점이 대세였는데, 이는 독일 심리학 의 포괄적이며 유심론적인 관점과 완전히 정반대였다. 형태심리학은 지각 (Perception) 연구에 제한적인 영향을 미쳤을 뿐 심리학계에서 거의 사라지 다시피 했다. 오스트리아 빈 대학 교수 출신의 카를 뷜러(1879~1963)와 샤 를로테 뷜러의 운명 또한 비극적이었다. 아동심리학의 선구자인 뷜러 부부는 독일에서 대단한 명성을 얻었지만 망명 때문에 학계의 경력이 산산조각 났던 것이다. 몇몇 소수의 심리학자만이 경력을 이어갈 수 있었다. 미국 사회심리 학의 주류 인사가 된 쿠르트 레빈이 그 예다. 독일에서 저명했던 레빈은 나치 를 피해 미국 아이오와 대학교로 왔다. 후에 그의 연구는 집단 역학, 동기 그 리고 리더십 분야에 심오한 영향을 끼쳤다. 레빈은 조직과 지역사회에서 발생 하는 실무적 문제를 해결하는 연구에 집중했다. 이 점에서 레빈은 조직 심리 학의 발전에 큰 영향을 끼친 인물로 평가된다. 한편 정신분석학자들의 운명은 정반대였다. 지그문트 프로이트와 그의 딸 안나가 영국으로 망명했을 때, 몇 년 전에 도착한 앨프리드 존스와 멜라니 클라인이 그들을 환대했다. 프로이트 부녀는 '정신분석학의 시조'라는 영예를 얻을 수 있었다. 또 브루노 베텔하임 (1903~1990), 에릭 에릭슨(1902~1994), 에리히 프롬(1900~1980), 카렌 호 나이(1885~1952), 빌헬름 라이히(1897~1957), 헬렌 도이치(1884~1982) 역 시 각자 나름대로 미국 정신분석학계에서 평가를 받았다.

이 무렵, 사회학은 크게 위축했다. 사회학 교수들의 대부분이 유대인이었던 독일에서는 학자들의 탈(脫) 독일 현상이 두드러졌다. 1933년 독일에서 활동하던 55명의 유대인 사회학 교수 중 1938년까지 남아 있던 사람은 16명에 불과할 정도였다. 그러나 망명자 중 일부 소수만이 영미권의 학계에 적응할 수 있었다. 폴 라자스펠드(1901~1976)가 그 경우였다. 아프리카 남서부, 나미비아의 중부 도시인 마리엔탈의 실업자에 관한 연구는 미국에서 그의 이름을 드높였고, 경험주의가 지배하던 미국 사회학계의 환호를 받았다.

영미권에서 부적응한 프랑크푸르트 학파

반면, 프랑크푸르트학파의 역사적, 이론적, 비판적 경향은 영미권에서 그다지 환대를 받지 못했다. 테오도르 아도르노와 막스 호르크하이머가 이끄는 프랑크푸르트학파는 상대적으로 폐쇄적으로 남아 있었다. 이 학파의 지도자들은 종전 이후 독일로 되돌아왔다. 하지만 이 학파의 일원인 헤르베르트 마르쿠제(1898~1979)의 운명은 조금 놀라웠다. 그는 미국에서 전후 비판적 이념의 대표자가 됐다. 그의 저작은 학계보다는 지식인과 대학생으로 이루어진 급진적 독자층에서 더 많은 반향을 얻었다.

경제학 분야에서도 망명학자들의 희비가 엇갈리게 나타났다. 루드비히 폰 미제스나 오스카 모르겐슈테른, 프리드리히 폰 하이에크처럼 신고전주의 운동에 들어갔던 오스트리아학파 일원들은 영미권 학계에 쉽게 통합될 수 있었다. 반면 경제를 역사적, 사회적, 비판적 접근법으로 해석했던 칼 폴라나 폴 배런 같은 경제사가들은 미국 대학가에서 미미한 지위밖에 차지하지 못했다.

4장 나치의 '광기'를 증오하면서도 닮아가다

프랑크푸르트학파

1923년 막스 호르크하이머는 프랑크푸르트에서 '사회연구소'를 설립하며, 당시 수많은 젊은 마르크스주의 학자들이 그 연구소에 참여하게 된다. 그러나 나치 정권의 유대인 숙청 작업이 진행되면서 연구소가 폐쇄당하자 유대계 학자들은 독일을 탈출하여 미국으로 도피한다. 전쟁이 끝난 후 아도르노를 중심으로 프랑크푸르트 대학에 사회연구소가 재건되면서 이 연구소의 학파는 '비판이론'으로 불리며 전후 거대한 사유 흐름으로 자리 잡게 되며, 나아가 1968년 학생 운동의 기폭제가 된다.

그들은 현대 사회에 대한 진단을 위해 독일 관념론, 마르크스 이론, 프로이트의 정신분석학 등의 결합을 시도했고, 또한 현대 사회는 기능적-도구적 합리성이 총체적으로 지배되는 사회라는 시각을 갖고 있었다. 프랑크푸르트학파는 기본적으로 파시즘, 스탈린주의, 후기 자본주의를 조명할 수 있는 사회이론을 제시하려고 했지만, 그 핵심은 무엇보다도 사회이론과 미학 이론의 매개에 있다. 흥미로운 점은 그러한 매개 작업 또한 학파의 구성원들 사이에서도 결코 일치된 모습을 띠지 않는다는 것이다. 가령 발터 벤야민(1892~1940)이 '아우라'를 지닌 예술과 재생산 예술을 서로 대립시켰다면, 아도르노는 그러한 대립을 비변증법적인 것이라고 폄하했다. 또한 아도르노의 경우 예술의 자율성과 사회적 운명은 변증법적으로 결합되는데, 예컨대 예술의 무기능성, 즉 비현실성이 곧 비판적인 사회적 기능성, 즉 현실성으로 작동한다는 것이다. 또한 마르쿠제의 경우 전통적인 예술의 긍정성은 현실 옹호적인 의미가 아니라 현실 비판적인 의미를 띤다는 것. 프랑크푸르트학파의 특징은 이처럼 서로 상이한 시각의 공존이라고 할 수 있다.

벤야민 vs. 아도르노

벤야민은 부유한 유대인 집안에서 태어났으나 평생을 유랑하며 가난하게 지냈다. 프랑크푸르트대학 교수 자격증 취득에 실패했고, 숙명적인 연인 라시스와의 사랑도 실패했다. 나치 집권 후에도 유럽에 남아 여기저기를 도망 다니며 글을 썼다. 이미 미국으로 건너간 아도르노의 도움으로 결국에는 피레네산맥을 넘어 망명할 계획을 세웠으나 뜻대로 되지 않자 국경 부근의 한 호텔에서 자살했다.

반면에 아도르노는 굴곡은 있었지만 학자로서 명성을 이어갔다. 1931년 모교 프랑크푸르트 대학에서 강의하다가 나치에 의해 추방되어 34년에 망명한 후 38년부터 미국에서 파시즘 연구를 진행하여 『권위주의적 성격』(1947)과 호르크하이머와의 공저 『계몽의 변증법』(1947)을 발표하여 주목을 받았다. 1949년에 귀국한 후 모교 교수가 되어 '프랑크푸르트학파'의 대표자로 활약하며, 비판 이론, '부정적 변증법'을 전개하고, 사회, 문화, 과학 연구의 인간 소외 및 사물화 등을 예리하게 비판하였다.

그러나 1969년 몇몇 학생들이 그의 강의를 막고 가슴을 드러내며 그를 희롱한 사건으로 그는 강단을 물러나야 했다. 학생들은 아도르노가 사회 문제를 해결하기 위해 실제적 행동을 하지 않은 채 비관주의적이고 유미주의적인 미학자로 돌아선 것에 항의했다.

아도르노의 '도구적 이성' 비판

아도르노는 도구적 이성을 비판한다. 도구적 이성의 기저에는 동일성의 논리가 깔려 있다. 동일성의 논리에 따르면 어떤 차이도 인정되지 않는다. 차이가 인정된다 해도 그것은 결국 더 큰 동일성을 위해 포섭되는 것일 뿐이다.

모든 것을 이 동일성의 논리로 해석하면 이 세상은 어떻게 될까.

모두가 똑같은 옷을 입고 똑같은 생각을 하며 똑같은 동작으로 그 동일성의 논리 꼭대기에 있는 지도자를 향해 절할 것이다. 그것이 현실화되어 나타난 것이 파시즘이었고 아도르노가 경계한 것도 그것이었다. 도구적 이성은 대상들의 고유성과 차이를 무시하고 그것을 계산 가능하고 대체 가능한 것으로 파악한다.

문제는 파시즘이 물러난 지금도 동일성의 논리는 우리 사회의 지배 원리로 작동하고 있다는 것이다. 자본주의 체제에서 인간은 상품과 같이 취급된다. 숫자로 환원되고, 생산과 소비만을 반복하는 기계로 전락한다. 그리고 그것을 합리화하고 미화시키는 대중매체가 있다.

벤야민의 '미메시스'

'미메시스'는 모방을 뜻한다. 그러나 벤야민이 말하는 미메시스는 어떤 대상과 동일해지는 것을 의미하지 않는다. 그것은 유사성을 만들어내는 특별한 능력이다. 예컨대 연극은 자연을 흉내낸다. 비극적인 삶과 우리의 감정을 흉내낸다. 아이들 역시 사물을 흉내 내며 새가 되기도 하고 기차가 되기도 한다. 미메시스는 곧 언어 이전의 진정한 소통을 가능케 하는 인간의 특별한 능력인 셈이다. 차이의 경계를 넘어서, 동일성의 논리를 극복하고 나와 타자를 잇는 진정한 소통 행위다. 하지만 동일성의 논리가 지배하는 사회에서 우리는 타자와 자연과의 진정한 소통을 잃어버렸다. 벤야민은 대중매체에서 이를 극복할 수 있는 가능성을 발견했다. 특히 사진과 영화에 집중한다. 사진은 현실을 적나라하게 드러내 보이지만 의도치 않은 탈코드화된 지점이 있다. 영화는 대중의 집단적 경험을 가능하게 하고, 영화의 몽타주 기법은 대중에게 새로운 지각 경험을 가능하게 한다. 즉 무조건적인 수용이 아니라 편집된 여러 이미지들의 연상 체계를 지각하면서 성찰하고 비판하는 자세를 취한다. 이제 깨어난 대중은 소통이 부재한 현실을 자각하고 새로운 길을 모색하게 된다.

철학 분야에서도 망명은 차별화된 결과를 가져왔다. 유대인이 대부분이었던 빈 학파는 어쩔 수 없이 미국으로 망명해야만 했다. 이들 가운데, 미국에서 루돌프 카르나프(1891~1970)는 분석철학의 중심인물이 됐다. 한편 빈 학파의 주변부에 머물렀던 루트비히 비트겐슈타인과 칼 포퍼는 영국에 정착했고, 그곳에서 그들의 사상은 큰 반향을 얻었다.

반면에 에른스트 카시러(1874~1945)[11]와 레오 스트라우스(1899~1973)[12], 마르틴 부버(1878~1965)[13]의 저작은 망명국에서 미약한 영향력을 행사했을 뿐이다. 심지어 그 파급력이 어마어마했던 한나 아렌트의 저작 역시 미국의 지식인 사회에서는 두각을 보이지 못했다.

케인스, 경제학 사상에 혁명을 일으키다

한편 1929년 10월 24일, '검은 목요일'의 주가 대폭락은 연쇄 반응을 촉발해 미국 대공항의 본격적인 도래를 알리는 동시에 그 여파는 1930년대 초 유럽

---

11 베를린 및 함부르크 대학 교수를 지내다가 히틀러 정권 수립 후에 스웨덴, 그 후 미국으로 이주하여 예일 대학 교수를 지냈다. 그는 물질세계를 순수 사고의 범주로 해소시켜 버리고, 그 세계의 법칙을 관념론적으로 해석하여, 신칸트주의자로 분류된다. 문화뿐 아니라, 언어·신화적 사고에 대해서 상징이란 개념으로 설명하려고 시도하였다.

12 서구 민주주의의 우월성과 반세계화주의를 주장한 미국의 정치철학자로, 그의 이론은 '네오콘(미국의 신보수주의)'의 사상적 기원이 되었다. 독일 태생 유대인으로, 미국 국적을 취득한 뒤 시카고대학교에서 정치철학 교수로 재직하며 플라톤·스피노자·흡스·마키아벨리 등을 주로 연구하였다.

13 시오니즘의 문화운동에 종사하며 예루살렘의 헤브라이대학에서 사회철학 교수도 지냈다. 헤브라이어 성서를 독일어로 번역하기도 하였다. 그는 유대적 신비주의의 유산을 이어받아 유대적 인간관을 현대에 살리려고 하였다.

대륙에까지 닿았다. 판로를 찾을 수 없었던 나머지 공장들이 문을 닫았고, 수백만 명의 실업자들이 거리로 나앉았다.

어떤 방도를 취할 것인가? 독일 정부는 1932년, 미국 정부는 1933년에 실업자들에게 일자리를 주어 경제 활동을 부추기고자 대규모 건설정책에 뛰어들었다. 존 메이너드 케인스(1883~1946)는 비록 이 정책의 주도자는 아니었으나 정부의 경제 개입에 호의적이었다. 그는 이러한 정부 주도의 정책을 대규모 피라미드 건설 작업에 견주었다. 일자리만 창출할 수 있다면, 당장에 쓸모없는 건설 작업도 괜찮다는 식이었다. 케인스는 그의 저서 『일반 이론』에서 당시 영국 등 서구사회가 직면한 대규모 실업과 경제 불황에 해답을 제시하고자 했다. 그의 저서는 고전주의와 신고전주의 경제학파에 대한 비판으로 시작된다.

케인스는 당시 영국 경제학계를 대표하는 앨프리드 마셜(1842~1924)과 아서 C. 피구(1877~1959)를 고전주의의 전통을 잇는 신고전주의 학파로 꼽았다. 자유 시장을 지지하는 이 두 인물은 애덤 스미스와 데이비드 리카도, 존 스튜어트 밀, 장 바티스트 세이라는 경제학의 주요 시조들을 계승하는 인물로 널리 알려졌다. 케인스는 시장을 반대하지는 않았지만, 시장과 관련된 주요 가설 중 하나, 즉 장 바티스트 세이가 제시한 '공급의 법칙'에는 반대했다. 이 법칙은 "공급은 제 스스로 수요를 창출한다"고 단언했다. 공급되는 모든 제품은 그 판로를 찾기 마련이라는 얘기다. 예컨대 목수가 새로운 가구 제작에 착수할 경우, 그는 사람을 고용해 임금을 줘야 하고 이 임금은 새로운 제품 구매를 위한 가용 소득의 원천이 될 것이기 때문이다.

케인스가 보기에 이처럼 공급과 수요 간의 자발적인 일치는 가설적 관계에 불과하다. 실제로는 분배된 모든 소득이 자동으로 소비되는 것이 아니다. 소비자는 모든 소득을 소비하기보다는 그중 일부를 저축할 수 있다. 기업 역시 자본을 자동적으로 모두 재투자하는 것이 아니라 주식 투자를 하거나 비축하는 편을 선호할 수 있다.

케인스에 의하면, '유효 수요', '소비 성향', '투자 장려' 등의 여러 요인 간의 괴리가 공급과 수요 간의 전반적인 불균형의 기반이 될 수 있다. 그 무엇도 경제라는 기관이 전속력으로 돌아가게끔 강요하지 않기 때문이다. 그러므로 기업가들은 더 팔지 못할 것이라는 우려 때문에 생산을 제한하고 고용을 중단하며, 실업자들은 소득이 없기 때문에 더는 구매할 수 없다. '불완전고용의 균형', 즉 생산-소비 사이클을 재활성시키는 일을 그 무엇도 돕지 않는다면 영구적 실업 상황이 발생한다는 것이다. 자신의 경제학적 재능을 확신한 케인스는 1935년 친구 조지 버나드 쇼에게 보낸 서신에서 "경제학 사상에 혁명을 일으키겠다"며 자신의 엄청난 포부를 밝혔다.

> "지금 내가 저술하고 있는 경제학 이론은 전 세계 모든 국가에서 지금껏 경제적 문제에 적용해왔던 고찰 방식에 혁명을 일으키리라 확신한다."

그의 말은 헛소리가 아니었다. 1936년 그의 대작 『고용, 이자 및 화폐의 일반이론』이 출간되었고, 실제로 그 후 이른바 '케인스주의'라 하는 사상이 모든 서구권 경제에 영향을 주었다. 그의 주장대로, 서구 국가들은 시장의 자율적 규칙이 완전고용을 보장하기에 충분치 못하므로, 경제성장을 인위적으로 촉진시켰다. 소비를 장려하고, 투자를 활성화하여, 수요를 진작시켰다. 케인스는 단순한 초기 부양책만으로도, 자신이 '승수효과(Multiplier effect)'라고 명명한 연동 효과를 통해 사이클을 재개시킬 수 있다고 생각했다. 승수효과는 케인스가 케임브리지 동료인 리처드 칸에게서 차용한 개념이다.

승수효과

어떤 경제변량이 다른 경제변량의 변화에 따라 바뀔 때 그 변화가 한 번에 끝나지 않고 연달아 변화를 불러일으켜서 마지막에 가서는 최초의 변화량의 몇 배에 이르는 변화를 하는 경우가 있는데 이러한 변화의 파급 관계를 분석하고 최초의 경제변량 변화에 따라 최종적으로 빚어낸 총효과의 크기가 어떻게 결정되는가를 규명하는 것이 승수이론이다. 최종적으로 산출된 총효과를 승수효과라고 하며 어느 독립변수의 변화에 대해 다른 모든 변수가 어떤 비율로 변화하는가를 나타내는 것을 '승수'라고 한다. 이론체계의 중추 부분에 승수이론을 도입한 것은 케인스다. 그가 생각한 승수는 투자증가와 그 결과인 소득증가 사이의 투자승수였다. 예를 들면 100억 원의 투자증가가 있으면 100억 원의 소득증가가 발생하는데, 이 소득증가는 한계소비성향($\triangle C / \triangle Y = c = 0.6$)에 따라 60억 원의 소비재 수요를 유발한다. 이 소비재 수요로 소비재 생산이 행하여지고, 이에 따라 60억 원의 소득증가가 발생하는데, 이는 다시 c 배의 소비재 수요를 유발한다. 위와 같은 파급이 일어나 소득증가의 누계는, 100 x (1 + 0.6 + 0.62+0.63+…)=250이 된다. 이처럼 케인즈는 투자승수의 값을 결정하는 것은 한계소비성향이라고 하였다. 한편 투자승수 이외에는 정부지출의 증가가 얼마만큼 소득증가를 가져오는가를 나타내는 정부지출승수, 수출의 증가가 얼마만큼 소득증가를 가져오는가를 나타내는 수출승수 등이 있다. 케인스의 이론은 대공황 당시 루스벨트 행정부의 '뉴딜' 정책에 도입돼 큰 효과를 발휘했다. 유럽 국가들이 2차 세계대전의 폐허에서 '풍요의 60년대'를 일궈낸 것도 케인스를 따른 결과였다. 2008년 금융위기 이후 불황을 치유하기 위한 각국의 처방도 같았다. 그러나 고전주의나 자유주의 계열의 경제학자들 사이에선 정부의 재정지출이 경제성장에 도움이 안 된다는 반론이 자주 제기된다.

-『시사용어 사전』 기획재정부, 2017.

케인스에 따르면 정부는 경제순환의 사이클을 위해 시장에 개입할 의무를 지닌다. 대규모 건설 사업이나 공공 조달, 가계소득 분배, 기업 투자 장려 및 고용 창출, 저금리 정책, 상속 과세 등이 그것이다. 그의 저서 『일반 이론』은 특히 경제 활성화에 통화량이 주요 역할을 한다고 봤다.

케인스는 통화가 '중립적' 수단이 아니라 지불과 유통의 유일한 수단이라고 여겼다. 예컨대 대출 등을 통해 통화량을 늘리는 것은 기업가들에게 새로운 활동을 창출할 자본력을 제공한다. 반면 현금을 보유하는 행위는 경제활동에 제동을 건다.

『일반 이론』은 저자의 의도처럼 이후 몇 년간 경제학 사상에 혁명을 일으켰다. 국가 경제를 '전반적인 순환도'처럼 소개함으로써 현대 거시경제학의 기반 즉 전후의 국가회계 원칙을 내놓았고, 결국 정부의 경제정책에 토대를 제공했다. 케인스주의는 2차 대전 이후부터 1970년대 말까지의 경제정책 대부분에 영감을 줬다. 이는 케인스주의의 한계가 나타날 때까지 이어졌다. 케인스주의의 한계란, 경제부양책이 국가의 만성 적자를 야기하며 통화 공급이 인플레이션의 급증을 촉발한다는 것이다. 게다가 국가 경제의 개방, 재정의 세계화는 각국의 경제부양책을 아무런 효과가 없게끔 만들었다. 이것이 케인스주의의 종말을 뜻하는 것일까? 신 케인스학파에서는 그렇게 생각하지 않는다.

케인스의 사상은 몇몇 경제정책의 처방만을 의미했던 것이 아니었다. 케인스는 무엇보다도 이론가였다. 그의 주요 공적은 성장을 보장하는 데 시장만으로는 불충분하다는 점을 강조했다는 데 있다. 정부에게 조정자의 역할을 부여했지만, 그러한 대응에 관해서는 수많은 방법을 고려했다. 그는 추상적이고 자동으로 균형을 이루는 시장의 이미지를 거부했으며, 주체들의 경제적 행동에 사회적, 심리적 요인을 고려함으로써, 경제 현상을 살아 있는 체계로서 다뤘다. 이를 통해 케인스는 경제를 하나의 '인문학'으로 바라봤던 것이다.

문화주의, 문화가 인성을 만들어내다

프란츠 보아스(1858~1942)는 20세기 초 미국의 인류학계를 지배했던 인물이다. 그는 인류학을 '문화적'인 학문으로 끌어올렸다. 그의 목표는 각 사회 고유의 핵심을 이루는 관습과 신앙, 생활방식의 근간으로서 문화를 연구하는 것이었다. 1898년부터 1936년까지 컬럼비아대와 뉴욕대에서 거의 40년간 교편을 잡은 보아스는 이곳에서 여러 세대의 인류학자를 양성해냈다. 1920년대 이후 그의 제자 일부가 모여서 '문화주의'라는 사조를 형성했다. 이러한 사조를 형성하는 데는 루스 베네딕트(1887~1948)와 마거릿 미드(1901~1978)라는 두 여성이 주요한 역할을 했다. 베네딕트는 한때 댄서이자 시인(앤 싱글턴이라는 필명으로)으로 활동했으며, 뉴욕의 뉴스쿨 오브 소셜 리서치에서 인류학을 공부했다. 1923년에 보아스의 조교가 된 그녀는 현장 연구를 통해 애리조나의 여러 인디언 부족, 특히 남서부의 피마 인디언과 푸에블로 인디언을 연구하게 됐다. 베네딕트는 이 두 부족이 보이는 행동 방식 간의 차이에 충격을 받았는데, 푸에블로인들이 사교적이고 평화주의적인 반면 피마인들은 다혈질에 공격적이고 격렬한 성향을 보였기 때문이다. 그녀는 니체의 이념 대립(이성적 이념 vs. 감성적 이념)[14]을 차용해 이 두 심리적 유형을 각기 '아폴로'와 '디오니소스'로 정의했다. 아폴로 유형은 더 차분하고 안정적이며 순응적이다. 피마 인디언

---

14 이마뉴엘 칸트(1724 ~ 1804), 『판단력 비판』(해제), 김상현, 서울대학교 철학사상 연구소, 2005.

비판 인문학 120년사

이나 콰키우틀족이 속하는 디오니소스 유형은 다혈질에 격렬하며 폭력적이다. 베네딕트는 이 인성의 차이가 서로 다른 두 '문화'의 표현이라고 확신했다.

　뉴욕으로 돌아온 그녀는 『문화의 패턴』(1934)이라는 책을 출간해 자신의 이론을 더욱 다듬었다. 각 문화는 몇몇 특징으로 나타나는 독특한 모형인 '패턴'에 따라 구성되며, 이 문화적 모형은 그 구성원들에게 특정한 인성을 만든다는 것이다. 2차 대전 이후 베네딕트는 『국화와 칼』(1946)이라는 저서에서 일본인의 인성에 자신의 분석을 적용했다. 이후 컬럼비아 대학에서 베네딕트는 보아스의 또 다른 제자인 마거릿 미드를 만나는데, 미드는 문화주의의 중심적 인물이자 미국 인류학의 거두가 된 인물이다.

　미드는 24세에 오세아니아의 사모아 섬 주민들을 연구하러 떠났다. 미드가 이 여행 경험을 기반으로 출간한 첫 저서 『사모아의 청소년』(1928)은 큰 반향을 일으켰다. 이 책에서 미드는 미국인들의 청소년기가 혼란으로 가득한 시기인 반면에, 사모아인들의 청소년기가 내적 충돌이나 위기가 없는 평온한 시기라고 묘사했다. 이후 태평양 제도의 발리(1933년에 두 번째 남편인 그레고리 베이트슨을 만난 곳)를 여행하며 미드는 부족 별 인성 유형의 연구를 시도했다.[15] 뉴기니의 여러 사회를 비교하며 아라페시 부족의 차분하고 평온한 인성, 문두구머 부족의 난폭하고 호전적인 인성을 대비시켰다. 한편 챔블리 부족에서는 남성이 부드럽고 감정적이며, 능동적인 여자 가장의 지배를 받는다는 것을 밝혀냈다.

　이후 그녀는 산업화 수준에 따른 국가별 성격 및 사회특성의 비교연구에 점점 더 관심을 가졌다. 1949년에는 『남성과 여성: 사회에서 남녀의 역할』이라

---

15 『세 부족사회에서의 성과 기질』(1935/조혜정 옮김, 이화여자대학교출판부, 1998).

는 책을 출간해 미국과 태평양 부족사회에서의 남녀 지위를 각각 비교했다. 전문용어 없이 생기발랄한 문체로 쓰인 그녀의 책들은 상당히 대중적 성공을 일궜다. 그녀는 자신의 책들에서 미국 사회와는 모든 면에서 대치되는 평화롭고 관용적인 오세아니아 부족사회를 그려냈다. 사실이라고 보기에는 너무도 아름다운 사회인 것 같지만 말이다.

문화가 인성을 만들어낸다면, 이제는 이 인성 '만들기'가 어떻게 이루어지는지 알아보아야 한다. 그것이 바로 '인성과 문화' 학파의 또 다른 거장인 에이브러햄 카디너(1891~1981)와 랄프 린턴(1893~1953)이 마주한 문제였다. 뉴욕 출신의 정신분석학자 카디너는 20년대 초에 빈에서 체류하며 프로이트를 만났다. 미국에 돌아온 그는 정신분석학과 인류학의 만남을 모색하는 연구 세미나를 열었다. 컬럼비아대학에서 보아스에 이어 인류학부 책임자를 맡은 린턴은 베네딕트와 함께 이 세미나에 참석했다. 이때 카디너와 린턴은 함께 '기본적 인성'이라는 개념을 구상했다.

학부생들의 교과서용으로 집필된 『인간의 연구』(1936년)에서 린턴은 '문화적 전승'이라는 개념을 강조하며, "문화는 사회적 유산"이라고 적었다. 하나의 문화 내에는 개인이 사회에서 어떻게 행동해야 하는지 사회적 역할을 정의하는 역할들의 레퍼토리가 존재한다는 것이다. 사회적 역할들의 통합은 여러 사회화 단계를 거쳐 시행된다. 맨 처음에는 카디너와 린턴이 '기본적 인성'이라 부른 것이 자리하는데, 이는 한 사회 내 모든 구성원에게 고유한 성격 일체를 말한다. 이러한 기본적 인성은 개인의 사회화를 보장하는 가족과 학교, 종교 등의 '초기 교육'을 통해 전승된다. 이후 이 기본적 인성을 기반으로 각 개인의 성격이 형성되는 것이다. 문화주의 학파의 저서들은 대중에 널리 보급됐다. 특히 베네딕트와 미드의 책이 많이 읽혔다. 50년대 및 60년대의 분위기는 이들의 견해를 받아들이는 데에 호의적이었다. 이들의 사상에 담긴 생각들은 페미니즘, 반인종주의 운동, 관습의 자유화 등 여러 사회적 운동들과 방향을 함께 했다. 평생 친구로 남은 두 여성 인류학자 역시 이러한 투쟁에 적극적으로 동참했다.

동물행동학의 탄생, 동물에서 인간으로

1973년, 카를 폰 프리슈(1886~1982)와 콘라트 로렌츠(1903~1989), 니콜라스 틴버겐(1907~1988)은 동물 행동에 대한 연구로 노벨의학상과 생리학상을 받았다. 세 사람 모두 새로운 학문인 동물행동학의 시조로 여겨지며, 이 동물행동학의 초창기 연구는 1차 대전과 2차 대전 사이로 거슬러 올라간다.

세 명 중 가장 나이가 많은 카를 폰 프리슈는 꿀벌의 춤을 발견한 것으로 유명한 인물이다. 1919년 프리슈는 일부 꿀벌이 벌집으로 돌아오는 길에 마치 춤을 추는 것처럼 동그랗게 도는 모습을 발견했다. 그는 대담한 가설을 세워보았다. 이 춤에는 무언가 구체적인 의미가 있는 것이 아닐까? 메시지가 담긴 것이 아닐까? 1925년부터 뮌헨에서 자신이 이끄는 연구소에서 몇 년간의 수많은 실험을 통해 프리슈는 이 가설을 입증하기에 이르렀다. 꿀벌은 자신이 꽃가루를 찾아낸 장소를 춤을 통해 벌집의 다른 구성원에게 설명하는 것이었다. 그리고 2차 대전이 끝난 후에야 과학계는 꿀벌의 춤이 특정 장소를 (춤의 회전축이 태양을 향해 이루는 각도에 따라) 지시하는 메시지라는 이 놀라운 발견을 받아들이게 된다.

콘라트 로렌츠와 본능 이론

　노벨상의 두 번째 수상자인 콘라트 로렌츠는 셋 중 가장 저명한 인물이다. 대중에게는 '회색기러기의 남자'로 알려져 있다. 기러기에 관한 이 유명한 관찰연구는 1930년대에 시작되었다. 그 당시 그는 '각인'이라는 현상을 발견하였다. 기러기의 경우 각인은 갓 태어난 새끼가 발달의 가장 초기 단계에 동족 혹은 어미를 향한 선호를 결정짓는 것을 말한다. 로렌츠는 새끼 새의 어미를 모형새나 또 다른 동물(고양이나 암탉), 혹은 심지어 인간으로 교체하면, 이제 갓 부화된 새끼들은 이러한 교체된 대상을 자신의 어미로 여긴다는 사실을 증명했다. 새끼들은 마치 어미에게 하듯이 교체된 대상에 계속 달라붙고 어디든 따라다녔다. 따라서 새끼 새에게는 부모의 이미지에 대한 선천적인 지식이 없는 셈이며, 민감한 시기에 이를 획득하는 것이었다. 이후 몇 년간 로렌츠는 특히 본능에 관해 연구했다. 대부분 동물종의 경우, 해당 종 특유의 변하지 않으며 정형화된 행동이 일부 존재한다. 공격 자세, 구애 행동, 식별하는 소리, 몸단장 등의 이런 행동들은 본능에 해당된다. 티티새가 지렁이를 찾아내기 위해 본능적으로 바닥을 쪼아대는 행동이나, 거미가 거미줄을 짜고 새가 둥지를 짓는 것 역시 마찬가지이다. 본능은 촉매가 되는 사건이 일어났을 때 발현되는 내적 프로그램에 해당된다.

　로렌츠와 사이가 좋았던 네덜란드 출신 동물학자 니콜라스 틴버겐은 큰가시고기의 촉매 메커니즘을 연구했다. 틴버겐 연구에 따르면 큰가시고기 수컷의 배가 붉은데, 봄이 되면 수컷들이 서로 다툴 때, 큰가시고기는 붉은색을 띤 다른 수컷의 배나 다른 존재물에 대한 공격성을 갖는다는 것이다. 따라서 로렌츠와 틴버겐은 본능이 학습으로 만들어진다고 생각했던 행동주의자들과 반대

입장을 보였다. 이 두 동물학자들은 본능을 학습이 아니라 발육에 따라 변화하는 내적 프로그램으로 여겼다. 하지만 이 같은 연구결과는 로렌츠와 틴버겐이 새와 물고기, 즉 본능적 행동 계열이 훨씬 더 발달한 생물을 주로 연구한 반면, 학습을 연구했던 행동주의자들은 포유류(쥐, 개, 원숭이 등)를 주된 실험대상으로 삼은 것과 무관치 않아 보인다.

동물과 인간의 공격성

2차 대전 후, 틴버겐은 영국으로 이주해 옥스퍼드 대학의 교수가 되었다. 그는 1951년에 『본능 연구』라는 책을 출간했다. 1973년 프리슈, 로렌츠와 함께 노벨상 공동 수상자가 된 그는 자신의 집안에서 두 번째로 노벨상을 받은 인물이 되었다. 그의 형 얀은 4년 전에 노벨경제학상을 받았다. 얀 틴버겐이 정립한 틴버겐 정리는 중앙은행의 통화정책에 관한 용어로 정책 목표의 수만큼 정책수단이 존재해야 모든 목표를 달성할 수 있다는 법칙이다.

한편 로렌츠는 1930년대부터 1960년대까지 빈 대학과 쾨니히스베르크 대학에서 연구와 수업을 계속했다. 1961년에는 독일의 생리학 및 행동학 연구 기관인 막스 플랑크 연구소의 소장이 되었다. 바로 이 시기에 그는 동물행동학의 원칙을 인간의 행동에 적용하려고 시도했다. 1963년에 출간한 저서 『공격성에 대하여』에서 로렌츠는 공격성이 모든 동물종의 생존에 (영토를 지키거나 차지하는 데에, 다른 구혼자들을 물리치는 데에) 불가피한 자연스러운 행위라고 주장했다. 하지만 동물들의 행동에는 이러한 공격성을 다스리기 위한 조절과 억압의 메커니즘이 존재한다. 그렇기 때문에 동종 수컷 간의 수많은 싸움은 종종 상호간의 위협과 협박으로만 한정되는 관례적인 싸움으로 그치고 마는 것이다. 하지만 인간에겐 특정 상황의 경우 이 억제 장치가 더는 존재하지 않는다. 바로 전쟁이나 곧 폭력의 한계가 없다는 것이다. 수많은 논란을 불러일으킨 이 책을 통해 로렌츠는 동물행동학을 인간 행동 연구에 처음으로 적용했다. 이로부터 '인간행동학'이 발전하기에 이른다.

로렌츠의 제자인 이레네우스 아이블-아이베스펠트(1928~)[16]는 인간과 동물의 기쁨, 복종, 지배, 유혹 등의 자세 및 몸짓을 연구했고, 데스먼드 모리스(1928~)[17]는 인간과 동물의 성적 행동을 비교했다. 1970년대부터 비언어 의사소통 및 어머니와 영유아 간의 상호작용 연구가 비약적 발전을 이루었다.

---

16 뮌헨 대학교 동물학과 교수를 지냈고 1970년부터 막스 플랑크 인류행태학 연구소장을 역임하였다. 주요 저서로는 『행동학의 관점에서 본 전쟁과 평화』, 『갈라파고스 섬: 태평양의 노아의 방주』, 『어쩔 수 없는 유산: 인류 행동의 뿌리를 찾아서』 등이 있으며, 그중 『야수인간』이 가장 대표적이다.

17 영국의 동물행동학자. 저서 『털 없는 원숭이』(1967)에서 동물행동학과 생태학을 적용한 대담한 인간론을 전개하였다.

각인 효과 vs. 스키너 효과

콘라트 로렌츠는 1937년부터 회색기러기를 키우면서 새로운 관찰을 시작했고, 이는 비교행동학의 시초가 된다. 회색기러기를 기른 지 3년째 되던 해 알에서 부화한 새끼 기러기를 어미에게 넘겨줄 셈으로 이동시키려 했다. 이 순간, 새끼는 잠깐 고개를 갸웃하고는 소리를 질러대며 그의 곁을 떠나지 않으려고 했다. 세상에 태어나서 처음 본 수염 난 과학자를 제 어미라고 '각인'해버린 것이다. 야생기러기들은 상대가 어미가 아니더라도 알에서 깨자마자 처음 본 상대를 따라가는 '각인효과'를 발견한 것이다. 이 각인은 형성되고 나면 그 대상을 바꿀 수 없다는 사실도 알아냈다. 로렌츠는 새끼 회색기러기에게 '마르티나'라는 이름을 지어주었고, 잠시도 새끼 기러기의 곁을 떠나지 않았다. 밤이면 마르티나는 그의 침대에서 잠을 잤고 로렌츠는 자식 같은 마르티나를 관찰하면서 그동안 거위들에게서는 발견하지 못한 새로운 관찰에 몰두했다. 이는 학자로서의 삶 전체를 요동치게 하는 만남이었고, 그 결과 비교행동학의 고전이 탄생하게 된다. 동료 연구가인 틴버겐과 함께 집필한 『회색기러기가 알을 굴리는 행동에 나타나는 본능동작과 자극에 의한 동작』이 바로 그것이다. 로렌츠는 이때를 돌이켜 연구와 놀이가 그렇게 완전히 하나가 된 경우가 없었던, 완전히 연구에 몰입한 시절이었다고 회상했다.

로렌츠의 동물 본능 연구는 처음에는 '동물심리학'으로 불렸고, 오늘날에는 '비교행동학'으로 정의된다. 하지만 당대 학계를 주도했던 학자들은 그와 정반대의 입장에 서 있었다. 존 왓슨(1878~1958)과 그의 제자 스키너 등 행동주의 대표자들은 비교행동학자들과 반대로 동물에게는 타고난 행동과 주관적인 체험이 없으며, 모든 것은 학습된 것이라고 주장했다. 그들은 로렌츠처럼 자연에서 동물을 관찰한 것이 아니라, 실험실에서 쥐와 비둘기로 관찰했다. 작은 상자에서 배가 고프거나 빛을 쬐면 단추를 누르거나 스위치를 돌리는 등의 동작을 하도록 훈련을 받았다. 이른바 '스키너 상자'이다. 스키너의 시조는 러시아의 의사 파블로프이다. 파블로프의 유명한 실험, 음식을 줄 때 외부자극에 의해 개들이 침을 흘리는 훈련이 바로 그것이다. 이러한 학문적인 대세 속에서 자연 상태에서 동물을 관찰하는 것은 비학문적인 것으로 여겨졌다.

로렌츠는 1973년 카플 폰 프리슈, 니콜라스 틴버겐과 함께 노벨 생리·의학상을 받았다. 이후 그는 『현대 문명의 여덟 가지 죄악』을 통해 지구 환경의 중요성을 설파했고 죽는 날까지 자신이 할 수 있는 사회활동을 하면서도 동물들과 거리를 두지 않았다. 그의 삶은 동물을 통해 설명할 수 있다. 그는 죽기 얼마 전 알텐베르크에 머물렀는데 그 마지막 날 밤에 회색기러기들이 그 집 위를 날아갔다고 한다. 어쩌면 회색기러기들이 그의 죽음을 미리 안타까워하지 않았을까싶다.

5장

1940~1950년대

▼ 1955년 베이징을 방문했을 당시의 시몬 드 보부와르와 장 폴 사르트르

[시대적 배경]
동구와 서구의 이념적 장벽

1940년대는 초기 4년여 동안 2차 세계대전을 일으킨 독일, 이탈리아, 스페인, 일본 등 군국주의 국가들의 무자비한 전쟁과 인종 학살, 그리고 대량학살 무기인 핵폭탄(히로시마, 나가사키) 투하로 점철된 고통의 시기였지만, 한편으로는 국가 간 평화와 번영을 위한 국제협력이 도모되던 때이기도 했다. 유엔(UN) 전문기구의 하나로, 항구적인 세계평화 확립을 목적으로 1946년 설립된 유네스코(UNESCO)를 비롯해 국제무역과 물자교류 증진을 위해 1947년 23개국이 조인한 '관세 및 무역에 관한 일반협정(GATT)'과 보건·위생 분야의 국제적인 협력을 위해 1948년 설립된 세계보건기구(WHO) 등이 그 예들이다. 그러나 세계는 2차 대전이 진행 중이던 1945년 2월, 미국대통령 루스벨트와 영국 총리 처칠, 소련 지도자 스탈린이 체결한 얄타협정(1945)에 의해 동구와 서구의 이념적 장벽으로 양분되었다. 이후 미국의 주도 아래 설립된 국제통화기금(IMF,1945), 세계은행(1947)의 적극적 개입 속에서 미국식 자본주의는 세계 경제와 국제질서를 장악해갔다. 유럽은 1947년 미국의 대외원조계획인 마셜 플랜(Marshall Plan)의 도움을 받는 한편, 각 정부는 노동조합의 실체를 인정해 노동자들을 위한 사회보험제도를 도입했다.

이 무렵, 문학작품에서는 마르크스주의와 실존주의라는 두 가지 사조가 나타난다. 마르크스주의자들은 철학가, 예술가 혹은 지식인들로서, 루이 아라공(1897~1982)이나 파블로 피카소(1881~1973)처럼 프랑스 공산당에 입당하기도 했다. 실존주의자들은 비극적인 사회에서 주체가 느끼는 고독에 대한 자각을 표현했다. 장 폴 사르트르(1905~1980)

는 『구토』와 『벽』을 썼고, 그가 지대한 영향을 준 것으로 알려진 알베르토 자코메티 (1901~1966)는 비쩍 마른 인간 군상의 조각상을 통해 현대인의 고독을 표현했다. 40년 대 말에는 알베르 카뮈(1913~1960)의 『페스트』(1947)처럼 염세주의 사상이 뚜렷하게 드 러나기도 했으며, 조지 오웰(1903~1950)의 『1984』(1949)에서도 알 수 있듯이 전체주의 에 대한 회의적인 시각도 나타났다

과연 실존은 본질에 앞서는가?

자본주의의 예고된 운명?

2차 대전이 끝나지 않은 상황에서 두 권의 저명한 책이 출간됐다. 조지프 슘페터(1883~1950)가 1942년에 발행한 『자본주의, 사회주의, 민주주의』와 칼 폴라니가 1944년 뉴욕에서(그 이듬해에는 런던에서) 출간한 『거대한 전환』이 바로 그것이다. 두 사람은 모두 과거의 오스트리아-헝가리 제국 출신으로서 나치의 탄압을 피해 미국으로 망명한 공통점이 있다(폴라니는 영국을 거쳤다가 미국으로 왔다). 그래서 두 사람은 소련 같은 파시스트 국가뿐 아니라 미국의 1929년 대공황과 뉴딜 정책, 즉 정부 역할의 강화나 거대 관료 조직의 부상, 보호무역주의의 증대 따위를 목격했다. 1944년 『노예의 길』을 펴낸 프리드리히 하이에크(1899~1992) 등 당대의 수많은 지식인들이 사회주의에 회의적이었으나, 오히려 이 두 사람은 자본주의의 쇠퇴를 예언했다. 그렇다고 해서 이들의 주장이 마르크스주의의 전통에 입각한 것은 아니었다. 즉, 자본주의가 이윤의 지속적 저하 같은 엄밀한 경제적 모순 탓에 쇠퇴한다고 주장하지 않았다.

슘페터의 경우 도덕적·사회적 기반의 약화, 폴라니는 현대사회의 사회보장제도를 향한 열망으로 인해 자본주의가 위협받는다고 말했다.

하지만 유사점은 여기서 그친다. 문체로 보나 접근법으로 보나, 두 책은 완전히 다르다. 슘페터는 경제학자인 동시에 도발적인 사상가였다. 그가 자본주의 쇠퇴의 위험을 길게 늘어놓은 것은 결국 자본주의를 반성하기 위해서다. 자본주의와의 단절을 기도한 것이 아니라, 자본주의의 미덕을 되살리고 싶어서였다.

슘페터는 어떻게 그런 결론에 이르렀을까? 그가 자본주의와 동류시한 '창조적 파괴'의 과정에 그 답이 있다. '자본주의'라는 기계가 작동하기 위해서는 새로운 소비재, 새로운 생산 방식 및 교통수단, 즉 새로운 시장을 끝없이 만들어낼 필요가 있다. 하지만 자본주의를 탄생시켰던 부르주아 계급은 이같은 사회·경제적 가치들을 전복시키면서 자본주의 자체를 배반하게 된다. 특히 슘페터가 자본주의의 핵심적 주체로 보았던 기업가는 오히려 사회의 적대감을 점점 더 가중시킨다. 즉, 기업가가 추구한 경쟁과 혁신은 한 곳에 집중되어 결국 독점적 상황으로 치닫는 바람에, 역으로 사회적 공동 소유의 분위기를 조성하게 된다는 것이다. 그렇다면 자본주의가 언제쯤 사회주의로 대체될 것인가? 슘페터는 사회주의로의 전환은 부드러운 전환을 할 수 있을 정도로 상황이 충분히 무르익을 때 이뤄질 것이라며, 그것은 한 세기 이상 더 지나야 가능할 것이라고 말한다. 그때서야 자본주의가 또 한 차례 새로운 성장의 국면을 맞이할 것이라는 얘기다(1945년부터 1975년까지 이른바 '영광의 30년' 성장기 도중에 그 징후가 나타났다!).

슘페터가 말하는 '자본주의와 사회주의'

조지프 슘페터는 『자본주의, 사회주의, 민주주의』(1942)에서 자본주의와 사회주의의 역학관계, 그리고 창조적 파괴의 개념에 대해서 서술하였다. 그에 따르면, 일반적인 마르크스주의 이론가들이 생각하는 혁명 방식으로 사회주의가 달성되지 않고, 오히려 자본주의의 성공이 일종의 조합주의와 사회민주주의에 대한 호감도를 높여 자연스레 사회주의가 대두된다. 또한 그는 지식인 계층이 노동기회의 불평등성을 초래하는 자본주의에 반대하는 시위를 조직하거나 자유 시장과 사유 재산에 대한 비판 논리를 개발함으로써 자본주의의 종언에 중요한 역할을 담당할 것이라고 말했다.

반면에 자본주의와 다른 경제 체제인 사회주의는 사람들의 '진정한 요구'를 채울 수 있는 상품과 서비스를 생산하고, 자본주의 고유의 경향, 이를테면 경제 파동이나 실업 등의 문제를 극복할 수 있을 것이라고 그는 주장했다. 사회주의가 자본주의를 대체할 것이라는 얘기다. 하지만 슘페터의 '사회주의'는 마르크스주의적인 의미에서의 '사회주의'와는 달리 '사회 민주주의'에 가까우며, 폭력적인 혁명의 가능성을 인정하지 않았다. 또한 마르크스는 경제적 토대의 모순이 계급 투쟁과 사회 변동을 일으킨다고 보았지만, 슘페터는 기업가의 혁신 즉 '창조적 파괴'가 자본주의 사회의 풍요로움을 가져오는 원동력이라고 주장했다. 기업들의 끊임없는 혁신을 통한 풍요로움이 자본주의에서 '사회주의'로 이행하는 기초가 된다는 것이다.

그러나 그는 책에서 결국 기업가의 혁신 행위 자체도 사회화되며, 장기적으로는 기업가들의 혁신 자체가 불필요한 것으로 받아들여진다고 결론지었다. 아이러니한 것은 사회주의자인 슘페터가 정보통신 기술시대에 기업가 정신을 고양하는 가장 뛰어난 자본주의 이론가로 받아들여지고 있다는 사실이다.

폴라니가 말하는 자본주의의 역학

슘페터의 책은 큰 성공을 거뒀지만, 폴라니의 『거대한 전환』은 그러지 못했다. 당시 여론의 관심사가 전쟁에 쏠려 있었고, 그의 관점이 주류 경제학의 견해와 동떨어져 있었기 때문이다. 그러나 그의 저서는 현대 사회의 위기를 역사학적인, 동시에 인류학적인 관점에서 분석했다는 점에서 독창적이었다. 폴라니는 일반적인 전통 경제학자들, 특히 애덤 스미스 등이 언급한 경제적 전망에 이의를 제기했다. 폴라니에 따르면 역사적 관점에서 볼 때 시장경제는 인간에게서 추정되는 교환적 성향과는 아무 상관이 없는 최근의 발명품이다. 그는 정확히 1834년을 이러한 시장 경제가 탄생한 해라고 보았는데, 바로 그해에 그 유명한 '스핀햄랜드' 법이 폐지됐기 때문이다. 이 법은 영국의 각 지방 행정구에서 가난한 사람들의 최저임금을 보장해주고 있었다. 하지만 폴라니는 이 법이 폐지된 뒤 시장 경제에서 필수적인 노동시장이 형성됐으며, 이로써 가격이나 보수, 땅값, 이자, 임금 등을 통해 재화와 상품뿐 아니라 토지, 화폐, 노동력 등 모든 것을 사고팔게 해주는 자기조정적 시장이 설립되었다는 것이다.

폴라니는 최근에, 사회문화적 맥락에서 경제학을 접근하는 실질주의의 주창자로서 평가되고 있다. 이는 주류 경제학에서는 경시되는 것이었지만 인류학과 정치학에서는 의미 있게 받아들여졌다. 그의 책 『거대한 전환』은 역사사회학에서 하나의 모형이 되었고, 그의 이론은 경제 민주주의 운동의 근간이 되었다. 이 책에서 그는 자본주의가 상품화할 수 없는 것들 또는 상품화해서는 안 되는 것들을 상품화했기 때문에 그 자체로 불안정요인을 가지고 있다고 주장했다. 인간이 인간일 수 있게 하는 가치인 노동 능력을 상품화함으로써, 제도와 신뢰의 표시인 화폐를 상품화함으로써, 또한 만인이 공유해야 할 자연(토지)을 상품화함으로써 필연적으로 불안을 발생시킬 수

밖에 없다는 것이다. 세계금융위기가 지속적으로 반복되고 신자유주의 경제체제가 한계에 부딪히면서, 신자유주의 세계경제체제를 넘어설 수 있는 대안 경제이론으로 폴라니의 문제의식이 각광받고 있다.

그러나 과도한 신자유주의는 사회보장제도의 확장을 주장하는 대중의 압력을 불러왔는데, 이는 '거대한 전환'이라 할 만하다. 이 전환은 1930년대 뉴딜 정책의 도입이 보여주듯 미국을 비롯하여 모든 현대사회에 관련된 사안으로, 경제자유주의의 죽음을 의미하는 것이다.

이 지점에서 그 이후(대처 및 레이건 체제에서 자유주의 정책으로의 회귀, 동유럽 사회주의경제의 붕괴)의 사실들은 슘페터 및 폴라니의 예측을 이중으로 반박하는 듯 보인다. 하지만 그로부터 50년 후, 두 저작은 가장 주요한 참고문헌으로 남아 있다. 사실상 이 책들의 하나(『자본주의, 사회주의, 민주주의』)는 세계 자본주의의 역학에서 혁신 과정의 중요성을 이해하고, 또다른 하나(『거대한 전환』)는 세계화 시대에 오늘날 사회들에 몰아닥친 새로운 '전환'을 이해하는 데에 활력이 되는 이데올로기적 해석을 제공하는 셈이다.

철학이 강단에서 내려오다

자본주의 체제의 물신화는 철학적 사유에 소용돌이를 일으킨다. 실존주의는 1930년대 자본주의 체제의 위기 현상이 첨예화된 것과 때를 같이하여 독일에서 처음으로 성립돼 발전하다가 이후 프랑스에 보급되면서 널리 확산됐다. 이후 제2차 세계대전이 끝나고 나서, 실존주의는 서구 자본주의 국가들의 부르주아 지식인과 소부르주아 계층 사이에서 인기 있는 세계관 내지는 생활 태도로서 일종의 유행처럼 번졌다. 1940년대에 들어 급부상한 실존주의는 철학을 거리로 내려오게 했고, 연극 무대에 오르게 했으며, 출판계의 성공을 주도했다. 사실, 실존주의는 에드문트 후설, 이후에는 마르틴 하이데거가 대표하는 독일 현상학과 두 차례의 학술적 논박을 거치며 탄생한 까다로운 철학적 학설이다. 일반적으로 실존주의는 '실존'을 항상 인간의 '개별적 실존'으로 이해한다. 실존은 인간의 전형적인 존재 방식이다. 실존은 그 자체로 인간에게 부여된 것은 아니다. 인간이 실현할 수도 있고 그렇지 못할 수도 있는 인간의 가능성인 것이다. 실존주의자들의 견해에 따르면 인간은 자신의 실존을 '창조'한다. 또한 실존주의자들이 사용하는 용어에 따르면 인간은 보통의 경우처럼 '인간'이라고 불리지 않고, '현존재', '실존', '자아' 등으로 불린다. 대표적인 실존주의자들은 '실존적 체험'을 통해 실존 개념에 도달한다고 주장한다. 하이데거는 죽음의 경험을, 사르트르는 구토를, 마르셀은 인간의 종교적인 근본 체험으로서의 신비를, 야스퍼스는 죽음·고통 등과 같은 '한계 상황'에서의 존재의 연약함이나 인간의 파멸을 실존적 체험으로 들고 있다. 프랑스 고등사범학교의 학생에 불과했던 사르트르는 베를린에 갔다가 후설에 대한 회답 격인 『자아의 초월』(1936) 초안을 들고 돌아온다. 이후 사르트르가 실존주의 학설의 최초 기준을 세우게 된다.

실존은 본질에 앞선다

프리드리히 헤겔(1770~1831)의 『정신현상학』은 본질이 실존에 앞선다는 점을 보여준 위대한 저작물이라 할 수 있다. '정신현상학'이란 일차적으로 '의식의 경험에 관한 학문'을 가리키는데, 이는 우리의 의식이 여러 가지 경험을 통하여 진리를 파악하여 가는 과정을 서술하는 것이다. 헤겔은 이 책에서 정신이 감각적 확실성에서 출발하여 과학적 오성(지성), 이성적 사회의식, 종교 등의 단계를 순차적으로 변증법적 경로를 거치며 끝까지 올라가, 끝내는 절대지(絕對知)인 완전한 자각에 이르는 도정을 서술하였다. 사르트르는 이와 정반대의 입장을 취한다. "실존은 본질에 앞선다"라는 문구는 실존주의적 사고에서 되풀이하여 등장하는 주제가 됐다. 이는 그 어떤 결정론도 인간에게 부과될 수 없고, 그 어떤 본질(신, 자연, 역사의 법칙)도 개인적 결정에 영향을 미칠 수 없다는 점을 의미한다. 우리가 스스로 선택하고 의미를 만들어낼 전적인 권한을 지니고 있기 때문이다.

당시 사르트르의 단골집이었던 카페 드 플로르는 성찰의 공간으로 자리매김했고(사르트르는 이곳에 개인 전화선까지 갖추고 있었다), 1943년 실존주의의 선도적인 저서 『존재와 무』가 출간됐다. 이 책에서 사르트르는 1,000쪽 넘는 분량에 사회참여의 철학인 실존주의의 핵심적 개념을 발전시켜나간다. 여기에 실존, 의식, 투기(投企, projet)에 관한 그의 견해가 담겨 있다. 투기란 어느 인간(어느 의식, 어느 주체)이 자신의 실존을 단언하는 행위라는 것. 투기 이전에는 아무것도 존재하지 않으며, 바로 이 행위가 우리의 실존을 결정한다는 것이다. 그러므로 사르트르에게 인간은 일단 아무것도 아니다. 개인적인 본질, 사전적 주체, 본질적 의식이란 존재하지 않는다. 인간은 자신이 하는 자유로운 행위의 결과로서 존재한다는 것이다.

실존주의는 '자유의 철학'인 셈이다. 여기에서 자유는 달콤한 자유가 아니다. 수많은 선택의 가능성과 불안에 빠뜨리는 자유인 것이다. 하지만 이러한 자유를 통해 인간은 자신의 존엄성을 찾고, 실존적 인간성을 획득한다. 사르트르는 1945년 이후, 자신의 의사와는 상관없이 실존주의 학파의 수장이 된다.

실존주의는 철학이라는 엄격한 틀을 벗어나 문화적인 운동으로 발전한다. 가장 먼저, 소설을 들 수 있다. 이 시기에 사르트르의 소설뿐 아니라 알베르 카뮈(1913~1960), 시몬 드 보부아르(1908~1986), 앙드레 말로(1901~1976), 앙투안 드 생텍쥐페리(1900~1944), 알베르토 모라비아(1907~1990)[1] 등의 소설이 실존주의적 경향을 띠며 잇따라 출간되었다. '실존주의 소설'이란 무엇인가? 이는 이야기의 구성을 담당하는 주요 의식의 흐름을 거부하는 소설을 가리킨다. 사건들은 다양한 의식, 다양한 인물을 통해 전개되며 이 인물들의 각 반응은 실존적 투기를 정의하는 데 사용된다. 즉 등장인물들이 세상에 자신을 각각 투기하는 방식을 보여줌으로써, 각 개인의 실존을 드러낸다.

시몬 드 보부아르는 1949년 『제2의 성』에서 여성문제를 실존주의적 관점에서, "우리는 여자로 태어나는 것이 아니다. 여자가 되는 것이다"라고 말했다. 여성은 여성으로서 태어나는 것이 아니라 남성을 주체로 하는 문명에 의해 2차적으로 만들어지는 존재라는 주장이다. 알베르 카뮈의 『추락(La Chute)』(1956)은 실존주의적 부조리와 '허무의 미학'을 함께 보여준다. 이상적인 도덕과 휴머니즘에 충실한 삶을 살던 주인공 클라망스가, 어떤 '하나의 사건'으로 인해 여태껏 살아왔던 삶의 무의미함과 현실의 부조리함을 느끼고 '추락'하게 되는 과정을, 1인칭 화자 시점으로 담담하고 서사적으로 들려주고 있다. 그 '하나의 사건'이란 생각하기에 따라선 '매우 강렬하게 다가오는', 또는 다른 한

1 　언론인 출신의 이탈리아 작가. 2차대전 후, 네오리얼리즘 작가로서 저널리즘의 총아가 되었다. 중류가정 부인의 애정 문제를 주제로 한 『무관심한 사람들(Gli Indifferenti)』(1929)을 비롯, 단편 『아름다운 인생(La Bella Vita)』(1935) 등이 그의 대표작이다.

편으로는 '아무것도 아닌' 일이 될 수 있는 일이다. 그러나 센 강에 뛰어들어 자살하려는 여성을 보고도 구하지 않는 것은 주인공이 그동안 살아왔던 양심적인 인생에 비추어볼 때는 매우 심각한, 하나의 전환점이 된 사건이다. 주인공은 그 이후 이유 없는 여성의 웃음소리에 시달리게 되고, 봉사와 도덕, 양심에 근거한 자신의 삶이 결국 위선에 지나지 않는다는 부조리함을 느끼고 결국 타락하게 된다. 이렇게 문학작품 속에 스며든 실존주의 철학은 1950년대 들어 생활양식으로 변화해나간다. 파리 6구의 생제르맹데프레 지역에서는 실존주의자들이 같은 카페, 같은 재즈클럽을 다녔고 시인이자 연주자인 보리스 비앙(1920~1959)의 트럼펫 소리나 마르셀 물루지[2]의 노래에 맞춰 춤을 추었다. 여기에는 물론 원로격인 사르트르뿐 아니라 '비버'라는 별명의 보부아르, 변덕스러운 비앙, 철학자 모리스 메를로퐁티의 정신을 아찔하게 만든 샹송가수 쥘리에트 그레코[3] 등이 있었다.

실존주의와 마르크스주의의 관계

실존주의가 언론의 1면을 차지하는 등 주목받는 분위기 속에서, 사르트르

2　마르셀 물루지(1922~1994)는 샹송 가수, 작사가, 소설가로 활동했다. 10세 때 작가 자크 프레베르에게 문학적 재능과 배우의 소질을 인정받아 아역으로 무대에 섰고, 1943년 이후 소설을 써서 데뷔작 『엥리코』로 플레이아드상을 받았으며, 제 2차 세계대전 후에는 가수로 데뷔하여 1953년에는 『개양귀비처럼』을 담은 LP레코드로 디스크대상을 받았다.

3　쥘리에트 그레코(1927~)는 이브 몽탕, 에디프 피아프 등과 함께 20세기 프랑스를 대표한 샹송가수 가운데 한 사람으로 꼽힌다. 장 폴 샤르트르, 자크 프레베르, 시인 보리스 비앙 등 당대의 문인들과 교류하며 철학적인 가사들을 시를 읊듯 노래를 불러 '실존주의 뮤즈'라는 별칭을 얻었으며 약 600곡의 샹송을 남겼다.

는 마르크스주의로 고개를 돌려 『변증법적 이성비판』(1960)을 출간한다. 이 저서에서 그는 마르크스주의에 실존주의를 수혈하고자 했다. 그가 보기에 당시 마르크스주의는 딱딱하게 굳은 상태였다. 마르크스주의가 역사의 주체인 인간 각각의 삶을 사물로, 대상으로만 취급했을 뿐 살아 있는 실존으로 이해하지 못했다는 것이 사르트르의 진단이었다. 그는 개인적 의식을 출발점으로 삼아 마르크스주의를 재창조하고자 했다. 전기의 『존재와 무』가 나(개인)와 타자 사이의 갈등과 대립을 주제로 삼고 있다면, 이 후기의 저서에서는 그 개인이 집단적 주체를 이뤄 역사적·사회적 지평에 섰다고 할 수 있다.

라캉의 정신분석학과는 달리, 또 구조주의와는 달리, 실존주의는 인간을 운명에 따라야 하는 존재처럼 제시하길 거부한다. 사르트르는 1945년 10월 29일, 『실존주의는 휴머니즘이다』(1945/ 박정태 옮김, 이학사, 2008)라는 강연을 통해 "실존주의는 일관성 있는 무신론적 입장의 모든 귀결을 이끌어내고자 하는 노력일 뿐"이며, "인간은 끊임없이 가치를 만들고자 기도(企圖)하며, 이를 통해서 가치가 발생하는 존재"라고 주장했다. 그는 실존주의적 휴머니즘이라는 새로운 휴머니즘을 제시했다. 니체가 예언했던 것처럼 "신이 죽었다"면, 사르트르에게 인간은 "자유롭도록 예정지어진" 존재인 셈이다.

"우리가 이 강연에서 휴머니즘에 대하여 말한다는 사실을 놓고서 어쩌면 많은 사람이 놀랄지도 모르겠습니다. (…) 우리에게 있어서 실존주의라는 말은 인간의 삶을 가능케 하는 독트린을 의미합니다. 더 나아가 실존주의라는 말은 모든 진리와 행위가 그 어떤 환경과 인간적인 주체성을 함축하고 있다고 선언하는 독트린을 의미합니다. (…) 실존주의는 일관된 무신론적 입장으로부터 모든 결과를 끄집어내려는 노력과 다른 것이 아닙니다. 실존주의는 결코 인간을 절망 속으로 밀어 넣고자 하는 것이 아닙니다. 하지만 기독교인들이 그렇게 부르는 것처럼, 만약 사람들이 모든 비신앙의 태도를 절망이라고 부른다면, 우리의 일관된 무신론적 입장으로서의 실존주의는 근원적인 절망으로부터 출발하는 것이라고 할 수 있습니다.

실존주의는 신이 존재하지 않음을 논증하려고 힘을 쏟는, 그런 의미에서의 무신론이 결코 아닙니다. 실존주의는 차라리 다음과 같이 선언합니다. 신이 실존한다고 하더라도 이 실존이 결코 아무것도 바꾸지 못할 것이라고 말입니다. 이것이 바로 우리의 관점입니다. 즉 신이 실존한다고 우리가 믿는 것이 아니라, 문제는 신의 실존 여부에 대한 문제가 아니라고 우리가 생각하는 것입니다. 인간은 스스로 인간 자신을 되찾아야 하며, 또 이 세상 그 어떤 것도 인간을 인간 자신으로부터 구원하지 못한다는 것을 확신해야 합니다.

설령 인간 바로 그 자신이 신의 실존에 대한 유효한 증거라고 할지라도 말입니다. 이런 의미에서 실존주의는 낙관론이자 행동의 독트린입니다.”

– 사르트르, 『실존주의는 휴머니즘이다』 중에서

그러나 실존주의에서 사회 참여와 자유의 가치를 격찬하는 행위는 혁명적 운동, 특히 마르크스주의 운동을 지지하는 결과로 이어졌다. 혹자는 이를 두고 실존주의의 죽음 혹은 마르크스주의와 실존주의 간의 넘을 수 없는 모순이라고 강조하기도 한다. 하지만 그보다는 1차 세계대전 이후의 젊은이들에게 실존주의가 불러일으킨 전례 없는 열광적 현상에서 그 의미를 찾아야 할 것이다.

심리학을 파고든 행동주의와 정신분석학

1947년 11월 28일, 다니엘 라가슈는 『심리학의 통일』(1949)의 출간에 앞서 심리학 강의의 첫 수업을 소르본 대학에서 진행한다. 그는 "심리학이란 단 하나인가 아니면 여러 가지인가?"라는 질문을 받고서, 심리학이 서로 다른 방법론을 지닌 두 가지 사조로 구성됐다고 주장한다.

첫 번째 사조는 그가 '자연주의적 심리학'이라 일컬은 실험심리학이다. 실험심리학은 인간 행위에서 기본적인 행동을 분리시키는 것을 목표로 한다. 그러므로 실험실에서 인위적인 상황을 만들어내는 것이 이 실험심리학의 방법론이며 인간 행동의 일반 법칙을 확립하는 것이 그 목표인 셈이다. 자연과학을 모델로 한 사조이다. 두 번째 사조는 그가 '인문주의적 심리학'이라 부른 임상심리학이다. 주로 개인적이며 표준적이고 병리학적인 행동을 대상으로 삼으며, 설명이 아니라 이해가 그 목표이다. 방법론은 임상적, 즉 자연적 환경에서 인간의 행동을 관찰한 것을 기반으로 한다. 임상심리학이라는 명칭에서 알 수 있듯이 의학과 정신의학에서 영감을 받았지만 인문과학을 모델로 삼았다. 라가슈가 바랐던 심리학의 통일은 현실과는 거리가 멀다. 실험심리학과 임상심리학은 제도상으로나, 이념적으로나 사실상 대립했다는 점을 고려하면, 과학

실험심리학 vs. 임상심리학

실험심리학은 특별한 연구영역이 한정된 것은 아니지만 실제로는 시대·국가·학자에 따라 서로 다른 의미로 사용된다. 넓은 의미로는 경험적 심리학·과학적 심리학과 같은 뜻이며, 과거에는 사변적 심리학·철학적 심리학에 대응하는 말로 사용되었으나 현재는 주로 자연과학적인 관찰과 실험을 이용하는 심리학을 가리킨다. 그러나 더러 초(超)심리학에서 취급하는 텔레파시 같은 것도 포함하기도 한다.

'실험심리학'이라는 용어는 19세기에 빌헬름 분트가 처음으로 사용하였으나, 연구영역이 감정·감각·사고·의지 등 개인 심리에 관계되는 의식 중심의 구성심리학으로 발전하였다. 그러나 20세기에 들어와 비교심리학의 발달에 따라 의식 측면으로부터 점차 행동 측면으로 확장하여, 현재에 이르러서는 개인 심리를 넘어 사회적 행동의 실험적 연구로 발전하게 되었다.

이에 반해 '임상심리학'은 인간에 대한 이해를 통해 그들이 겪고 있는 정신장애나 고통의 심리적인 문제를 평가하고 치료하는 전문분야이다. 또한, 인간에 대한 기본적인 전제를 중심으로 하는 여러 가지 이론과 치료법을 개발시켜 왔다. 인간은 정서적, 신체적, 인지적 요소를 지닌 존재이다.

이와 관련, 지그문트 프로이트의 정신분석 이론은 임상심리학뿐만 아니라 인간을 이해하는 것과 관련된 많은 학문과 예술 분야에 지대한 영향을 끼쳤다. 프로이트는 인간의 마음을 원초아(id), 자아(ego), 초자아(superego)의 세 부분으로 나누어서 접근하였는데, 우리의 정신활동도 이세 요소의 상호작용의 결과와 연관이 있는 것으로 보았다. 임상심리학은 처음에는 정신이상의 분류, 개인차에 관심을 가졌으며 어린이가 주 대상이었으나 차츰 진단 외에 심리치료까지 곁들이면서 대상도 성인으로까지 확대되었다.

최근에는 연구 방법·진단기술 등이 발달함에 따라 관심 영역이 확대되었고 정신질환의 사회·심리적 원인과 처치방안, 사회나 국가를 단위로 한 정신건강 예방 프로그램 등에도 역점을 두게 되었다. 또한 현재에는 심리적 건강을 개인적·문화적·사회적·윤리적 요인의 복합적인 현상으로 보고 다방면으로 접근하고 있다.

적 측면에서 서로를 무시하는 듯 보인다.

정신분석학의 보급과 다른 학문들과의 이종교배

종전 후 정신분석학은 새로운 발전의 시기를 맞이했다. 대대적인 대립의 시기(융, 아들러 등)를 겪은 후, 정신분석학이 널리 보급되고 다른 학문에 개방되는 시기가 찾아왔다. 나치즘을 피해 도망친 유대인 이민자들과 함께 30년대에 미국에 정착한 정신분석학은 교양 있는 중산층에 영향을 주기 시작했다. 미국의 정신분석학은 유럽의 그것보다 훨씬 더 실용적이고 덜 이론적이었는데, 한편으로는 유년기에 집중했으며(르네 스피츠, 브루노 베텔하임 등), 또 한편으로는 자아심리학과 자기심리학 등 자아에 관심을 두었다(안나 프로이트, 하인츠 하트만, 하인즈 코헛). 또한 정신분석학이 다른 학문 혹은 운동과 결합하여 발전했다.

민족정신의학의 창설자 조르주 데베뢰(1908~1985)나 해리 설리번(1892~1949) 같은 학자들은 정신분석학에 인류학적·문화적 접근법을 통합하기도 했다. 또 어떤 이들은 정신분석학을 철학적 틀에 맞추기도 했다. 빌헬름 라이히(1897~1957)는 마르크스주의와 프로이트주의 간의, 루트비히 빈스방거(1881~1966)는 정신분석학과 하이데거 현상학 간의 융합을 꾀하기도 했다.

사이버네틱스에서 인공지능까지

MIT대의 수학자였던 노버트 위너(1894~1964)는 1948년 『사이버네틱스』라는 저서를 출간했다. 그는 '사이버네틱'이라는 단어를 '키잡이'라는 의미의 그리스단어 'kubernetes'에서 따왔다. 위너는 사이버네틱스를 "기계와 동물을 조종하고, 이들과 소통할 수 있는 커뮤니케이션 이론"이라고 정의했다. 사이버네틱스의 적용 분야는 생리학에서부터 뇌 과학을 거쳐 공학에까지 이르며, 이후에는 사회 시스템에까지 확장됐다(『사이버네틱과 사회』, 1962년 출간). 사이버네틱스(인공두뇌학)로부터 인공지능, 정보이론, 로봇공학, 시스템이론, 인지과학이 발전했고, 그로부터 36년 후 과학소설작가 윌리엄 깁슨이 『뉴로맨서』(1984)에서 '사이버스페이스'라는 단어를 만든 덕분에 대중화되기 시작했다.

메이시 콘퍼런스

사이버네틱스 관련 콘퍼런스가 조시아 메이시 재단의 후원 덕분에 1946년부터 1953년까지 10여 차례 열리게 된다. '메이시 콘퍼런스'는 수학자, 인류학자, 생리학자, 엔지니어 등 모든 분야의 연구자들이 뉴욕에 모이는 계기가 됐다. 미국 과학계의 최고 두뇌들이 한자리에 모인 것이다. 사이버노틱스를 주창한 노버트 위너를 비롯한 맥컬로, 존 폰 노이만(1903~1957), 클로드 섀넌, 그레고리 베이트슨, 마거릿 미드, 탈코트 파슨스 등 여러 학자가 참석했다. 신경생리학자인 맥컬로는 메이시 콘퍼런스의 주최자 중 핵심 인물이다. 뇌의 작동 모델을 연구한 그는 수학자 월터 피츠와 함께, 네트워크로 연결돼 있고 복잡한 연산을 할 수 있는 장치를 구상했다. 맥컬로는 1952년 MIT에 합류하여 의안(전자인공망막)의 개발에 착수했고 이를 통해 생체공학(bionics)이라는 새로운 학문을 만들어냈다.

　　존 폰 노이만은 헝가리 이민자 출신의 천재 수학자로 여러 과학 분야에서 놀라움을 안겨주었다. 그는 논리학자이자 수리학자인 앨런 튜링(1912~1954)의 연구에서 영감을 얻어 최초의 컴퓨터를 고안해내기도 했다. 경제학자 오스카 모르겐슈테른 또한 메이시 콘퍼런스에 참석했는데, 그가 만들어낸 '게임이론'은 미시경제를 혼란에 빠뜨리는 불확실한 상황에서의 결정에 관한 이론이다. 그는 또한 수소폭탄의 발명을 목표로 한 맨해튼 프로젝트에 참가하기도 했다. 메이시 콘퍼런스는 인문과학 분야의 연구자들에게도 열려 있었다. 그중에는 마거릿 미드(1901~1978)와 그 남편 그레고리 베이트슨(1904~1980)도 포함됐다. 그들은 함께 발리와 뉴기니 아이들의 교육에서 개인 상호 간 커뮤니케이션의 섬세한 과정을 연구했다(『네이븐』, 1936년 출간). 사이버네틱스에 매료된 베이트슨은 상호작용 및 '피드백' 개념, 시스템 이론의 개념을 차용하여 개인 상호 간 커뮤니케이션에 적용한다. 그는 돈 잭슨과 함께 팔로알토에 정신건강연구소를 창설하는데, 이곳에서 '가족체계치료'가 탄생하게 된다.

　　메이시 콘퍼런스에 참석했던 연구자들이 모두 같은 견해를 지니지는 않았으며, 때로는 거친 논쟁을 벌이기도 했다. 이들의 견해는 몇몇 핵심 개념을 낳

앨런 튜링과 〈이미테이션 게임〉

  영국의 수학자·논리학자. 프린스턴대학교에서 전산학의 이론적 기초를 세운 알론조 처치를 지도교수로 하여 하이퍼 계산에 관한 논문으로 박사학위를 받았다. 이후 영국으로 돌아온 뒤 1939년 제2차 세계대전이 발발하자 블레츨리 파크에 있는 정부암호학교(GCCS)에서 암호해독반 수학 팀장으로 일하면서 독일군의 정교하고 난해한 암호체계인 에니그마(Enigma)를 해독하는 데 공헌하였다. 1940년에 기존의 봄비(Bomby) 해독기를 개량하여 개발한 튜링 봄베(Turing Bombe)는 훗날의 콜로서스(Colossus)라는 프로그래밍이 가능한 전자 컴퓨터의 기술적 토대가 되었다. 1945년 전쟁 중에 세운 공로로 대영제국훈장을 받았다. 1950년에는 〈계산기계와 지성(Computing machinery and intelligence)〉이라는 논문을 발표하여 튜링 테스트(Turing Test)라 불리는 인공지능 실험을 제안하였으며, 1951년 영국왕립학회 회원이 되었다.

  그러나 동성애자였던 그는 1952년 외설 혐의로 고발되어 법원에서 화학적 거세를 선고받고 여성 호르몬을 복용하다가 1954년 6월 청산가리를 주입한 사과를 먹고 스스로 목숨을 끊은 것으로 알려졌다. 사후에 컴퓨터공학 및 정보공학의 이론적 토대를 마련한 선구자로서 인정받아 '컴퓨터과학(전산학)의 아버지'라 불린다. 1966년 미국계산기학회는 그의 이름을 딴 튜링상(Turing Award)을 제정하여 컴퓨터과학 분야에서 중요한 업적을 남긴 인물에게 해마다 수여하고 있는데, 이 상은 '컴퓨터과학의 노벨상'이라 불린다. 한편 동성애자에 대한 인권 의식이 개선되면서 2009년 영국 정부는 그의 부당한 죽음에 정식 사과하였고, 2013년에는 영국 여왕의 특별 사면령으로 외설죄가 무죄로 처리되고 공식 복권되었다. 2015년 상영된 영화 <이미테이션 게임>은 그의 드라마틱한 삶을 다룬 작품이다.

았다. 먼저 계산과 전기기기의 결합 가능성이었는데, 이는 컴퓨터의 발명, 정보이론(섀넌), 뇌세포의 일부 작동방식에 관한 이해(맥컬로)를 이끌어내는 핵심 개념이었다. 여러 요인들이 상호 작용하는 모형 및 시스템에 관한 개념은 이후 탄생할 인공지능 이론의 기초가 되었다.

인류학, 구조주의와 기능주의의 결합

1940년, 옥스퍼드의 에드워드 에반스-프리처드(1902~1973) 교수가 수단에서 돌아와 에티오피아 전쟁터로 떠나면서 인류학의 고전으로 길이 남을 저서 두 권을 연이어 출간한다. 『누에르족』과 『아프리카 정치체계』가 바로 그것이다. 그는 옥스퍼드 대학에서 역사학을 전공하여 1924년 석사학위를 받았다. 그리고 런던정경대학으로 학교를 옮겨, 말리노프스키의 지도 아래 아잔데족 연구로 1927년 박사학위를 받았다. 1932년 카이로 푸아드 대학에서 사회학교수가 되었으나 곧 그만두고 옥스퍼드 대학으로 옮겼다. 2차 대전 중에는 영국군의 정보장교로 복무하면서, 수단과 에티오피아의 국경에서 이탈리아군에 맞서 게릴라 부대를 지휘했다. 그의 초기 저작은 영국 인류학의 조류인 구조주의와 기능주의적인 시각을 담았다. 후기의 중요한 저작들은 인류학의 과학적인 측면보다는 해석학으로서의 인문학적인 측면을 추구했다. 1942년 코네티컷주의 뉴헤이븐에서 에반스-프리처드의 스승 브로니슬라브 말리노프스키(1884~1942)가 때 이른 죽음을 맞이한다. 두 사람은 때로는 서로 대립하고 질투했음에도 불구하고, 서로의 목표가 같았다. 즉 비교적 신생 학문인 사회인류학의 성공을 위해 활동하는 것이었다. 이 사회인류학은 영국에 오랫동안 군림

에번스-프리처드의 『누에르족(The Nuer)』 3부작

에번스-프리처드의 누에르족 3부작은 사회인류학에서 가장 중요한 고전으로 평가된다. 『The Nuer』(1940), 『Nuer Religion』(1956), 『Kinship and Marriage among the Nuer』(1951)가 그것이다. 누에르족은 아프리카 수단 남단의 나일강 기슭과 사바나 지역에 사는 종족이다. 저자에 따르면 누에르족의 삶에서 가장 중요한 부분을 차지하는 것은 소다. 그들은 소 오줌으로 세수를 하고 우유와 유제품을 주식으로 삼으며, 소의 피를 먹고 쇠똥을 벽에 바르며, 쇠똥을 태운 재로 화장하고 양치질하며, 수많은 의례와 상징들에 소를 동원한다. 생활과 이동의 주기는 소의 생태에 맞추어 이루어지며, 소 때문에 목숨을 걸고 싸운다. 그리고 그렇게 해서 일어난 문제를 해결하기 위해서는 소를 가지고 배상을 해야 한다. 그들에게 소가 살기에 적당하지 않은 땅은 나쁜 땅이며, 소를 치지 않는 사람들에게는 관심도 두지 않는다.

인류학자가 그들의 동료가 되기 위해서는 소의 소유자가 되어서 그들 공동체의 일원이 되어야 한다. 인구가 20만 명에 달하는 누에르족은 중앙 정부나 특별한 정치 지도자가 존재하지 않으며, 구성원들 사이의 관계가 평등하면서도 정치적으로 잘 통합되어 있고, 일정한 지역을 점유하는 부족 집단들로 이루어져 있다. 이처럼 거대한 집단이 분쟁을 해결하고 구성원들이 소속감을 지니면서 집단을 유지해 나가는 메커니즘을 규명하는 것이 이 책의 주된 논점이다. 에번스-프리처드의 관점은 기본적으로는 구조주의적인 정태성에 근거하며 영국의 구조-기능주의적 시각을 잘 반영한 것으로 보인다. 그러나 일부 학자들은 이러한 관점에 대해 몰역사성을 비판하기도 한다. 그의 저서는 상대적으로 역사적인 관점이 결여돼 있다는 비판에도 불구하고, 지금껏 사회인류학에서 무엇보다 가장 중요한 고전으로 평가된다.

해온 오랜 진화주의에 맞섰고, 그 중심에 말리노프스키가 있었다.

폴란드 출신의 말리노프스키는 영국 사회인류학의 창시자로 평가된다. 그에 따르면 사회의 제도와 신화, 의식, 신앙이 서로 연관되어 있으며, 문화의 최종 목표는 성욕, 보호욕, 종교욕, 지식욕과 같은 인간의 보편적 욕구를 충족시키는 것이다 (『문화의 과학적 이론』). 그에게 영감의 원천이 됐던 두 인물은 모두 다 사회학자였다. 기능주의 개념의 주창자 허버트 스펜서(1820~1903)와 사회적 사실(fait social)에 포괄적으로 접근했던 에밀 뒤르켐이 그들이었다.

스펜서와 기능주의 개념

허버트 스펜서는 빅토리아 시대의 이론가로서 진화론과 사회적 다윈주의에서 가장 중요한 인물이다. 그는 대부분 독학을 하거나 친척으로부터 개인지도를 받았다. 『진보: 그 법칙과 원인』(1857)은 다윈주의와 이와 경쟁적인 라마르크주의(장바티스트 라마르크가 제안한 진화생물학적인 '용불용설'에서 도출해 낸 우주적, 사회적 진화이론)의 개요를 설명하고 있다. 비록 환경적으로 획득된 특질이 유전된다는 라마르크주의적 신념을 가지고 있었지만, 스펜서는 진화적 변동의 주요한 기제로서 '자연도태'라는 다윈의 견해를 따랐다. 비교진화론적 사회학을 만들고 모든 이론과학을 통합하려는 노력의 일환으로서 『사회학의 원칙』(1855), 『제일원리』(1862), 『사회연구』(1873)를 집필했다. 『사회학의 원칙』(1896)을 준비하면서 역사적, 민속학적 연구에 의거하여 17권의 『기술적 사회학』(1873~1934)을 출판했다.

스펜서주의의 우주적 진화론은 구조의 동질성에서 이질성으로의 이동을 의미하고, 비유기적 세계에서 발생하여 유기적 세계를 거쳐서 사회적(초유기적) 진화에서 정점에 이른다. 사회는 (유기체와 같이) 유사한 기능을 수행하는 유사한 부분의 통일된 단계로부터 상이한 기능을 수행하는 분화된 상태로 발전한다.

스펜서는 2가지의 상이한 사회진화의 유형을 제시했다. 첫 번째는 강제적 협동에 기초한 군사형 사회로부터 자발적 협동에 기초한 산업형 사회로의 진화적 전환이다. 두 번째는 구조적인 분화를 통하여 단순한 사회에서 진보적으로 더욱 복합적인 사회로 진화한다. 그의 기능주의는 뒤르켐, 래드클리프-브라운, 말리노프스키를 경유하는 구조기능주의적 사회학에 영향을 미쳤다. 말리노프스키는 멜라네시아에서 현지 조사를 계속하여 단행본 『태평양의 아르고노트 낙지』(1922)를 출간했고, 그 성과에 힘입어 런던 대학교에서 사회인류학의 첫 정교수를 지냈다. 말리노프스키는 그 후 오드리 리처드, 레이먼드 퍼스, 아이삭 샤퍼라, 루시 마이어, 에반스-프리처드 같은 후학들을 현장에 보내 자신의 연구를 잇게 했다.

래드클리프-브라운과 지역비교연구

영국 전역의 대학들이 기능주의로 방향을 전환했다. 1937년 이후 오직 한 사람만이 말리노프스키의 영향력을 약간 퇴색시켰는데, 최고의 이론가인 앨프리드 R. 래드클리프-브라운(1882~1955)이 바로 그 주인공이다. 래드클리프-브라운은 케임브리지 대학에서 수학한 후 말리노프스키와 같은 수순을 밟았다. 안다만 제도에서 현장 조사를 한 후 곧바로 지역비교연구에 뛰어든 그는 가족과 혈족관계, 토템 숭배 등에 흥미를 가졌으며, 특히 호주와 아프리카의 혈족 구조에 각별한 관심을 기울였다. 그는 혈족 집단이야말로 원시 사회를 구성하는 주체이며 문화는 이러한 사회 구성이 되풀이되는 수단에 불과하다고 보았다.

사회적 사실에 관한 이러한 사회학적 관점은 사회적 구조를 논하는 것으로 이어졌다. 래드클리프-브라운은 사회적 관습이 유지하고자 하는 것은 개인이나 집단, 국민이 아니라 구조라고 보았다. 말리노프스키는 이를 인간의 욕구로 설명할 수 있다고 보았던 반면, 래드클리프-브라운의 구조기능주의는 더욱 추상적인, 즉 정치적 단결, 제도의 재생산, 충돌의 축소, 사회통제 같은 목적들(『원시 사회의 구조와 기능』 1952년 출간)에 기반을 둔다.

기능주의 사회인류학의 가장 큰 성취는 1940년대 및 1950년대에 시행된 혈족 제도나 정치 제도에 관한 분석이다. 혈족 제도를 연구한 래드클리프-브라운과 메이어 포츠는 이런 혈족 제도가 혈족 집단의 연대성을 중심으로 돌아간다는 것을 보여주었고, 아프리카의 정치 제도를 연구한 에반스-프리처드와 맥스 글럭먼, 존 미들턴은 특히 핵심적 권력이 존재하지 않는 사회에서 충돌을 해결하는 능력을 찾아냈다. 기능주의자들은 사회적 관심사와 좀 덜 직접적으로 연관된 또 다른 주제들도 연구했는데, 예컨대 래드클리프-브라운은 주술을, 에반스-프리처드는 종교를 연구하기도 했다. 신앙에 관한 이러한 질문들은 이미 기능주의의 출구가 무엇일지를 예고한 셈이었다. 사회구조란 그저 사회적인 것만이 아니라 정신적이기도 했기 때문이다.

6장

1950~1960년대

▼ 1950~60년대에 지성계의 맞수이면서, 마르크스주의에 대한 견해 차이로
정치적 라이벌이었던 장폴 사르트르(오른쪽)와 알베르 카뮈. 서부아프리카에 위치한
기니비사우 공화국에서 그들의 사후에 두 사람을 기리며 기념 우표를 발행했다.

[시대적 배경]
미국과 소련의 대립 속에 제3세계의 등장

    2차 세계대전 이후 탄생한 두 초강대국은 새로운 유형의 전쟁에 돌입한다. 바로 미국의 자본주의와 소련의 사회주의라는 두 이데올로기의 대립이다. 니키타 흐루쇼프를 중심으로 소련에서는 탈(脫)스탈린화가 진행되었다. 이를 통해, 비록 국제적인 위기에서 완전히 자유로워지진 않았지만, 평화적인 공존이 가능하게 되었다.

    1·2차 대전의 참사를 겪은 유럽은 더 이상 전쟁이 없는 번영과 평화의 대륙이 되고자 프랑스의 외무장관 로베르 슈만의 제창으로 1952년, 전쟁의 불씨가 됐던 자원의 공동 개발을 목표로 한 유럽석탄철강공동체(ECSC)를 설립하고, 이를 위한 로마조약을 1957년에 체결한다. 2차 세계대전이 종식된 후 몇 년 지나지 않아 프랑스와 독일, 베네룩스(벨기에, 네덜란드, 룩셈부르크), 이탈리아는 협력을 강화하고 자유무역을 촉진하여 평화로운 유럽을 건설하기로 결정한다. 그러나 국민들의 일상생활 속에 유럽이라는 공동체가 스며들기까지는 몇 년간의 과도기를 거쳐야 했다. 그리고 평화와 번영의 시기라 할 이른바 '영광의 30년'이 도래했다. 혼란의 시기가 지나고 프랑스도 새로운 국면에 접어들었다. 다른 서방 국가들처럼 경제성장과 베이비붐 세대가 주축이 된 3차 산업의 발달, 탈식민지화, 이농현상, 도시화가 진행되었다. 또한 주거 문제 역시 심각하였는데, 이를 해결하고자 1954년 2월 피에르 신부가 노숙자를 지원하는 활동을 개시하기도 했다.

    식민지 독립운동이 불면서 국제 사회에서는 새로운 주역이 등장했다. 바로 '제3세계'다. 중국과 인도 등이 참석한 가운데 1955년에 인도네시아에서 반둥회의가 개최되고, 이를 기

6장 그럼에도 마르크시즘은 사르트르에게 초월 불가능한 철학이었다!

점으로 비동맹운동이 이어진다. TV와 라디오가 가정에 널리 보급되면서, 할리우드 스타들이 잡지 1면을 장식하게 되었다. 음악과 춤의 장르에서 스타 시스템이 만들어지고 대중문화가 확산되기 시작했다. 대표적인 예로 엘비스 프레슬리의 도발적인 춤과 로큰롤을 들 수 있다.

알랭 로브그리예, 클로드 시몽, 나탈리 사로트(이상 소설가), 장 뤽 고다르, 프랑수아 트뤼포(이상 영화인) 등 소설과 영화판에 새로운 세대가 등장한다. 이들은 자유로운 방식의 글쓰기(누보로망)와 시나리오 작업(누벨바그) 으로 문화 전반에 새로운 바람을 일으킨다.

그럼에도 마르크시즘은
그들에게 초월 불가능한 철학이었다!

마르크스주의에 경도된 참여 지식인들

장 폴 사르트르는 마르크스주의에 대해 "우리 시대의 초월 불가능한 철학"
이라고 말했다. 그의 선언은 (주로 프랑스에서) 사상가 그룹이 카를 마르크스
의 사상에 심취했던 열정을 잘 보여준다. 1950년대는 지식인 계층 사이에서 마
르크스주의가 최전성기를 누린 시대였다. 물론 모든 지식인이 마르크스주의자
혹은 공산주의자는 아니었다. 그렇지만 지정학적 분야이든 인식론적 분야이든
간에 공적 토론 대다수가 마르크스적 해석 체계를 기반으로 이루어졌다. 이러
한 현상을 이해하려면 마르크스주의의 이중적인 성격, 즉 이 이론의 과학적 특
성과 정치적 특성을 살펴봐야 한다. 마르크스주의와 지식인들과의 관계는 무
엇보다도 각 개인의 공산주의 운동 참여라는 형식을 취했지만, 사회과학 분야
에선 마르크스적 패러다임이 함축적으로 나타났다.

프랑스에서 1917년 러시아혁명에 대한 지식인들의 관심은 파시즘의 위협이
강해진 30년대에 들어서야 나타나기 시작한다. 루이 아라공(1897~1982), 앙

드레 브르통(1896~1966), 폴 엘뤼아르(1895~1952) 같은 초현실주의자들과 앙리 르페브르(1901~1991), 폴 니장(1905~1940) 등 철학자 일부가 프랑스 공산당에 가입했다. 1936년 11월에 출간된 앙드레 지드의 『소련 방문기』는 공적인 장에서 소련 체제 문제를 다룬 최초의 책이다.

이윽고 2차 세계대전이 끝나면서, 지식인 참여의 시대가 도래했다. 1945년 사르트르는 평론지 〈현대〉의 창간호에서 지식인들의 행동을 촉구했다. 아니 크리젤, 에드가 모랭, 피에르 엠마뉘엘, 르 로이 라뒤리 등 젊은 지식인들은 공산당에 입당하여 참여의 목소리를 높였다. 1950년대에 들어 자본주의 미국 대(對) 공산주의 소련의 대립이 극단화하면서 지식인들도 편을 가른다. 한쪽에선 공산주의에 편향된 사르트르, 모리스, 메를로퐁티 등이 있었고, 다른 한쪽에선 레이몽 아롱, 알베르 카뮈 등이 그들의 주장에 반대했다. 물론 명망 있는 학계인사 다수(클로드 레비-스트로스, 페르낭 브로델, 가스통 바슐라르 등)가 뒤로 물러나 있었다. 게다가 이는 당시에 강력한 공산당을 갖춘 두 서구 국가, 즉 프랑스와 이탈리아에서만 공통으로 나타난 현상이었다.

그러나 소련 체제의 베일 속 진실이 밝혀지면서 지식인들의 공산당 편향은 점차 종말을 맞이한다. 1956년에 발표된 흐루쇼프의 '20세기 소련 공산당 대회' 보고서는 과거에는 파시즘과 제국주의 간의 갈등이라고 회피했던 사건들(1946년의 크라프첸코 사건, 1948년의 체코슬로바키아 쿠데타 등)에 비판적 시각을 부여하면서 스탈린의 전횡을 만천하에 인정하는 계기가 되었다. 1956년 사르트르는 프랑스 공산당에 더는 동조하지 않을 것이라고 말했다. 1951년에 탈당한 에드가 모랭은 1959년에 『자기비판』이라는 책을 출간했다. 이 같은 지식인들의 공산당 외면은 프라하의 봄 이후 솔제니친 효과로 더욱 심화됐다.

공산당과의 관계가 이렇게 파탄 나자, 지식인 일부는 마르크스주의를 스탈린의 잔해로부터 탈피시키려 시도한다. 1949년에 『사회주의와 야만』이라는 전문지를 창간한 코르넬리우스 카스토리아디스와 클로드 르포르가 그 선구자다. 같은 맥락에서 에드가 모랭은 1956년 롤랑 바르트, 장 뒤비뇨 등과 함께 〈논거〉라는 전문지를 창간한다. 60년대에는 루이 알튀세르(1918~1990)[1]가 마르크스주의의 재해석을 시도한다. 이즈음에 마르크스주의의 변형 형태들이 수면 위로 떠오르는데, 트로츠키주의와 마오쩌둥주의가 그것이다. 마르크스의 사상은 단순히 참고 수준을 넘어서서 1960~70년대 사회과학의 지배적 패러다임이 되었다. 프랑크푸르트학파, 실존주의 등 일부 철학 사조에 이미 영감을 주기도 했다. 사회학은 사회계급과 노동에 관한 마르크스주의적 관점으로 점철됐다. 역사학 분야의 아날학파는 경제적 인프라의 우월성이라는 개념을 주장하기에 이른다. 역사학자 브로델은 종교적 의미에서 마르크스주의자가 되지 않더라도 마르크스의 일부 분석을 진지하게 받아들였다.

> "그리하여 의식하지 못한 채, 노동자적 메시아사상과
> 역사적 종말의 도래에 관한 생각이 내 안에서 커져갔다."

이는 레지스탕스 활동가이자 시인인 피에르 엠마뉘엘의 말로, 명석한 사상가들이 마르크스 숭배자로 변모하는 계기를 보여주는 표현이다. 이런 현상을

---

1 마르크스 사상에 구조주의적 해석을 제시한 프랑스 철학자. 『마르크스를 위하여(Pour Marx)』(1965)에서 그는 마르크스 사상을 초기의 인간론, 소외론으로 환원하는 것을 거부하고 그 사상의 특질이 이데올로기에서 나오는 인식론적 절단에 있다고 주장하였다. 제자 발리바르와 함께 발표한 『자본론을 읽는다(Lire le Capital)』(1965)에서는 헤겔 사상을 단절하고 마르크스 사상의 구조론적 해석을 제시하였다.

6장 그럼에도 마르크시즘은 사르트르에게 초월 불가능한 철학이었다!

어떻게 설명해야 할까?

　일부 지식인들은 당대의 분위기에 열광했고 행동에 도취됐다. 당시의 이념적 양극화, 반파시즘 풍조, 그리고 프랑스 공산당의 선전도 두드러졌다. 소련의 영광스러운 이미지와 노동자 계급에 대한 매혹, '민중에게 다가가려는' 부르주아 지식인들의 시도 역시 이런 분위기에 일조했다. 하지만 유럽 지식인 사회에서 마르크스사상의 영향력은 점차 퇴색되기 시작했다. 역설적이게도, 오늘날 마르크스를 재해석하는 데 가장 활발한 시도를 한 사람들은 바로 영미권 학자들이다. 존 엘스터, 존 로머 등 분석적 마르크스주의자들이나 이매뉴얼 월러스틴 또는 에릭 홉스봄 같은 역사학자들이 대표적이다.

아동심리학의 지능, 충동, 감성

　1955년, 스위스 출신의 심리학자 장 피아제(1896~1980)는 제네바에 유전인식론 센터를 설립했다. 센터의 이름이 아동과는 전혀 관련이 없는데, 장 피아제가 아동의 지능 발달 이론으로 유명세를 떨쳤던 학자라는 사실을 되새긴다면 놀랄 만한 사실이다. 하지만 사실 피아제는 자신의 원래 연구에 늘 충실했던 인물이다. 피아제에게 아동심리학은 역사비평적 과학인식론의 실험적 장이었다. 다시 말하자면, 아동에 관해 얻은 지식을 통해 진화 중인 인류의 사고 체계를 이해하길 바랐던 것이다. 게다가 아동은 독립된 하나의 개인이 아니라 '인식적 주체', 즉 인간 지능의 보편성을 대표하는 존재로서 관찰되었다.

　당시 피아제는 전성기를 누렸다. 1952년부터 1963년까지 소르본 대학에서 아동심리학과 정교수직을 맡았으며 이미 수많은 저서를 출간했다(1936년 『아

동 지능의 탄생』, 1937년 『아동의 실재계 구축』, 1941년 『아동의 수 개념 탄생』,
1945년 『아동의 상징계 형성』 등). 모든 동료들이 그의 관찰 방식을 따랐는데
이는 임상적 방식이라 불렸으며 임상 면접인 동시에 실험심리학에 속했다.

　피아제의 인지발달 이론은 전 세계적으로 널리 알려졌다. 이로써 아동의
사고 변화를 고유한 논리 구조상의 단계적 발달로 바라보게 되었다. 2세 미만
의 아기는 자신의 감각과 행동을 기반으로 주변 세상을 해석하는데 이 단계를
'감각운동기'라 한다. 이 시기에는 물리적 세계의 기능에 관한, 그리고 그에 대
한 반응 능력에 관한 일부 규칙을 습득한다. 반면 2세 이후 아동은 눈앞에 있지
않은 물건을 표상할 수 있다. 그러므로 어린 아동의 지능은 '표상적'이 되는 것
이다. 특히 나중에 모방을 하거나 '상징 놀이(어린 여자아이가 엄마 역할을 할
때처럼)'를 하며 그림을 그리고, 말할 수 있게 된다. 따라서 2세 아동은 자신이
감각운동기에 습득한 행동들을 내면화하고 정신적으로 결합시킨다. 이것이 바
로 2세부터 약 12세까지 계속되는, 전조작기와 구체적 조작기라는 새로운 발
달단계의 시작이다. 이 시기에 아동은 숫자 같은 기초적 사고 개념들을 점차
구축하고 적용한다. 그리고 12세부터 14~16세까지는 청소년들의 가설과 논리
적 추론이 가능해지는 형식적 조작기다.

안나 프로이트와 멜라니 클라인

　1920년대에는 피아제의 연구와 함께 또 다른 심리학적 분야가 2차 대전 이
전까지 발달 이론들에 기여했다. 아동의 정서 발달에 관심을 가지는 정신분석
학이 바로 그것이다. 지그문트 프로이트는 아동의 섹슈얼리티를 연구함으로써

성인의 병리학적 행동과 정상적 행동을 이해하길 바랐다. 엄밀히 말해 아동정신분석학이라고는 말할 수 없지만, 바로 이 연구를 출발점으로 삼아 아동정신분석학이 발전해나간 것은 사실이다. 최초의 아동정신분석학자를 꼽는다면 안나 프로이트(1895~1982)와 멜라니 클라인(1882~1962)을 들 수 있겠다. 부친의 연구를 충실히 따라갔던 안나 프로이트는 치료를 좀 더 교육적으로 변모시키며 정신분석학을 적용시키려 했다. 한편 멜라니 클라인은 아동의 환상을 드러내게 하기 위한 놀이 방법을 개발했다. 이는 두 여성 간에 논쟁이 벌어지는 원인이 된다. 전후에 르네 스피츠(1887~1974)나 더 이후에는 도널드 위니컷(1896~1971) 같은 또 다른 정신분석학자들이 독립된 학문으로서의 아동정신분석학을 발전시키는 데에 큰 공헌을 한다.

피아제와 프로이트가 발달의 일부 측면을 우선시했다면, 다른 이들은 이 발달 단계를 전체적으로 고려했다. 예컨대 미국의 아널드 게젤(1880~1961)은 아동을 관찰한 영상을 가지고 4개월부터 5세까지의 발달 목록을 만들었다. 그는 환경의 중요성, 특히 사회적 환경의 중요성을 인정한다고 하더라도, 생물학적 성숙의 중요성에도 세심한 주의를 기울여야 한다고 주장했다. 따라서 아동의 변화하는 생물학적 리듬과 개인적인 니즈를 존중하는 '민주적' 교육법을 권했다.

프랑스에서는 1940년대에 앙리 왈롱(1879~1962)이 아동의 감정 및 지능 발달을 사회적 환경에 대입시켜 묘사했다. 다윈의 진화론과 마르크스주의 철학에 영감을 받은 왈롱은 환경이야말로 발달조건의 핵심적 역할을 한다고 생각했으며, 인간의 경우 사회 조직이 개인을 형성한다고 주장했다. 왈롱은 학문적 활동을 뛰어넘는 행동가이기도 했다.

사회역사학적 연구대상이 된 산업사회

주요 선진국들은 2차 대전 이후 유례없는 경제 성장을 경험한다. 1948년부터 1971년까지 산업 생산량이 평균 5.6% 증가한 것이다. 최고의 영예는 1950년부터 1971년까지 연간 약 10%씩 성장한 일본에 돌아갔다. 경제에 관한 각국 간의 상호의존성과 개방성은 점차 증가했다. 국제무역 규모는 30년간 해마다 7.3%씩 증가한 반면, 1929년 이후에는 위기 대응을 위한 보호무역 조치로 인해 감소했다. 이러한 급속 성장으로 인해 각 국가는 점점 더 개인주의와 민주주의, 대량소비사회로 변모했다. 이러한 변화는 학계에 풍부한 공적 논의와 학문적 연구를 유발했다.

이미 18세기 말에 애덤 스미스는 경제 성장이 자본의 축적을 통해, 즉 소비되지 않은 생산 과잉분이 재투자됨으로써 이뤄진다고 지적했다. 19세기 초 데이비드 리카도는 최초로 기계화를 정당화하고, 기술적 진보가 사회 발달의 절대적 요소라고 보았다. 1세기가 넘는 동안, 사회적 비판의 시각과는 상관없이, 자본의 축적과 기술적 진보가 경제 발전의 근거로 인식되었다. 19세기 말부터 20세기 초까지 역사학자들은 영국 산업혁명의 여러 단계를 연구하며 특히 기계화의 역할을 분석했다.

두 차례의 세계대전 동안 영국 경제학자 코린 클라크 역시 경제적 진보의 동인을 이해하고자 했고, '경제 유형론'을 3단계(1차 산업, 2차 산업, 3차 산업)로 나눠 설정했다. 이 유형론은 1949년 산업사회에 관한 추후 프랑스식 연구를 강조한 『20세기의 거대한 희망』에서 장 푸라스티에에 의해 반복되었다. 푸라스티에는 경제성장이 2차 산업(공업)과 연관되어 있으며, 이 2차 산업은 눈부신 성장을 경험하지만 점차 1차 산업(농업과 광업)과 마찬가지로 노동력을 덜

6장 그럼에도 마르크시즘은 사르트르에게 초월 불가능한 철학이었다!

필요로 하게 될 것이라고 생각했다. 당대 저자들은 역사적으로 세 가지 단계가 연속되며, 각 단계에서 1차, 2차, 3차 산업들이 각기 지배적인 지위를 점했다는 이론을 발전시켰다. 예컨대 소련이 포함된 1950~60년대의 주요 국가는 산업사회로 정의된다. 미국 경제학자 월트 로스토(1916~2003)는 그 유명한 경제성장 5단계설을 제안함으로써 1960년대에 자신의 연구를 마무리했다. 로스토는 마지막 단계에서는 내구재 산업과 특히 서비스산업이 주를 이루는 대량소비경제의 특징을 가질 것이라고 봤다.

이어 경제적 환경, 메커니즘, 성장 사이클의 분석을 넘어, 산업사회 자체에 대한 사회역사학적 연구가 발전하기에 이른다. 프랑스에서 1930년대에 철학자이자 사회학자 프랑수아 시미앙(1873~1935)은 (클레망 쥐글라의 단기 사이클과 콘드라티예프의 장기 사이클에 영감을 받아) 경제사에 단기와 장기가 존재함을 강조했다. 그의 접근 방식은 프랑스 경제사를 정리한 마르크스주의 역사학자 에르네스트 라부르스에 의해 반복되고 심화된다. 1950~70년대 동안 라부르스의 주도 아래, 같은 시대 역사학자들의 대부분이 경제사적 측면을 연구했다. 이들의 연구는 기술적 요인의 우위 및 계량화에 대한 우려, 사회적 불평등에 대한 관심으로 특징지어진다.

하지만 레이몽 아롱은 1955년부터 1956년까지 소르본 대학 강의를 통해 다양한 전통과 연구방식들을 종합하기에 이른다(이는 1962년 『산업사회에 관한 18강』이라는 책으로 출간됐다). 아롱은 산업사회들을 각자의 정치 체제와는 상관없이 현대 사회의 경제적 국면으로 정의했다. 그가 보기에 자본 축적은 자본주의 국가에서나 사회주의 국가에서나 전부 다 존재했다. 사회주의 국가에서는 계획수립자가 사회의 총매출에서 간접세를 임의로 징수한 뒤 계획의 지침에 따라 금액을 재할당하는 방식을 취한다. 더 나아가 아롱은 소련식의 계획화가 비효율적임을 지적했다. 계획경제는 농업생산의 파괴와 소비의 강제적 제한을 대가로 하여 산업을 발전시킨다. 반면 자본주의 모형은 소유 형태의 다원화와 민주주의로 이어진다.

대기업의 중요성을 강조했던 그는 대기업의 역할과 조직을 특히 중요시했던 1950~60년대의 연구 사조에 속하는 모습을 보여줬다. 이 시대는 다국적기업으로 변모 중인 대기업들의 시대였으며, 자동차기업이 바로 그 전형이었다. 1966년 미국 경제학자 존 겔브레이스는 새로운 산업 단계에 관한 자신의 저서에서 이제 중요한 것은 자본의 소유가 아니라(자본은 분산돼 있다는 사실이 이미 오래전부터 알려져 왔으니까), 기술중심 조직의 현대 산업사회에서 이전의 지배적인 자본가들을 대체하는 '기술적·관료적 계급'이라 명명한 개념이라고 강조했다. 따라서 1945년 이후의 자본주의에서 '매니저'들이 능력을 발휘하는 대기업들이 주조를 이룰 것이라는 게 그의 견해였다. 그러나 '산업사회'라는 용어는 1970년대 초 탈산업사회에 대한 연구가 주를 이루며 점차 약화됐다.

촘스키 반대자조차도 촘스키 언어학에 관심

미국에서 지금껏 가장 많이 인용된 인물 목록에서 여덟 번째 자리를 차지한 인물이 누구일까? 예수, 마르크스, 프로이트, 뉴턴과 몇 명 다음으로 노암 촘스키가 8위를 차지했다. 하워드 가드너에 따르면, "현대 언어학의 역사는 대부분 노암 촘스키와 그의 사상이 학계에 촉발한 반응들에 관한 기록이다."

촘스키의 등장은 1957년, 로만 야콥슨의 추천으로 네덜란드 출판사 마우톤이 보스턴 MIT 전자공학 연구소에서 일하는 29세 연구원의 논문을 출간하는

6장 그럼에도 마르크시즘은 사르트르에게 초월 불가능한 철학이었다!

것으로 시작된다. 촘스키의 첫 이론서인 『통사구조론』은 10년 후 출현할 변형생성문법학파의 주요 개념들을 이미 담고 있었다. 이 변형생성문법학파는 오늘날 미국에서, 그리고 어쩌면 전 세계에서 결코 무시할 수 없는 학파다.

이 책에서 촘스키는 완전히 새로운 방식으로 언어를 고찰한다. 일례로 그는 "고양이가 쥐를 잡았다"와 "쥐가 고양이에게 잡혔다"라는, 용어의 순서는 바뀌었지만 의미는 동일한 두 문장을 예로 든다. 촘스키는 비록 같은 의미가 그대로 보존됐다 할지라도, 뒤의 문장에 더 심층적으로 고양이(주체)가 쥐(송신자)에게 작용하라(동사)고 말하는 제안이 존재한다고 보았다. 그는 무엇보다도 의미의 형성은 통사의 문제라고 여겼다.

"설익고 무미건조한 생각들이 맹렬하게 잠들어 있다."

이런 문장은 겉보기에는 아무 의미가 없어 보인다. 하지만 우리는 "맹렬하게 잠들어 있고 설익은 생각들의 무미건조함"이라는 문장에서보다는 앞의 문장에서 훨씬 더 쉽게 시적인 의미를 찾아낼 수 있다. 이는 특정한 통사 구조가 배치된 단어들의 의미가 드러나는 데 훨씬 더 필수적이라는 사실을 보여주는 사례이다. 이 '핵심 문장들', 그리고 각 언어에 고유한 변형규칙들이야말로 정확한 언표를 형성하게 해주며, 촘스키는 이것들이 언어학의 핵심적 주제라고 단언한다.

젤리그 해리스의 가르침을 계승하기는 했지만, 촘스키의 제안은 당대의 기준과 완전히 반대되는 것이었다. 유럽이나 미국의 학자들은 구조언어학에 대해 각 언어를 한정된 수의 언표를 생성할 수 있는 자체적인 체제(그러나 다른 체제의 변형이 될 수 있는)라고 여겼다. 학자들은 완성됐으나 분해가능하다고 여기는 말뭉치들에 대한 연구를 통해, 여러 언어 체제를 가장 작은 언어 단위(음성)부터 시작하여 묘사하고자 했다. 미국에서 언어학의 거장은 이국적 언어들을 전문으로 연구했던 레오나르드 블룸필드가 꼽힌다. 그는 언어 이론이 완성됐으며 이제는 거기에 실체만 부여하면 된다고 봤다. 게다가 블룸필드는 확신에 넘치는 행동주의자이기도 했다. 그는 모국어와 동시에 그 언어능력이 모방과 시도, 실수를 통해 획득된다는 사실을 믿어 의심치 않았다.

그런데 촘스키가 생각했던 것은 완전히 달랐다. 촘스키는 구조언어학이 언어들의 문법을 설명하지 못하고 언어들을 서로 비교하지도 못하는데, 이는 효과적인 이론을 갖추고 있지 않기 때문이라고 생각했다. 구조언어학은 문장을 생성하는 기계로만 언어를 바라봤고 딱 그 정도의 수준에서만 의미의 문제를 제기했을 뿐 그 이상 나아가지 못했다는 것이다. 의미는 통사와 불가분의 관계에 있는 만큼, 잘 형성된 절(節)로부터 어떻게 어느 언어의 정확한 문장들을 만들 수 있는지를 이해하는 것이 중요하다는 것이다. 그 이면에는 언어가 보편적인 몇몇 구조를 가지고 무한정에 가까운 언표를 생성해낼 수 있는, 추상적이며 창조적인 정신적 능력이라는 개념이 자리해 있다. 이것이 1957년부터 1965년 사이에 촘스키가 방어보다는 공격적 주장에 중점을 두며 인정받으려고 노력했던 이론의 기초다.

1959년에는 버루스 스키너의 『언어 행동』을 비판하는, 냉소적 어조의 서평을 발표해 가차 없는 논객으로 유명세를 타고 곧이어 설전에 돌입하게 된다. 언어학적 개념만큼이나 자유로운 신념을 지닌 촘스키는 자신을 학문적·정치적으로 비판하는 무리와 계속해서 대립했다. 1965년부터 1966년 사이에는 두 권의 저서를 연이어 출간하는데, 하나는 그가 이후 10년간 주장한 표준이론(standard theory)을 서술한 책(『통사이론』)이며 다른 하나는 인간의 능력으로서의 언어에 관한 자신의 전반적인 관점을 서술한 책(『데카르트 언어학』)이다. 로버트 바스키에 따르면, 이미 촘스키를 반대하는 이들조차 촘스키 없이는 더는 살아갈 수 없는 상황이 되었다.

소비사회에서부터 '사물의 체계'까지

1950년대 초, 2차 대전 이후 유럽은 새로운 출발, 특히 경제적인 새 출발을 경험했다. 1950년부터 1968년까지 소비자들의 구매력이 두 배로 급증했다. 1957년, 미국의 변호사이자 언론인 밴드 패커드는 『은밀한 설득자』에서 정신분석학에서부터 사회심리학에 이르기까지 각종 인문학이 소비를 부추기는 광고업계에서 사용되는 방식을 그려냈다. 롤랑 바르트, 에드가 모랭, 조르주 페니누, 장 카제뇌브, 더 나중에는 장 보드리야르 등이 광고와 패션, 영화, 청소년의 소속감 코드, 미디어와 관련된 담론과 의식 등을 주요 분석 대상으로 삼았다. 1960년대에 유럽으로 건너와 정착한 팝 음악 장르나 칸 영화제 등도 이들의 관심 대상이었다. 특히 소비문화와 소비사회를 주요 연구 대상으로 삼은 이들은 이 사회가 생산해내는 모든 것이 의미로 가득하며, 분석할 만한 가치가 있다고 보았다. 1957년에 출간된 『신화』에서 롤랑 바르트는 거대 언론 혹은 미디어 속 이미지(광고, 가십, 시사, 영화 등)에서 소개된 그대로의 현대 세계의 모습을 해석해낸다. 예컨대 연예잡지 〈파리마치(Paris March)〉의 세계는 거대한 전통적 신화의 세계를 재현해낸다는 것이 그의 주장이다.

말론 브랜도와 어느 젊은 프랑스 여성과의 결혼, 혹은 새로운 미스 유니버스와 그녀의 소꿉친구인 자동차 정비공 간의 결혼은 왕자가 어느 여자 목동과,

또는 공주가 남자 목동과 결혼하는 경이로운 전설을 떠올린다. 이 신화적 세계는 두 전형적 인물 간의 서사시적 대결을 묘사하는 레슬링 경기에서도 되찾아볼 수 있다. 정의의 화신인 영웅 '화이트엔젤', 그리고 심판이 잠깐 한눈을 판 틈을 타 상대를 때려눕히는 교활하고 비열한 마스크 레슬러 '반대자'가 자웅을 겨루는 것이다. 때로는 표백제 광고에서도 악의 세력(더러운 때)과 선을 구현하는 영웅 세력(깨끗한 표백제) 간의 영웅적 전투가 치러지기도 한다. "표백제의 심판 아래, 새까맣고 약해빠진 적인 빨래 때는 언제나 도망치기 마련이며, 빨래는 다시금 순수하고 새하얘진다."

1956년 〈파리마치〉에 실린, 어느 '흑인'이 프랑스 국기를 향해 경례하는 사진을 분석함으로써 롤랑 바르트는 신화의 근본적인 성격을 분석해냈다. 그 자체로 이 사진은 날 것 그대로의 진실, 경례하는 어느 '흑인'을 재전사할 뿐이었다. 하지만 이것이 암시하는 바는, 프랑스 식민제국의 힘은 강력하며 원주민들이 이를 받아들인다는 것이다. 여기서 중요한 것은 메시지에 실린 암묵적 의미다. 페르디낭드 소쉬르가 시행한 기표와 기의 간의 구분을 답습함으로써 롤랑 바르트는 신화 속에서 두 가지 층위로 작동하는 언사를 발견한다. 사진이라는 물리적 이미지(기표)는 메시지(국기에 경례하는 어느 흑인)를 가리키지만, 프랑스 식민제국의 강대함이라는 더 일반적인 개념을 내포한 것이다. 그러므로 롤랑 바르트가 정의하듯, '신화학자'의 임무란 미디어의 담론을 해독하여 감춰진 가치와 상징, 메시지를 외연으로 드러내는 것이다.

캐나다의 미디어 이론가 마셜 매클루언이 『구텐베르크 은하계』와 『미디어의 이해』를 출간하여 어마어마한 열광을 이끌어냈던 것도 바로 이 1950년대와 60년대의 일이었다. 매클루언은 이 저서들에서 라디오, 그리고 특히 텔레비전이 대중매체의 지위를 획득한 시대에 미디어의 심리문화적 역할을 분석했다. 그의 일부 슬로건, 즉 '미디어는 메시지다', '지구촌' 같은 주제 혹은 '핫미디어'와 '쿨미디어' 간의 대립이 대중 사이에서 인기를 끌었다. 얼마 지나고 나서 1967년에 기 드보르(1931~1994)는 『스펙터클의 사회』에서 자본주의 구조의 폐단을 비판하며, 특히 자본주의가 지배하는 미디어들의 파렴치함을 비난했다.

스펙터클 사회와 상황주의

드보르가 그의 철학에서 중시했던 미학적 개념은 '스펙터클'이다. 그는 자본주의가 삶을 장악하는 방식, 곧 상품 경제 사회가 인간을 소외시키고 소유하는 방식을 '스펙터클'로 지칭하였다. 스펙터클은 마르크스주의적 용어로 '상부구조'를 장악하는 동시에 개인들을 '하부구조'적 조건으로 환원시키며, 문화, 매스미디어, 이미지 등을 지배함으로써 자본주의가 생산해내는 상품들을 소비자가 수동적으로 소유하고 소비하게만 만든다. 노동자는 자본주의의 과도함, 풍요로움, 화려함으로부터 소외되어 박탈감을 느끼고 스펙터클의 사회에 살아가게 된다. 이에 드보르는 억압적이고 상업적인 자본주의적 삶에 반대하는 방식으로, 노동의 거부, 놀이나 축제, 표류와 같은 새로운 문화 예술 운동을 제시하였다.

드보르는 1960년 '상황주의자 인터내셔널'을 결성한 뒤 미적 영역과 정치적 영역을 결합하여 마르크스가 제창한 것처럼 계급 없는 혁명적 사회를 이룩하고자 정치를 비판하는 예술을 주창했으며, 그의 주장은 1968년 5월혁명에 영향을 미치기도 하였다. 그에 따르면 예술은 기존의 사회적 생산물과 결합되어 상황을 구축하게 되는데, 이 상황이란 자본주의적 상품화나 표상화를 거부하고 사랑과 창조, 사고와 행동 같은 다양하고 개별적인 욕망을 발현하는 것이다. 1960년 들어, 대중 매체의 보급 및 대중문화의 확산에 따라 대중 소비사회가 본격화하면서 학계에서는 이를 조명하는 일련의 작업들이 이뤄졌다.

장 보드리야르(1929~2007)는 『사물의 체계』(1968), 『소비 사회』(1970), 『기호의 정치경제학 비판』(1972)을 차례로 펴내며 비판적인 소비 분석에 전념했다. 제 2차 세계 대전 이후 세계 경제의 고도성장은 기존의 자본주의와 다른 새로운 자본주의를 탄생시켰는데, 보드리야르는 이것을 '소비의 사회'라고 지칭하였다. 그는 경제학적 정의와는 다른 소비개념을 통해 현대사회를 분석하려 했다. 그에 따르면 상품(사물)의 소비란 사용가치의 소비를 포함하면서도 그것을 뛰어 넘는 '어떤 행위'이다. 그는 사물을 기호로 파악하고, 사회를 의미작용의 체계로 해석하면서 소비 행위를 특정한 상품(사물)에 대한 욕구가 아닌 차이에 대한 욕구로 규정한다.

1950년부터 1970년 사이에 학자들은 대중문화 연구에 몰두하며, '그들이 열중하는 대상인' 모든 유행, 모든 사물에 대해 이론적이고 정치적인 의미부여 작업에 참여했다.

6장 그럼에도 마르크시즘은 사르트르에게 초월 불가능한 철학이었다!

소비사회와 주체의 소멸

소비사회에서 소비자는 이미 물질적인 재화를 소비하는 것이 아니라 기호를 소비하고 있다는 것이 보드리야르의 진단이다. 그에게 있어서 소비 과정은 기호를 흡수하고 또 기호에 의해서 흡수되는 과정일 뿐이다. 소비자는 이런 과정에서 자기 자신의 관점을 상실하기 때문에 스스로 사유하는 주체가 되지 못한다. 이런 상황을 보드리야르는 '주체의 소멸'이라고 불렀다. 소비사회의 개인은 소비의 주체도 아니고 자율성을 가진 주체도 아니다. 개인들은 기호의 질서가 강요하는 선택에 따라서 소비할 뿐이다. 유명 메이커인 나이키의 한정판 운동화에 관심이 많은 대학생의 예를 들어보자. 그는 자신이 좋아하는 나이키 운동화를 사기 위해 아르바이트 급여를 한 푼도 쓰지 않고 한 달 치 모은다. 그는 자신이 선호하는 운동화의 발매일이 SNS에 뜨면 수천 명이 줄지어 선 대열에 끼여 이틀 밤을 꼬박 새워 그 제품을 구입한다.

이 사람이 산 것은 과연 운동화일까? 보드리야르의 관점에서 보자면 그는 운동화를 산 것이 아니라 거기에 붙어있는 나이키 상표, 즉 기호를 소비한 것이다(『소비의 사회』). 기호란 차이의 체계이며, 특히 사회적인 차이를 나타낸다. 그는 남들이 쉽게 살 수 없는 물건을 구입함으로써 자신이 남들과 다름을 보여준다. 그는 남들과 차이가 나는 운동화가 자신의 개성을 드러내며, 또는 그런 상품을 소비하는 자신은 자유롭다고 생각할 것이다. 그러나 보드리야르에 따르면 그는 단지 기호의 소비과정에서 스스로 자신의 주체를 소멸시킬 뿐이다.

파노플리 효과와 베블런 효과

부유층이나 인기 연예인들이 신발이나 가방, 의상 등을 착용하고 나면, 설사 값비싼 물건일지라도 너도나도 따라 구매해서 완판이 되었다는 소식이 자주 들린다. 바로 이러한 상황처럼 소비자가 특정 제품을 소비하면 같은 제품을 소비하는 특정 집단에 속하게 된 듯한 환상에 빠지는 현상을 흔히 '파노플리 효과'라고 한다. '파노플리'는 프랑스어로 '집합'이라는 의미로, 프랑스의 철학자 '장 보드리야르'가 사회학적 관점에서 명품이 현대 사회를 다시 계급 사회로 나누고 있다며 비판하는 시각으로 쓴 말이다.

한 끼 식사로 컵라면을 먹고는 그보다 2~3배 이상 비싼 브랜드 커피를 마신 경험이 한번쯤은 있을 듯싶다. 브랜드 커피를 마심으로써 그것을 소비하는 계층과 같아지고자 하는 기분을 느끼는 것이 파노플리 효과의 대표적인 현상이다. 흔히 커피는 다른 음료와 다르게 습관성 소비 성향이 강하며, 자기 위안형 소비재의 특성이 있어 자기 자신을 위해 이 정도는 쓸 수 있다는 보상심리를 대표하는 상품으로 분류된다. 원두 원가가 약 150원인 아메리카노 한잔이 어떤 곳에선 8천 원이 넘는 가격에도 인기가 식지 않고 있는 것은 파노플리 효과가 어느 정도 작용하지 않았을까?

이렇듯 파노플리 효과는 특정 상품을 소비할 때, 비슷하거나 같은 수준의 상품을 소비하는 사람들과 같은 집단 혹은 같은 부류라고 느끼는 환상을 가지는 현상이라고 할 수 있다. 그래서일까? 최근 백화점 고급매장에서는 소위 명품이라고 불리는 제품의 매출이 부쩍 늘고 있다. 명품을 선호하는 트렌드가 시장 경제에 활성화를 가져오고 있지만, 이를 우려하는 시선도 적지 않다. 겉모습만으로 사람을 판단해버리는 물질만능주의 시대가 빚어낸 잘못된 소비 풍조라는 지적이다.

이에 비해 '베블런 효과'는 가격이 오르는 데도 일부 계층의 과시욕이나 허영심 등으로 인해 수요가 줄어들지 않는 현상을 일컫는다. 베블런 효과는 미국의 사회 사상가이며, 제도주의 경제학파의 창시자로 여겨지는 소스타인 베블런(1857~1929)이 1899년 출간한 저서 『유한계급론』에서 "상층계급의 두드러진 소비는 사회적 지위를 과시하기 위하여 자각 없이 행해진다"고 말한 데서 유래한다.

베블런은 이 책에서 물질만능주의를 비판하면서 상류층 사람들은 자신의 성공을 과시하고, 허영심을 만족시키기 위해 사치를 일삼는다고 꼬집었다. 베블런효과는 상류층 소비자들이 주도하는 소비 행태로, 가격이 오르는 데도 수요가 줄지 않고, 오히려 증가하는 현상을 말한다. 예를 들어 값비싼 귀금속류나 고가의 가전제품, 고급 자동차 등은 경제 상황이 악화되어도 수요가 줄어들지 않는 경향이 있다. 이는 꼭 필요해서 구입하는 경우도 있지만, 단지 자신의 부를 과시하거나 허영심을 채우기 위해 구입하는 사람들이 많기 때문이다. 더욱이 과시욕이나 허영심을 채우기 위해 고가의 물품을 구입하는 사람들의 경우, 값이 오르면 오를수록 수요가 증가하고, 값이 떨어지면 누구나 손쉽게 구입할 수 있다는 이유로 구매를 하지 않는 경향이 있다. 한국에서는 명품 소비 열풍이 일면서 일명 '명품족'으로 불리는 럭셔리제너레이션도 등장하였는데, 2000년대 이후에는 극소수의 상류층 고객만을 상대로 벌이는 마케팅전략인 VVIP마케팅도 등장하였다.

7장

1960~1970년대

▼ 구조주의의 대표주자인 라캉(왼쪽)과 야콥슨이 학술대회에서 대화를 나누고 있다.

[시대적 배경]
불안전한 평화의 공존

1960년, 젊고 야심찬 존 F. 케네디의 대통령 당선에 미국인들은 열광한다. 하지만 소련의 노회한 흐루쇼프는 젊은 케네디를 얕보고, 1962년 10월 쿠바에 장거리 공격용 미사일 기지를 건설하려 했다. 미국은 소련과의 전면전을 불사하며 쿠바 해안봉쇄에 나선다. 두 정상은 충돌 직전에 협상을 벌여 위기를 돌파한다. 이를 계기로 미국의 위상은 하늘을 찔렀고, 자유, 민주, 인권의 가치에 대한 미국인의 자긍심이 드높아졌다. 그러나 두 국가는 우주항공분야(미사일, 인공위성 등)나 분쟁지역(베트남, 중동 등)으로 무대를 옮겨 치열하게 경쟁하기 시작한다.

소비지출을 통해 국가 경제가 발전한다는 케인스의 정책에 따라, 대량 일자리가 창출되고 보호무역주의가 등장한다. 대부분의 선진국에서는 자국 경제에 국가가 주체가 되어 개입한다. 프랑스의 경우, 샤를 드골이 집권하면서 프랑스식의 계획 경제를 실행하게 된다(핵무기 개발, 콩코드여객기 등). 한편, 1962년 유럽통합을 추진하기 위해 농업 공동시장을 설립한다.

미국식 생활방식, 냉장고, 세탁기, 믹서기 등이 지구적으로 보급되고, 1963년 까르푸가 프랑스의 생트즈느비에브데부아(Sainte-Geneviève-des-Bois)에 오픈하면서 첫 대형 슈퍼마켓이 등장했다. 이로써 대량 소비사회가 도래한 것이다. 이와 함께, 여가생활, 텔레비전, 자동차, LP레코드판, 바캉스가 대중화된 사회를 맞이하게 됐다.

세계 곳곳에서는 전통적인 권력 형태에 저항하는 운동들이 발발했다. 중국의 문화 혁명,

마틴 루터 킹의 시민권 운동, 베트남 전쟁 반대 운동, 1964년 버클리대학과 1968년 5월 소르본대학에서 발생한 학생 운동까지, 또 여기에 비틀즈와 밥 딜런, 조니 할리데이 콘서트 등 기존 풍습에 대항하는 분위기가 생겨났다. 로마 카톨릭 교회는 제2차 바티칸 공의회 (1962~1965)가 소집되면서 아죠르나멘토(aggiornamento, 영성 생활의 쇄신, 전례 개혁 등 현대화)를 강조했다. 한편, 피임약의 보급은 여성들에게 성적 자유를 가져다주었다. 이 밖에도 팬티 스타킹, 청바지, 미니스커트도 등장했다.

1961년 소련의 유리 가가린이 세계 최초로 유인우주비행에 성공한 후 8년 뒤, 미국의 닐 암스트롱이 달에 착륙했다. 그는 "한 인간에게는 작은 발걸음이지만 인류에게는 위대한 도약"이라는 말을 남겼다. 이때 처음으로 인간은 지구가 둥글다는 사실을 확인할 수 있었고, 지구의 취약함도 인지하게 된다. 그러는 동안, 통신 위성을 발사하면서 정보전송이 원활해지고 원격탐사에 박차를 가할 수 있게 되었다.

그들이 말한 '개나 돼지'는 구조주의적 메타언어일까?

유럽에 몰려온 구조주의의 물결

『구조주의의 역사』를 쓴 프랑수아 도스는 "1966년은 구조주의의 신성한 해였다."라고 기록했다. 적어도 파리에서는 그랬다. 그해 가장 주요한 5개의 학술지가 구조주의 분석에 한 호를 통째로 할애했고, 또 그중 하나인 학술지 〈에스프리〉는 구조주의를 주제로 학회를 열었다. 인간의 무의식 세계를 구조주의 언어학으로 분석한 철학자 자크 라캉(1901~1981)은 『에크리』(1966)를 출간했고, 2주 만에 5천 부가 팔렸다.

미셸 푸코는 『말과 사물』(1966)을 출간했으며 5일 만에 800부가 팔렸다. 롤랑 바르트는 『비평과 진실』을, 조르주 뒤메질은 『고대 로마의 종교』를, 츠베탕 토도로프는 『문학의 이론』을, 알지르다스 그레마스(1917~1992)는 『구조주의 의미론』을 출간했다. 이 『구조주의 의미론』의 경우, 총서 편집장이 "1천 부는 더 팔릴 것"이라며 제목에 '구조주의'라는 말을 추가하길 권했다.

이렇게 프랑스 지식사회에 몰려온 구조주의의 물결은 언어학이라는 본연의 경계뿐 아니라 학계라는 소우주의 경계 역시 벗어났다. 민족학, 사회학, 경제학, 역사학, 철학 등 인문학은 물론 정신분석학, 문학비평 및 영화비평 분야 역시 인간의 모든 산물이 구조에 의해 결정된다는 인식에 열광했다. 이러한 인식은 어디에서 출발했고, 또 어떻게 전개됐는가? 구조주의의 주된 출발점은 로만 야콥슨(1896~1982)과 니콜라이 트루베츠코이의 『구조주의 음운론』이다.

특히 소쉬르 이래 최고의 언어학자로 일컬어지는 야콥슨은 "만일 사람이 알지 못하는 언어로 말을 걸어온다면, 이 '파롤(Parole; 발화)'은 무엇을 의미하는가? 또, 이 말들은 무엇을 의미하고 있는가"라며 자문한다. 하지만, "(말에서) 무엇보다 중요한 것은 말의 의미에 차이를 부여하는 음의 변별(辨別) 기능이며, 말이 지니고 있는 의미와 관련이 있는 음, 요컨대 시니피앙(Signifiant; 의미하는 것으로서의 음)을 검토하는 작업, 그리고 무엇보다도 음과 의미 간 관계구조를 해명하는 작업이다"라고 말한다. 그는 언어전달 요소로 여섯 가지를 제시했다.

발신자, 수신자, 관련 상황, 메시지, 접촉, 신호체계가 그것이다. 그리고 이 6가지 요소를 중심으로 언어의 기능을 다음과 같이 6가지로 분류했다. ①발신자에 초점을 맞추는 감정 표시적 기능: 말하는 사람의 정서 표출 ②수신자에 초점을 두는 사역적 기능: 말을 듣는 사람을 향한 명령이나 요구 ③관련 상황에 초점을 두는 정보전달 기능: 정보 주고받기 ④메시지에 초점을 맞추는 시적 기능: 메시지 자체의 아름다움 추구 ⑤접촉을 초점으로 삼는 친교적 기능: 친밀감 조성(흔한 대화) ⑥신호(약호) 체계 그 자체에 초점을 맞추는 메타언어적 기능: 개념의 형성과 표현.

야콥슨에 따르면 말은 이처럼 여러 가지 기능을 한다. 예를 들어 '개', '돼지'는 가축이지만, 누가 어떤 자리에서 왜, 어떻게 쓰는지에 따라 그 단어의 뉘앙스는 달라진다. 단순히 정보전달 기능만이 아니라 감정표시적 기능도 수행하기 때문이다. 수년 전, 교육부의 고위공무원이 "국민의 99%가 개나 돼지"라고 말해, 국민 대다수의 분노를 샀다. 이는 여기에 정보전달 기능과 함께 경멸의 의미가 담겨있기 때문이다. 물론, 오랜만에 길에서 만난 친구에게 "언제 밥한번 먹자"고 하거나, "너 몰라보게 예뻐졌다"고 했다면, 이는 정보전달 기능과 친교적 기능을 목적으로 하고 있지만, 이 경우는 전혀 그러지 않았다.

전시에 야콥슨과 함께 강의했던 인류학자 클로드 레비스트로스는 구조주의 개념을 친족관계(Kinship)로 발전시킨다. 그의 『친족의 기본구조』(1949)는 인류학 분야의 혁명이라 할 수 있으며, 레비스트로스는 곧바로 자신의 방식을 일반화시켰다. 그의 주요 연구주제인 '신화'(『구조주의 인류학』, 1958)와 '사고의 범주'(『야만적 사고』, 1962) 또한 구조주의적 분석의 유혹을 뿌리치지 못했다. 언어학자 알지르다스 그레마스는 이야기(Récit)의 구조주의적 이론을 발전시켰고, 옐름슬레우는 언어의 형식적 구조를 기술하고, 나아가 언어를 통해 언어의 배후에 있는 인간과 사회, 그리고 인간의 지식을 해명하려 했다.

고대 종교 전문가인 조르주 뒤메질은 인도유럽어계의 세 가지 기능적 이론을 발전시켰으며, 미셸 푸코 같은 이들이 그의 제자다. 정신분석학자 자크 라캉은 1950년 이후 야콥슨과 교류했다. 1960년에는 프랑스 구조주의의 창시자들이 한자리에 모였다. 인문학자들, 역사학자들, 철학자들, 경제학자들, 심리학자들이 세미나를 열었고, 서로의 작품을 읽으며 서로 강한 자극을 주고받게 된다. 이제 구조주의는 어느 학문에 속한 것이 아니라, 현상과 텍스트를 다루어 그 안에 숨겨진 형태를 도출해내는 일반 방법론처럼 작용하게 된 것이다.

롤랑 바르트는 일반 기호학(패션, 문학, 광고)에 달려들었으며, 자크 라캉은 "무의식은 언어처럼 구조화된다"고 밝혔고, 루이 알튀세르는 『자본론』에 관해 구조주의적인 시각을 담아 강의를 했으며, 장피에르 베르낭은 고대 그리스인의 사유 방식을 그들의 자연적·사회적·역사적 환경과 연관시켜, 그들이 믿었던 것이 그들이 '사는 방식'과 결코 분리될 수 없다는 점을 보여줬고, 미셸 푸코는 구조주의 개념들에 대한 일반적인 역사 연구에 착수했다.

한편 1968년 유럽사회학센터를 설립하고 〈사회학연구〉를 발행하기 시작한 피에르 부르디외(1930~ 2002)는 사회학을 '구조와 기능의 차원에서 기술하는 학문'으로 파악했으며, 후기 구조주의 입장에서 구조와 행위의 관계를 설명하는 입장을 취했다. 그는 사회구조를 개괄적으로 분석하는 관점을 고수하면서, 사회학적 방법론과는 거리가 먼 문화예술 현상에도 관심을 가지고 미학적 인식이 사회적으로 구성되어가는 방식 등에 관한 저서를 잇달아 발표했다. 1970년에는 학교의 독립성과 중립성이 환상에 불과하다는 내용을 다루면서 구교육의 계급 고착화를 비판한 역저 『재생산』을 출간해 사회적으로 큰 반향을 불러일으켰다.

마르크시즘적 전통에서 교육제도를 비판한 『재생산』은 미국에서 먼저 번역되어 미국 쪽에선 그를 교육학자로 간주하기도 했다. 5월 혁명 당시, 학생운동세력은 부르디외의 주장을 근거로 소르본 등 상층부 대학의 서열을 혁파하고, 모든 대학을 동등한 공립학교제도로 바꾸어 정부가 직접 재정문제를 담당케 하는 새로운 교육제도를 관철하기에 이른다. 생전의 부르디외는 노동자들이나 소외된 자들, 억압받은 자들의 시위에 맨 앞줄에서 투쟁을 벌였다. 부르디외는 2차 세계대전 이후 가장 위대한 사회학자이자 비판적 지식인의 한 사람으로 꼽히지만, 우리 사회에서는 제대로 평가되지 않았다. 이는 사회학이라는 학문에 대한 홀대와 지식인의 사회참여에 대한 인색한 평가 탓에 기인하지 않았을까. 사실, 그는 프랑스를 대표하는 지식인이면서, 동시에 프랑스를 넘어선 세계적인 지식인이었다. 부르디외는 사르트르, 바르트, 푸코, 데리다와 함께 프랑스 사상의 보루였으며, 사회철학이 독일의 하버마스와 영국의 기든스에 의해 양분된 상황에서 가장 프랑스적이라고 할 수 있는 문화의 문제를 개입시킴으로써 사회학의 지평을 넓힌 학자라고 할 수 있다.

아비투스(habitus)와 장(champ)

부르디외는 『구별짓기』(1979) 출간을 통해 본격적으로 프랑스 사회를 대상으로 문화분석을 수행하면서 계급문제에 대한 새로운 시각을 정립하려 노력했다. 부르디외는 노동자들이나 민중계급이 자신들의 가치관이나 세계관을 해석하고 표현할 수 있는 언어를 소유하고 있지 않다고 지적한다. 그는 중간계급론을 통해 유권자들의 투표권 행사가 왜곡되고 있는 과정을 보여주었는데, 특히 중간계급이 사회적 상층부로 상승하고자 하는 욕망과 자신의 문화적 특성을 지니지 못한 정체성 상실 속에서 어떻게 그들의 정치적 가치관을 보수적으로 드러내는지 해석했다.

문화연구자 이동연에 따르면 부르디외가 말하는 아비투스와 장의 개념은 개인의 행위와 그 행위들이 생성한 사회적 세력관계를 지칭한다(『문화자본의 시대』). 다만 아비투스는 우리가 행위의 담지자로 상정했던 '주체', 혹은 행위적 담지자를 구성하는 사회적 조건으로 간주했던 '주체화 양식'이란 추상적 개념에 비해 구체적인 개인의 감각과 행동을 지시한다는 것이다. 이와 관련해 부르디외는 아비투스를 논의하면서 알튀세가 자주 사용한 '주체'라는 말 대신에

거의 '개인'이란 개념만을 사용했다. 또한 '장'이란 개념이 사회적 세력관계들을 지시하지만 그것은 애초부터 (주체와 객체간의) 대립을 미리 상정하는 단순한 양진영의 세력관계가 아닌 아주 다양하게 얽혀있고 구조화되어 있는 세력관계를 말한다. 따라서 장들 간의 관계는 모순/대립관계만 있는 것이 아니라 차이의 관계, 혹은 장들 간의 위상적 관계가 함께 존재한다. 가령 '사회 세력들의 장'은 정치의 장, 경제의 장, 문화의 장과 같은 사회적 심급으로 구조화되는가 하면 지배계급의 장, 피지배계급의 장처럼 계급적으로 구조화되어 있다는 것이다. 결국 아비투스와 장은 같은 맥락이다. 지배적 아비투스를 지니면 지배적 장을 갖게 되는 셈이다.

부르디외는 장의 기구화, 즉 기계화를 우려한다. '기구'라는 개념은 가장 위험한 기능주의를 재도입하며 몇 가지 목표를 실현하기 위해 계획된 끔찍한 기계와도 같은 것이라는 얘기다. 주목할 만한 점은 학교제도, 정부, 교회, 정당 등을 이데올로기적 국가장치로 간주한 알튀세와 달리, 그는 이를 시민사회 영역으로서의 장으로 인식하면서도 기계적인 기구로의 전락을 우려했다는 것이다. 현대사회에서 전개되는 지배와 피지배의 불평등한 관계가 개인의 무의식적인 아비투스를 매개로 성립되고, 상징적 폭력이 동원되고 있다는 게 그의 지적이다. 마르크스는 사회적 불평등을 노동의 잉여가치가 불평등하게 배분되는 '착취'로 인식했다면, 베버는 시장관계에서 상징적 재화, 이를테면 명예나 위신 등을 통해 발휘되는 계층적 위계질서인 '지배'의 개념으로 이 문제를 포착했다. 부르디외의 상징적 폭력은 착취와 지배라는 이중적 문제의식을 동시에 담아내는 개념으로, 그에 따르면 현대 자본주의 사회에서 계층적 위계를 규정하는 신분적 질서는 학력이나 가정의 배경으로부터 유래하며, 이것은 나아가 경제적 잉여의 왜곡된 배분으로 이어진다는 것이다. 문제는 이러한 신분질서의 착취와 논리가 개인의 무의식적인 아비투스를 통해 발휘된다는 점이다.

또한 부르디외는 뛰어난 사회학자였던 만큼이나 탁월한 언론인으로서 왕성한 미디어 운동을 통해 현실참여에 나섰다.

국제적 지식인운동단체인 '행동의 이유(Raisons d'agir)' 결성(1995), 미디어비평단체(ACRIMED) 창립(1996) 등을 주도하며 각종 시위에서 노동자 편에서 신자유주의의 폐해를 고발했다. 자본과 권력의 폭력 앞에서 우리가 한없이 왜소해진 지금, '실천적 지식인' 부르디외가 더욱 그리울 수밖에 없는 이유다.

| 더 알아보기 |

부르디외를 더 알고 싶다면

국내에선 부르디외가 뒤늦게 알려진 탓에 30여권에 달하는 그의 저서 중 상당수가 아직도 소개되지 않았지만, 중요한 저작들은 대부분 번역 출간되었다. 그의 독창적인 사상 개념 탓에 그의 저서들이 어렵게 느껴지기 마련이어서, 처음엔 얇은 것부터 한권씩 읽을 것을 권하고 싶다. 『강의에 대한 강의』, 『텔레비전에 대하여』, 『남성지배』 의 순으로 읽다가 어느 정도 익숙해지면 그의 대표작인 『재생산』, 『자본주의와 아비투스』, 『혼돈을 일으키는 사회과학』, 『파스칼적 명상』, 『세계의 비참』 등에 도전해보는 것도 방법이다. 부르디외의 입문서들도 몇 권 나와있는데, 『부르디외 사회학입문』, 『문화와 권력-부르디외 사회학의 이해』, 『세계사상: 부르디외와 그 사회학의 세계』 등이 대표적이다.

7장 그들이 말한 '개나 돼지'는 구조주의적 메타언어일까?

구조주의의 숨겨진 매력

구조주의란 무엇인가? 1968년에 사회학자 레몽 부동은 인문과학에서 구조의 개념이 무엇인지에 관해 저서 『구조라는 개념은 어디에 필요한가?(À quoi sert la notion de structure?)』를 출간했다. 이 책에서 부동은 '구조주의적 방식' 그리고 '구조'라는 용어의 일반 용례와 유사한 것은 전혀 존재하지 않는다는 결론을 내렸다. 이에 대해 강도 높은 비판을 받았지만, 그 말에는 일부 진실이 담겨 있었다. 언어학의 바깥에서 구조주의는 하나의 통일된 이론이라기보다, 일종의 철학적 입장에 가까웠기 때문이다.

푸코에 의하면, 구조주의란 깨어 있는 의식이자 현대의 학문을 우려하는 인식이었다. 마르크스주의와 마찬가지로 구조주의는 인간이 만들어낸 사물들의 진실이 이념 뒤에 숨겨져 있다는 것이다. 정신분석학처럼, 인간은 자신의 의식에 따라 움직이기보다는 개인적·집단적 차원의 보이지 않는 정신적 틀에 사로잡혀 있다는 얘기다. 구조주의자들은 자연과학처럼, 인간이 만들어낸 산물의 다양성을 특정한 요소 및 법칙으로 환원하고자 애쓴다. 현재까지 이러한 작업이 성공한 유일한 대상은 언어인 만큼, 구조주의 개념의 제1조는 "모든 것은 언어"다.

롤랑 바르트는 주로 소쉬르의 기호 이론에 기반했고, 자신의 논리 전개 방식을 형식화하는 데는 크게 신경 쓰지 않았다. 라캉은 소쉬르와 레비-스트로스를 활용했지만, 논리학자들과 수학자들에게서 영감을 얻기도 했다. 추후 "본 디 니체주의자"라고 자칭했던 푸코는 '구조' 대신 조르주 캉길렘에게 영감을 얻은, '에피스테메(épistémè; 한 시대, 한 공간이 갖는 인식론적 가능 조건 전체)'라는 용어를 사용했다.

에피스테메

원래는 지식을 뜻하는 그리스어이나, 어떤 특정한 시대의 문화를 규정하는 심층적인 규칙의 체계를 설명하기 위해 프랑스 철학자 미셸 푸코가 쓴 용어이다. 푸코는 1966년에 출간한 『말과 사물』에서 특정한 시대를 지배하는 인식의 무의식적 체계, 혹은 특정한 방식으로 사물들에 질서를 부여하는 무의식적인 기초를 '에피스테메'라 불렀다. 마치 지질이 단층을 이루어 포개져 있듯이, 시대마다 다른 에피스테메가 각각의 시대에 따라 사람들의 사고방식을 각각 다르게 규정한다고 주장했다.

에피스테메의 개념은 푸코에게 있어 권력-지식이 작동하는 특정 시기의 저류를 형성하는 담론 체계를 의미했는데, 그의 초기 저작에서 도드라지게 부각되었다. 『지식의 고고학』에서 푸코가 밝힌 에피스테메란 주어진 시대에 있어 인식론적 구조물들, 과학들, 그리고 경우에 따라서는 공식화된 체계들을 발생시키는 담론적 실천을 묶어줄 수 있는 관계들의 집합을 의미한다.

이와 관련, 푸코 연구자인 박정자는 에피스테메를 이렇게 풀이했다. "한 시대에 완전히 이치에 맞고 훌륭하기만 했던 이론이 왜 다른 시대에서는 말도 안 되고 웃기기만 할까? 그것은 그 시대의 에피스테메와 우리 시대의 에피스테메가 다르기 때문이다. (⋯) 1950~1960년대 같았으면 가난의 상징이었을 찢어진 청바지가 왜 지금은 가장 멋스러운 젊은이의 옷차림으로 여겨지는가? 그것은 그 시대와 지금의 에피스테메가 달라졌기 때문이다. 패션의 흐름 속에서 한 스타일이 유행하면 온 젊은이들이 모두 똑같은 차림을 하듯이 정신적인 차원에서도 하나의 에피스테메가 한 사회의 밑바닥을 관류하고 있다."

-박정자, 「역자 후기」, 리디아 앨릭스 필링햄 지음, 박정자 옮김, 『미셸 푸코: 만화로 읽는 삶과 철학』(1995, 168~169쪽)

68혁명이 구조주의에 미친 영향

실상, 구조주의를 들여다보면 그 조직이 취약했다. 구조주의를 창시한 인물 중 일부(레비스트로스를 비롯해서)는 라캉·푸코·알튀세르 트리오가 자신들의 사상적 개념을 보완·정립하는 것에 반대했다. 언어학자 앙드레 마르티네(1908~1999)는 언어학 바깥에 구조주의가 존재한다는 것 자체를 부정했다. 특히 1968년 5월의 68혁명은 학계의 구조주의 거장들에 대한 반대로 이어졌다. 알튀세르는 야유를 받았고, 롤랑 바르트는 모로코로 떠났으며 레비스트로스는 연구실에서 물러났다. 학생들이 점거한 소르본과 낭테르의 대학 강당에선 이들 '특권 지식인'들의 사상이 '독단'이자 '학문 만능주의'로 비난받았던 것이다. 알랭 투렌, 에드가 모랭 등 현실참여 학자들이 연설에 나서고, 장폴 사르트르가 주요 관심 인물로 되돌아오면서, 구조주의 운동은 위기에 처했다. 그런한편 구조주의는 혁명으로 '혜택'을 입기도 했다. 다양한 개혁들로 인해 구조주의 언어학은 대학가에 군림하게 됐으며, 푸코, 라캉, 바르트는 파리8대학의 저명 학자로 거듭났다. 실상 언어학 분야의 구조주의는 내부적으로 분열했고, 생성언어학파와 화용주의학파 등 여타 학파들과 경쟁하였다. 반면 문학 및 철학 분야의 구조주의적 접근은 점차 거부당했다. 푸코는 구조주의와 결별했고, 바

▼ 왼쪽부터 야콥슨, 라캉, 레비-스트로스, 바르트. 1967년 7월1일자 〈라 캥젠느 리테레르(La Quinzaine Littéraire)〉에 만평가 모리스 앙리가 '구조주의자'라고 제목을 붙인 일러스트.

르트는 모든 학문적 계획을 다소 소홀히 했다. 그리고 알튀세르는 자기비판을 했다. 1975년 이후 젊은 철학자들(베르나르 앙리 레비, 뤽 페리, 알랭 르노)이 목소리를 높여 '68혁명'의 반인문주의적 성격과 구조주의를 비판했을 때, '구조주의'라는 라벨은 이미 매혹의 힘을 상당히 잃어버린 후였다. 70년대 말에 이르자 구조주의는 더는 혁신적인 패러다임이 아니었다. 다양한 인문과학적 개념들이 선보이기 시작했다.

유럽 구조주의를 닮은 미국의 상호작용론

1959년, 샌프란시스코의 인근 도시인 팔로알토에서 정신과 의사 돈 잭슨은 가족 관련 연구 및 치료 센터인 '정신조사연구소'를 창설했다. 1963년, 피아니스트이자 사회학자인 하워드 베커가 시카고의 재즈뮤지션에 관한 조사자료집인 『아웃사이더』를 출간했다. 서로 연관이 없어 보이는 이 두 가지 사건은 새로운 사회분석 방식의 시작을 알렸다. 이들의 관점에 따르면, 사람들이 서로 교류하는 상호작용 속에서 사회구성방식을 파악할 수 있다는 것이다. 사회적 작용이란 배심원의 의결, 청소년들의 애정 의식, 정신병동의 일상 등을 막론하고, 하나의 정해진 데이터가 아니라 연구자가 '본래의 환경'을 관찰해 철저히 분석해내야 하는 과정이다.

상호작용론은 미국에서 각기 발전했던 두 가지 사조, 즉 팔로알토학파(분석학파)의 개인 상호간 커뮤니케이션과 시카고학파의 상징적 상호작용론의 '만남'을 통해 더욱 체계화되었다. 1950년대에 인류학자 그레고리 베이트슨(1904~1980)은 자신의 연구팀과 함께 팔로알토에 자리를 잡았다. 시스템 이론의 전개 방식에 깊은 인상을 받았던 베이트슨은 개인 상호 간 커뮤니케이션의 역설적이고 암묵적인 측면을 강조했다. 상대방에게 논리적으로 상호모순되는 이중 구속(Double bind)의 명령이 상호소통적 커뮤니케이션에 장애요인으로 작용한다는 점이다. 이중 구속은 베이트슨이 조현증(정신분열증)에 대한 연구를 하면서 1950년대에 제시한 이론이다. 베이트슨이 보는 이중구속상태는 아무것도 할 수 없는 정신상태다. 예를 들어, 언어적으로는 아이에게 무언가 하라는 지시를 내리면서 동시에 그것을 부정하는 듯한 신체적 표현을 하게 되면 아이는 이러지도 저러지도 못하는 이중으로 구속된 상태가 되면서 어떤 결정을 하더라도 한쪽으로는 잘못된 결과를 예상해야 하므로 아무것도 할 수 없는 상태가 된다. 이 같은 이중구속은 어머니와 자녀의 관계에서 아버지가 부재할 때 발생하기 쉽다.

현대에 와서 베이트슨의 이중구속이론은 아버지의 권위가 약해지거나 아버지가 부재하는 현대 가족상황을 마치 그대로 예견한 듯한 이론으로 평가받으면서, 영국의 정신의학 및 가족치료에 큰 영향을 미쳤다. 이에 더해 베이트슨의 체계적인 과학적 관점은 1970년대 초, 존 그라인더와 리처드 밴들러가 창시한 신경언어프로그래밍(Neuro-Language Programming: NLP) 이론에도 큰 영향을 미쳤다. NLP는 무의식적으로 작용하는 자신의 신경 화학적 정보처리방식을 이해하고, 그 결과 합리적인 방식은 구조화하고 비합리적인 방식은 재구조화하여 자신의 사고나 행동의 근거를 규정하고 변화를 유도하는 접근이다.

NLP에서는 인간의 무의식적인 경험처리방식을 이해하기 위해 심상을 활용하여 주관적 경험을 회상하고 오감을 활용하여 경험에 대한 생각과 느낌을 순차적으로 확대 · 분석하여 해석한다. 따라서 NLP는 사람들이 특정 분야에서 탁월성을 보일 방법을 연구하고 가르치는 것인데, 탁월하거나 우수한 사람들이 특정 분야에서 특출한 성과를 이룩하기 위해 사용하는 원리와 방법, 즉 패턴을 찾아내 이를 사람들의 삶에 활용한다. 상담, 교육, 보다 효율적인 의사소통과 자기 계발을 위한 비즈니스, 목회 활동, 영성 개발, 스포츠 분야에서 활용되고 있다. 사람들이 이룩한 성공적인 경험을 모방하는 방법을 알려 주기 때문에 성공적인 삶을 살도록, 자신의 개인적 천재성을 발견하고 개발하도록 도움을 주는 것으로 평가되었다. 이어 베이트슨은 캘리포니아 팔로 알토의 정신조사연구소에 합류하면서 제이 헤일리(1923~2007) 등과 함께 사이버네틱스(Cybernetics) 개념으로 개인 간의 의사소통과정에 대한 연구를 더욱 심화시켜 나갔다. 그의 학제 간 연구는 말년에 이르면서 동물학, 심리학, 인류학, 인종학까지 아울렀다. 베이트슨의 연구들은 오늘날까지 많은 분야에서 영향력을 발휘하고 있다.

고프만, "우리 모두는 배우다"

1922년 캐나다에서 출생한 어빙 고프만은 팔로알토학파의 커뮤니케이션적 접근법과 시카고학파의 사회학적 접근법 사이의 '미싱 링크'를 다룬 매우 독창적인 연구를 했다. 고프만은 사회성의 골조이자 정수를 이루는 것이 바로 대면교류라고 봤다. 그런데 두 사람 간의 상호작용 과정은 상당히 취약하다. 그래서 이 과정은 개인에게 '좋은 평판'을 얻게 해주는 '상호작용 의식'(예의범절과 인삿말 등)을 통해 조절된다. 고프만은 사회생활이 연극의 일종이며, 이 안에서 모두는 각자 배역을 맡아 타인의 역할을 진지하게 받아들이는 것처럼 가장해야 한다고 봤다. 개인이 무대(사무실 혹은 사교모임)에서 나와 무대 뒤편(자신이나 편한 사람의 집)으로 돌아가면, 자기 행동의 통제를 늦출 수 있는(상스러운 말을 하거나, 속내를 털어놓는 등) 것이다. 세심한 관찰자였던 고프만은 몰입 연구방식을 택했다. 워싱턴 세인트엘리자베스 정신병동의 환자들과 함께 1년을 보내며 『정신병원』(1961)을 집필하기도 했다. 상호작용론의 또 다른 사조는 시카고학파의 철학적 전통에 입각한 상징적 상호작용론을 들 수 있다. 1938년에 허버트 블러머가 사용한 이 표현은 60년대에 와서야 어빙 고프만이나 H. 베커, 앤셀름 스트라우스 등의 저서를 통해 전파됐다.

상징적 상호작용론에서는 구조주의 혹은 기능주의적 접근법에서 상정하는 것처럼 각 개인이 사회적 사실에 순응하기보다는 사회적 사실을 생산해낸다고 봤다. 또한 베커는 마리화나를 피우는 행동이 사회학적 결정론의 결과가 아니라, 복잡한 상호적 과정(첫 체험, 기준의 적용, 타인이 규정한 탈선의 정의 등)의 귀결이며 사회학자는 실증적인 관찰을 통해 이러한 과정을 재구성할 수 있다고 주장했다. 이러한 접근방식은 해럴드 가핑클이 자신의 저서 『민속방법론 연구』(1967)에서 '민속방법론'이라는 새로운 사조의 토대를 발표하면서 한층 강조되었다. 배심원들이 의결하는 방식을 연구하던 가운데, 가핑클은 이 배심원들이 법률적 지식이 없음에도 문제를 평가하고 논의할 수 있다는 사실에 깊은 인상을 받았다. 이후 일상생활에서 사람들이 동원하는 일상적인 고찰(민속방법론)에 관심을 가졌다. 예컨대 젊은 트렌스젠더인 아녜스는 '평범한 여성'처럼 행동하는 데 어려움을 겪었는데, 가핑클은 이 같은 어려움이 사회적 생활 속에서 여성성이 만들어져 인정되는 일종의 인습을 드러내 보여준다고 봤다.

그러나, 상호적 과정을 중시한 민속방법론자들의 주장은 순전히 상황적이고 기술적인 분석으로 귀결될 위험을 안고 있었다. 바로 이러한 위험을 피해가

기 위해 몇몇 학자들은 일상적인 교류의 구조적인 원칙을 찾았으며 이러한 시도를 어빙 고프만(『경험의 기틀』, 1975)이나 애런 시커렐(『인지주의 사회학』, 1972) 등에게서 찾아볼 수 있다. 시커렐은 자신이 '해설적 행동'이라 명명한 근본적인 상호작용의 구조를 확인했다. 비슷한 관점에서, 하비 삭스와 임마누엘 쉐글로프의 대화 분석은 논의가 어떻게 시작되고 끝맺는지, 발언권이 어떻게 돌아가는지 등의 기본적인 대화 규칙을 연구했다.

남반구에 부상한 저개발 이론의 황금기

1960년대 들어 남반구 국가의 역사에 새로운 장이 열렸다. 아프리카와 아시아에서 식민지 대부분이 독립을 쟁취해냈던 것이다. 그러나 이제 막 형성되기 시작한 새로운 국제경제 질서 속에서 모두가 같은 상황에 처해 있던 것은 아니었다. 문맹률이나 식수 공급률, 1인당 국민소득 등 국제기구들이 당시 만들어냈던 일련의 지수들이야말로 이를 가장 잘 보여주는 증거였다. 1962년 이후 유엔총회는 '유엔 개발 10년'을 선언했다. 식민 상태에서 해방된 국가들이 과거의 식민국을 따라잡기 위해 노력했으며, 지난 한 세기 동안 영향력을 발휘한 데이비드 리카도의 비교우위 이론이 그 준거로 사용됐다. 그러나 리카도의 견해는 역사적 성격이 결여(각 국가의 역사적 과정을 고려하지 않는다)됐다는 이유로, 또한 너무 진화론적이라는 이유(세계의 모든 사회에 대해 선형적이고 보편적인 하나의 진행 과정만을 전제한다)로 비판을 받았다. 그의 견해는 서구의 오랜 산업화 국가들만을 참고해 만든 것으로, 식민지를 경험한 국가들의 특수한 상황을 이해하기에는 불충분한 탓이다.

리카도와 비교우위

15~18세기 자본주의 초기에 유럽 국가들 사이에서는 중상주의가 유행했다. 중상주의는 자기 나라의 부를 증대시키기 위해 수출을 늘리고 수입은 억제하는 무역 정책이다. 그 중상주의를 통렬히 비판하며 자유무역의 필요성을 주장한 학자가 있었다. 무역 이론의 창시자로 일컬어지는 영국의 고전파 경제학자 데이비드 리카도(1772~1823)가 대표적이다.

만약 리카도가 살아 있다면 관세장벽을 세워 보호무역주의로 회귀하려는 현재 상황에 대해 어떤 훈수를 둘까. 그는 '정치경제학 및 과세의 원칙 연구'(1817)라는 책에서 자유무역의 필요성을 실증적으로 제시한다. 리카도는 노동가치설에 따라 투입되는 노동량이 생산력을 결정하는 가장 중요한 요인이라고 보았다. 생산비는 곧 그 상품에 투입되는 노동 비용이라는 것. 예를 들어 직물 1단위 생산에 영국은 100, 포르투갈은 90의 생산비(노동량)가 들고 포도주 1단위 생산에 영국은 120, 포르투갈은 80의 생산비가 든다고 가정해보자. 포르투갈은 영국에 비해 직물과 포도주 모두 저렴한 비용으로 생산할 수 있다. 즉 포르투갈은 생산 기술이나 자연조건 등의 차이로 직물과 포도주 모두 절대 우위를 갖고 있다. 과연 이 경우에도 교역을 하는 것이 유리할까?

리카도에 따르면 두 나라 모두 교역을 하는 것이 그렇지 않을 때보다 이득이라고 주장한다. 그 원리는 이렇다. 직물에 대해서는 90(포르투갈) 대 100(영국), 포도주에 대해서는 80(포르투갈) 대 120(영국)이니까 포르투갈은 포도주를 상대적으로 더 저렴하게 생산할 수 있다. 교역하지 않을 때 포르투갈은 직물과 포도주 각 1단위씩을 생산하는 데 170의 생산비가 들지만, 포도주에 특화하여 2단위를 생산한 다음 1단위를 영국의 직물과 바꾸면 160의 생산비로 동일한 결과를 얻게 된다. 그러므로 포르투갈은 교역을 통해 노동 10만큼 이득이 생긴다.

이 노동 10을 특화된 포도주에 투입하면 교역을 하지 않을 때보다 8분의 1만큼의 포도주를 더 얻게 되는 것이다. 영국 역시 교역을 하지 않을 경우 직물과 포도주 각 1단위씩 생산하는 데 220의 생산비가 들지만, 직물에 특화하여 교역을 하게 되면 200의 생산비로 동일한 결과를 얻게 되므로 노동 20만큼의 이득이 생겨 10분의 1만큼의 직물을 추가로 생산할 수 있게 된다.

부등가교환

1940~50년대 이후, 라틴아메리카에서 아르헨티나 경제학자 라울 프레비시(1901~1986)[1]가 라틴아메리카경제위원회(ECLA)의 차원에서 시작해 이후 브라질의 대통령이 된 페르난도 카르도소(1931~ / 재임 1995~2003)가 계속했던 일련의 연구들은 소위 '구조주의'의 관점에서 개발경제학과 개발사회학을 쇄신하는 작업이었다고 볼 수 있다. 주로 마르크스주의학파에서 수행된 이 연구들은 이집트 경제학자 사미르 아민(1931~2018)[2]이나 독일 출신 미국 학자 안드레 군더 프랑크(1929~2005)에 의해 더욱 심화되었다. 이들은 이른

---

1   아르헨티나의 경제학자. 라틴아메리카 경제위원회 사무국장(1948~1962), 국제연합 무역개발회의(UNCTAD) 초대사무국장(1964~1969)으로서 활약하였다. 개발도상국과 관련 무역정책에 대한 프레비시 보고서를 작성하였다.
2   이집트 출신의 경제학자. 전통적 사회과학 · 경제학의 서구중심주의를 비판하고, 제3세계에 주축을 둔 마르크스주의 이론의 재구축을 꾀했다.

바 '종속학파'를 형성하기에 이른다. 이들은 저개발 국가를 선진국에 종속시키는 이런 종속 현상의 요인을 기술과 무역의 관점에서만큼이나 금융의 관점에서도 강조했다. 특히 안드레 군더 프랑크는 "유럽은 아시아 경제라고 하는 열차의 3등 칸에 달랑 표 한 장을 끊어 올라탔다가 얼마 뒤 객차를 통째로 빌리더니 19세기에 들어서는 아시아인을 열차에서 몰아내고 주인 행세를 하는 데 성공했다"며 탈유럽중심주의의 의미를 보다 명확하게 보여주었다(『리오리엔트』이희재 옮김, 이산, 2000/2003). 이후 이러한 사상에 따라 이매뉴얼 월러스틴(1930~2019)은 저개발국가에 대한 선진국의 착취가 노동의 국제적 분업을 통해 더욱 촉진된다는 견해를 대중화시켰다. 그것이 바로 그 유명한 중심부-주변부 이론이다.

이러한 상황에서 남반구 저개발국가들은 북반구 선진국들에는 착취를 위한 기회의 장처럼 보이는데, 혹자는 이 저개발국가들에 대해 '프롤레타리아 국가'라든가, 선진국들엔 '약탈국'이라고 얘기할 정도였다. 종속학파의 바깥에서는 사회경제학적 접근법을 이용한 연구가 시도되었다. 미국의 앨버트 허시먼이나 1971년 '상호의존 속의 독립'(프랑스 정치인 에드가 포레가 모로코의 독립에 관해 했던 표현)'을 지지했던 프랑스의 비주류 경제학자 프랑수아 페루 등의 연구를 언급할 수 있겠다. 이처럼 개발이론은 저개발이론, 즉 경제발전단계에서 이륙단계가 부재했던 원인을 설명하는 이론이 됐다.

그렇다면 무엇을 해야 하는가? 1960년대와 1970년대를 거치는 동안 이 질문에 대한 대답은 저개발이론 전문가들을 양분시켜 놓았다. 한쪽은 국제기구의 원조를 통한 구조개혁 감행에 찬성했다. 이들은 프랑수아 페루를 비롯한 '구조주의적 개발주의자'들이자 종속학파를 대표하는 인물들이었다. 또 다른 이들은 오히려 종속 현상이 강화된다는 이유로 국제원조나 사적 원조 혹은 서구식 개발 자체를 반대하기도 했다.

이들은 저개발국가 경제가 국제시장과 단절하기를 권했는데 이는 '자력 발전', 즉 자급자족을 추구하는 데 집중하자는 취지에서였다. 특히 1967년부터 탄자니아 초대 대통령 줄리어스 니에레레(1922~1999)[3]가 이끈 아프리카 사회주의의 경험을 그 근거로 삼았다.

---

3 1961년 탕가니카 독립과 동시에 총리로 취임, 다음 해 공화제 이행에 따라 초대 대통령이 된다. 1964년 4월 탕가니카와 잔지바르와의 통합을 추진하여 탕가니카·잔지바르 연합 공화국(10월에 탄자니아 연합 공화국으로 국명 변경)을 성립시킨다. 1967년 알샤 선언을 발표하여 국가의 사회주의화를 선언하였다. 1985년에 대통령을 퇴임하였다.

월러스틴이 우리에게 남긴 지적 도전

" (…) 1974년 월러스틴의 『근대 세계체제(The Modern World-System)』 1권이 출간되었을 당시, 이 책의 의미심장한 함의는 지식계에서 충분히 이해되지 못했던 것으로 보인다. 주된 논지는 자본주의가 1450~1640년에 걸친 '장기의 16세기'에 유럽 중심의 세계경제라는 형태로 출현했고 오늘의 세계는 이 세계경제의 경계가 전지구적 규모로 확장된 결과라는 것이었다. 그 후 4권까지 나온 『근대 세계체제』를 비롯한 그의 저작들은 근대 세계사에 대한 인식틀뿐 아니라 이론적 차원에서도 통상적 역사학과 사회과학의 기반을 흔드는 것이었다. (…)

월러스틴의 자본주의관은 18세기 후반을 자본주의로 전환되는 시점으로 설정하고 그 특징을 자유로운 시장경제와 노동력의 상품화(임노동)에서 찾는 통상적 관점과 대립된다. 16세기의 농업 자본주의에서 전환점을 보게 되면 그 출현 양상은 전혀 달라진다. 자본주의는 지리적으로 차별화된 다양한 노동통제방식들(임노동제와 함께 노예제, 강제 환금작물노동 등)의 결합에 기반한 세계적인 분업체제, 그리고 '핵심부-주변부-반주변부'라는 지리적 분업체제로 등장했다는 것이다. 그에 의하면 자본주의는 유럽 봉건 체제의 위기에 따른 혼돈기에 지배층의 적극적 대응으로 시장기제를 적극 활용하는 효율적인 새로운 잉여전유 체제로 출현한 것이다. 이후 이 체제가 공고히 자리 잡자 여기서 자본의 '끝없는' 축적 자체가 체제의 목적으로 작동하면서 끊임없이 팽창하게 된다는 것이다. 그는 자본주의에서 끝없는 자본축적을 위한 구조적 조건으로 시장경제의 확장과 결합된 지리적 위계제와 국가, 그리고 독점을 강조한다. 끝없는 자본축적을 위해서는 비자유 노동을 확보하는 지리적 팽창, 독점과 국가권력이 필수적이고, 오히려 '완전히 자유로운' 시장은 치명적인 적이라는 것이다.

자본주의 세계체제는 탄생과 종말이 있는 역사적 체제이기에 다른 체제로 대체될 수밖에 없는데, 생산비용의 장기적 상승으로 오늘날 한계에 다다랐다는 것이 월러스틴의 진단이다. 그는 오늘날 자본주의 체제가 민중과 자본가계급 모두에게 부담이 되기에 21세기 중반경에 종언을 고할 것이라 예측한다. (…)

출처: <창비주간> 논평- 유재건 부산대학교 명예교수

과학적 사유에 나선 철학자들

1963년 7월, 런던에서 기념할 만한 과학철학 학회가 열렸다. 여기에는 당대 과학철학의 세 거장이었던 루돌프 카르나프, 윌러드 밴 오먼 콰인, 칼 포퍼를 비롯해 당대 영미권의 가장 위대한 전문가들이 참석했다. 이 학회 프로그램에 새롭게 떠오른 신성, 토마스 S. 쿤과 러커토시 임레가 등록했다. 카르나프(1891~1970)는 빈학파에서 나온 논리실증주의를 지지했다. 물론 1930년, 소위 '카르나프의 해'에 논리실증주의학파의 수장이 되면서 그의 사고에 변화가 생기긴 했지만, 몇 가지 원칙에는 여전히 충실했다. 카르나프는 과학적 언어가 사변적인 '형이상학적' 담론과 구분된다고 보았다. 이러한 과학적 언어는 두 가지 유형의 발화를 수단으로 삼는다. 경험을 통해 확인 가능한 실증적 발화, 논리적인 추론에 의한 분석적 발화가 그것이며 이 분석적 발화의 엄정성은 유효성(Validity)을 그 기준으로 삼는다. (『물리학의 철학적 토대』, 1948)

윌러드 밴 오먼 콰인과 칼 포퍼는 카르나프의 이러한 견해에 공감하지 않았다. 칼 포퍼는 한 가지 핵심 지점에서 카르나프의 주장에 반대했다. 포퍼는

'확인'과 '과학적 증거'가 사실 존재하지 않는다고 봤다. 과학은 가설을 생산하고, 이 가설을 시험함으로써 오류를 제거하고자 하는 것이다(이를 포퍼는 '반증 가능성'이라고 칭했다). 하지만 하나의 시험에 성공한다고 해서 어느 가설이 완전히 유효화되는 법은 절대 없다. '모든 백조는 하얗다'라는 명제는 흰 백조와 마주칠 때마다 살아남지만, 이러한 만남은 이 명제를 최종 확증하기엔 충분하지 않다. 포퍼는 1934년에 집필한 역작 『과학적 발견의 논리』에서 이러한 논거들을 소개했다(하지만 이 책은 1959년에야 영어로 번역됐다).

윌러드 밴 오먼 콰인은 실증주의 비판에서 훨씬 더 멀리 나아갔다. 하버드대 출신의 이 철학자는 1951년 『실증주의의 두 가지 독단』이라는 논문을 발표해 유명해졌다. 이 논문에서 그는 카르나프가 논리에 기반을 둔 분석적 지식과 경험에 기반을 둔 실증적 지식을 서로 구분하는 것을 인정하지 않았다. 콰인은 실증적 명제가 언제나 약간의 개념화를 내포하며 약간의 분석까지 포함한다고 주장했다. 더 나아가 그 어떤 경험도 어느 이론을 완전히 무효화하거나 확증할 만큼 충분히 설득력 있지 않다는 것이다. 즉 사건과 이론 사이에 명확한 경계선이 존재하지 않는다는 것이다.

과학과 철학의 접합

그렇기에 1963년 학회가 진행되는 동안 카르나프와 포퍼, 콰인은 과학적 방식의 기준과 진실에 관해 토론했다. 하지만 이들의 논의와 런던에 자리한 차세대 학자들의 견해 사이에는 이미 큰 간격이 있었다. 이 차세대 학자 중 한명이 미국 출신의 과학사학자 토마스 S. 쿤(1922~1996)이었다. 그는 1962년에

『과학혁명의 구조』(홍성욱 옮김, 까치글방, 2013)라는 책을 출간해 과학철학 분야에 충격을 던졌다. 이 책에서 쿤은 과학이 점진적 과정으로 진화하지 않으며, 시도와 오류를 반복한다고 주장했다. 과학은 지배적인 모형, 즉 '패러다임'을 이용해 발전한다고 보았는데, 패러다임이란 특정 학계에서 널리 인정받는 특정한 사고의 기틀을 말한다. 그리하여 이 모형이 공유되는 동시에 '정상과학'이 작동되고, 이후 이 모형이 위기에 봉착하면 새로운 모형이 이를 대체하게 된다. 이런 식으로 우리는 뉴턴의 물리학에서 20세기의 상대론적 물리학으로 넘어왔다는 것이다.

과학의 역사는 두 안정기 사이의 혁명적 급변을 통해 진화한다. 러커토시 임레(1922~1974)는 1956년 부다페스트 혁명이 실패한 이후 영국으로 망명한 헝가리 출신의 철학자로, 이 학회의 실무책임자를 맡았다. 러커토시 또한 선대 학자들의 주장에 반대했다. 그는 '연구 프로그램 방법론(MRP)'이라는 자신의 이론을 구상하는 중이었다. 쿤의 패러다임과 유사한 이 MRP는 현재 상황에서 과학을 이끄는 모든 가설을 지칭했다. 예컨대 데카르트의 기계론적 이론 또한 '우주를 하나의 거대한 시계시스템으로 바라보는' MRP인 셈이다.

데카르트는 바로 이러한 원칙을 기반으로 삼아 광학이나 역학에 대해 연구를 진행해나갔을 것이다. MRP는 프로그램의 핵심을 형성하는, 불가침의 명제들을 가리키는 '중핵(Hard core)'으로 구성돼 있다. 이 '중핵'은 부차적인 가설들로 형성된 보호대(Protective belt)로 둘러싸여 있는데, 보호대는 해당 이론의 핵심을 위험에 빠뜨리는 일 없이 잠재적으로 수정 가능하다. 프로그램의 역할은 연구의 방향을 설정하고 연구영역을 선별하는 것이다. 이것이 새로운 발견으로 이어진다면 '진보적'이고, 그 반대의 경우라면 '퇴행적'이다. 그렇지만 러커토시는 어느 연구 프로그램 하나만으로는 모든 이상 현상을 절대로 해결할 수 없다고 지적했다. 바로 이 지점에서 러커토시는 자신의 스승 포퍼와 맞섰는데, 포퍼는 과학의 본질이 자신의 발화를 반박시키는 데에 달려 있다고 주장했던 것이다.

두 사람은 서로 대립했고, 포퍼는 1969년 런던정치경제대학교(LSE)에서 은퇴한 뒤 자신에게 도전한 이 젊은 학자가 바로 자신의 뒤를 이어 학부장으로 취임하는 것을 보고 쓰라린 감정을 느꼈을 것이다. 이처럼 과학의 내부에 언제나 약간의 모순적 요소와 사실적 요소가 내재한다는 생각은 나중에 미국의 파울 파이어아벤트(1924~1994)에 의해 체계화된다. 파이어아벤트는 과학사의 구체적인 예시들을 기반 삼아 수많은 과학이론(갈릴레이의 이론과 뉴턴의 이론, 상대성 이론 등)은 때때로 내적인 모순이 존재하며, 약점이 드러나긴 하더라도 일종의 경험적 사실처럼 자리 잡았다는 사실을 증명했다. 이러한 사실에서 그는 '지식의 아나키즘'이라는 이론을 이끌어냈다. 가장 위대한 물리학자들은 방법론적 규칙에서 벗어난다는 점에서 그 어떤 이상적 방법론도 과학을 발전시키는 방법론으로서 군림할 수 없다는 것이다.

쿠아레, 바슐라르, 캉길렘

프랑스 학자들은 영미권 철학자들이 주도한 런던학회에 전혀 초대받지 못했다. 이는 당시 영미권 철학자들과 '유럽적' 사고의 지지자들이 서로를 이해하지 못했다는 사실을 보여준다. 프랑스에 거주했던 토머스 쿤(1922~1996)만이 당대 프랑스 과학철학의 거장인 알렉상드르 쿠아레와 가스통 바슐라르의 저서를 알고 있었다. 오늘날 '패러다임적 전환'이라는 문구로 자주 사용되는 쿤의 패러다임 이론은 이들에게서 많은 빚을 진 셈이었다.

러시아 출신의 알렉상드르 쿠아레(1892~1964)는 러시아혁명 이후 러시아를 떠나 파리에 자리를 잡았다. 그는 갈릴레이 시대 물리학의 변화를 연구했으며 이후에는 『닫힌 세계에서 무한한 우주로』(1957)에서 현대 우주생성론을 연구했다. 그의 모든 발언은 과학적 사유가 정신적 구조 안에서 변화해나가며, 이 구조는 각 시대에 따라 어떤 현상을 '사유 가능한 것' 또는 '사유 불가능한 것'으로 규정함을 증명하는 데 초점을 맞추었다. 한편 가스통 바슐라르(1884~1962)는 1938년 『과학정신의 형성』에서 과학은 언제나 상상에서 나온 '표상'을, 즉 오로지 '과학적 사유의 정신분석적 해석'으로만 밝혀낼 수 있는 '기만적 이미지'를 전달한다고 단언했다. 포퍼와 마찬가지로, 바슐라르는 과학이 진실을 발견하기보다는 오류를 걸러내는 것이라고 보았다.

"과학 정신은 바로잡아진 오류들로 구성돼 있다."

바슐라르의 뒤를 이어 소르본대학의 과학사 교수직을 맡은 조르주 캉길렘(1904~1995)은 이러한 접근법을 생물학과 의학의 역사에 적용해 그 개념적 토대를 밝혀내려 했다. 또한 캉길렘의 저서는 그의 제자였던 미셸 푸코의 '에피스테메' 이론에 영감을 줬다. 쿤의 패러다임에서부터 푸코의 에피스테메에 이르기까지, 나아가 러커토시의 연구프로그램에 이르기까지, 뚜렷한 유사성이 존재한다. 즉 과학은 각 시대에 고유한 정신적 기틀 속에서 진화한다는 것이다. 이 저자들 간의 긴밀한 사유적 유사성이야말로 이들의 주장을 확증하는 증거가 된 듯싶다.

언어철학의 등장

　　존 랭쇼 오스틴(1911~1960)은 이 세상에 이미 책이 너무 많다고 보았고, 그래서 생전에는 책을 전혀 출간하지 않았다. 그러나 그가 했던 강연이 제자들에 의해 묶여 한 권의 책으로 거듭났다. 그것이 바로 1962년에 출간된 강의록 『말로 일을 하는 법』이며 이 책은 언어철학의 중요한 전환점을 장식했고 인문과학 분야에 다양한 영향력을 행사했다. 새로운 언어학을 창설했으며 철학적 화용론에 기여했고 비판 사회학에 밑거름이 됐다. 오스틴은 1953년 이후 길버트 라일(1900~1976)이 옥스퍼드대학에서 발전시킨 분석학파의 맥을 이은 인물이라고 할 수 있다. 옥스퍼드의 철학자들은 이른바 '일상 언어학자'라고 불렸는데, 이들에게 '철학한다'는 것은 단어의 의미를 주해하는 것이며 그 의미란 늘 고정되는 것이 아니라 일상적 용례의 '작용'에 좌우된다고 봤기 때문이다. 오스틴이 자신의 강의록에서 했던 것은 그가 '언표내적' 행위라 이름 지은 새로운 유형의 작용을 확인하는 일이었다.　．

　　그렇다면 언표내적 행위란 대체 무엇인가? '명명한다', '준다', '약속한다'와 같은 어떤 발화들은 어떠한 상태를 확인하는 데에도, 사실을 단언하는 데에도, 현실을 묘사하는 데에도 사용되지 않지만, 청자에게 특정한 효과를 낳는다. 무엇보다도 오스틴은 이 언표내적 행위가 특별한 종류의 동사와 관련된다고 보았는데 이런 동사를 가리켜 '수행적 동사'라고 불렀다. 하지만 실험을 거듭하면서 그는 진술적 발화 중 다수가 언표내적 가치를 지닐 수 있음을, 즉 특정한 효과를 겨냥할 수 있다는 것을 발견했다. 예컨대 "너 늦었어" 같은 발화는 단순한 진술이 될 수도 있고, 서두르라는 요청이 될 수도 있다. 즉 오스틴은 대다수의 문장이 '언어 행위'를 구성할 수 있다고 결론지음으로써, 언어의 실증적 분석 비판에 하나의 토대를 더했다. 어느 발화가 진실도, 거짓도 아니지만 특정한 기능을 가질 수 있음을 증명함으로써, 발화 속에서 또 다른 의미를 찾아내는 연구를 창시했던 것이다. 발화의 내용이 아니라 발화의 행위에 속한 의미를 찾는 것, 이것이 바로 '화용론'의 차원이었다. 초기에 회의적으로 받아들여졌던 오스틴의 저작은 1970년대에 들어 언어학의 이론 및 분석에서 새로운 분파를 발전시키기에 이르렀다. 이는 대화의 메커니즘과 전제, 암묵적 의미 등 언어의 용례 흔적을 연구하는 분야였다. '언어 행위' 개념은 미국 철학자 존 설(1932~)이 차용하면서 보다 전반적인 차원으로 거듭났다.

1969년 존 설은 우리가 행하는 발화 대다수가 이중의 의미를 지니며 그 자체로 '간접적 행위'라는 것을 증명했다. "소금 있어요?"라는 문장이 질문이 아니라 요청인 것처럼. 이후 언어의 의미가 논리적 서술로 치환 불가능한 의도적 현상이라는 개념을 발전시켰다. 한편 미국 신(新)실용주의의 주요 인물인 리처드 로티(1931~2007)는 1970년대 중반 분석철학을 통렬히 비판하고 데카르트 이래 근대철학의 주류를 이뤄왔던 형이상학적 철학과 초월적 진리의 종말을 선언, 새로운 철학의 도래를 역설하였다. 로티는 진리의 바탕에 '자연'이라는 기초가 있다고 보는 철학을 '기초주의(파운데이셔널리즘)'라고 비판하고 전통 철학에 반기를 든 자신에게 영향을 준 선구자로 비트겐슈타인, 하이데거, 듀이 세 사람을 꼽았다. 서양 전통 철학과 이들의 차이는, 인간의 지식을 '자연의 거울'로 보느냐, 아니면 '자연을 다루는 도구'로 보느냐에 달려 있다는 것. 그는 저서 『철학과 자연의 거울』(1979)에서 진리 탐구로서의 철학은 명을 다했다고 선언했다. 이어 발표한 논문들에서도 이제 철학은 '문화비판'으로서만 생존할 수 있다고 역설했다.

모형의 시대 : 지리학, 경제사학, 고고학

1968년 저항의 물결이 영미권 대학가를 휩쓸던 때, 영국의 지리학자 피터 굴드(1932~2000)는 「새로운 지리학, 변화가 있다」라는 논문을 펴냈다. 다음 해에는 동료 피터 하겟과 리처드 J. 촐리가 『지리학의 모형』이라는 책을 출간했다. 이들의 의도는 지리학을 그 자체로 온전한 하나의 학문으로 만드는 것이었다. 이 젊은 영미권 학자들은 선대 연구자들의 기술적이고 실증적인 접근방식에 가설적이고 연역적인 방식으로 맞섰다. 이들의 연구는 공간 경제학을 창시한 요한 하인리히 폰 튀넨(1783~1850), 막스 베버의 동생인 알프레드 베버(1868~1958), 공간경제론자인 아우구스트 뢰슈(1906~1945), 중심지 이론가인 발터 크리스탈러(1893~1969) 등 독일경제지리학자들이 19세기부터 1·2차 대전 사이까지 만들어온 위치 측정 모형을 재발견하는 기회가 되었다. 이 신세대 지리학자들은 사회 과학을 받아들여, 인간과 환경 간의 관계 분석에서 사회적 관계가 어떤 역할을 하는지 알고 싶어 했다.

이와 비슷한 생각에서, 그로부터 몇 년 전 미국의 더글러스 노스(1920~2015)와 로버트 포겔(1926~2013)은 역사적 사건의 해석에 경제이론을 적용하여 경제사를 혁신하려고 시도했다. 이들의 연구는 경제사적 관점에서 미국 경제성장의 요인들에 대한 학문적인 규명작업이었다는 점에서 의미를 지닌다. 1993년 노스와 포겔은 경제사 연구에 기여한 공로를 인정받아 노벨경제학상을 공동 수상한다. 사실 엄밀하게 따지면 경제사 분야에 노벨상이 주어진 것이 이 두 사람이 처음은 아니다. 국민소득 개념을 처음으로 추계하는 작업을 했던 사이먼 쿠즈네츠(1901~1985), 미국 화폐사에 대한 기념비적 저작을 남긴 밀턴 프리드먼(1912~2006) 등도 경제사 연구에 뿌리를 두고 있다.

노스와 포겔의 가장 큰 기여는 경제학에 기반한 역사연구를 체계화한 점, 그리고 그것에 근거해서 새로운 역사해석을 제시하여 많은 연구를 촉발한 점에 있다고 하겠다. 두 사람은 학문적으로 매우 다른 방식을 취했다. 포겔은 엄청난 자료를 모아 장기시계열(시간이 지나면서 축적되는 통계 데이터로서 년, 분기, 월 등으로 구분됨)을 제시하고 이것을 해석하는 방식으로 연구했다. 철도, 노예제 등에 이어, 지난 30년 동안에는 인간의 키, 사망률 등에 대한 자료를 수집해서 지난 200~300년 동안 인류의 생활 수준이 어떻게 바뀌었는지를 제시하고, 이것에 근거해서 근대사회를 조명하는 연구를 수행했다.

이에 비해 노스는 주어진 자료를 경제학적 개념, 특히 거래비용 개념에 기초해서 재해석하는 데 초점을 맞추었다. 최근 연구 중 가장 유명한 작업인, 영국 명예혁명이 영국의 경제성장에 미친 영향에 대한 논문도 사실상 별다른 자료를 제공하는 것은 없고, 기존 통계와 역사적 사실을 경제학 이론에 근거해서 재구성하여 새로운 직관을 제시하는 것이었다. 오늘날 신제도주의 혹은 '분석적 기술'(analytical narrative)이라고 불리는 방법을 취한 셈이다. 한편 이들과 같은 시대에 아직 고고학만은 고대와 현대 간의 대립에서 어느 쪽도 완전한 승리를 거두지 못했다. 1962년에 발표된 「고고학은 인류학이다」라는 논문에서, 미국의 루이스 빈포드(1931~2011)는 전통적인 고고학에 공격을 가하며 과학적인 신고고학을 제창하였다.

프랑스 학계는 이 모든 접근법에 뜨뜻미지근한 반응을 보였다. 특히 '신 지리학'이 〈Mappemonde〉(지구 전도 · 全圖)의 창간자 로제르 브뤼네, 문화지리학의 선구자인 폴 클라발 같은 차세대 지리학자들에게 영향을 미치기는 했지만, 이를 추상적이라거나 급진적이라고 보는 이들의 비판에 시달려야 했다. 이러한 새로운 지리학에 대한 반발로 지리학 연구는 주관적 설명 혹은 '체험된 공간(espace vécu)'에 관한 분석에 주로 집중했다. '신 경제사학'은 연속적·수량적 역사학과 결합하였다. 한편 '신고고학'도 같은 비판을 받았는데, 결정론적 경향이 너무 지나치다는 지적이었다. 하지만 이 세 가지 학문은 '오래된' 학문들이 새로워지는 데 나름 기여했다는 평가를 받는다.

저개발이론의 황금기

1960년대 들어 남반구 국가의 역사에 새로운 장이 열렸다. 아프리카와 아시아에서 식민지 대부분이 독립을 쟁취해냈다. 그러나 이제 막 형성되기 시작한 새로운 국제경제 질서 속에서 모두가 같은 상황에 처해 있던 것은 아니었다. 문맹률이나 식수 공급률, 1인당 국민소득 등 국제기구들이 당시 만들어냈던 일련의 지수들이야말로 이를 가장 잘 보여주는 증거였다. 1962년 이후 유엔 총회는 '유엔 개발 10년'을 선언했다. 그렇지만 식민 상태에서 해방된 국가들이 과거의 식민국을 따라잡는 게 쉽지 않다는 것은 의심의 여지가 없었다.

60년대 초입, 지난 한 세기 동안 데이비드 리카도(1772~1823)가 만들어낸 비교우위 이론은 여전히 준거로 사용되었다. 그렇지만 이 이론은 형식상일 뿐이었다. 각 국가는 제각기 특정 상품에 특화함으로써 국제거래에서 이득을 취해 번영을 보장받는다는 것이 골자였지만 현실은 그러지 못했다. 하지만 특화 여부와 상관없이, 모든 국가는 곧 대중소비사회로 들어섰다. 이것이 바로 미국의 월트 W. 로스토가 1960년에 출간한 『경제성장의 단계』에서 요약한 견해였다. 바로 이 두 가지 접근법 모두가 1960~1970년대에 걸쳐 상당히 비판받았다. 리카도의 견해는 역사적 성격이 배제(각 국가의 역사적 과정을 고려하지 않는다)되었으며, 너무 진화론적이라는 이유(세계의 모든 사회에 대해 선형적이고 보편적인 하나의 진행 과정만을 전제한다)로 비판을 받았다. 서구의 오래된 산업화국가들만을 참고하여 만들어진 이 이론들은 식민지 경험 국가들의 특수한 상황을 이해하는 데에 더는 적합해 보이지 않았던 것이다.

8장

1970~1980년대

▼ '주변적 지식인' 푸코가 좌파 행동대원 오베르네의 암살에 사르트르와 함께 항의하고 있다(1972).

[시대적 배경]
가부장제 쇠퇴와 오일쇼크

프랑스와 유럽 전역에서는 1968년 5월 혁명의 연장선으로 페미니즘, 환경보호, 지방분권주의, 동성애, 인권, 평화주의 등 새로운 형태의 움직임이 일어났다. 5월 혁명은 전통적인 권력의 형태를 뒤흔드는 문화적 혼란을 가져다주었다. 아버지, 직장 상사, 대표와 같은 기존 가부장의 영향력이 쇠퇴했다. 기업, 학교, 가정 내 권위주의적 명령에서 탈피하고 협력과 협상, 경청, 대화가 자리를 잡기 시작했다. 국제적으로 유럽 국가에서는 민주주의가 정착되는 일련의 역사적 사건들이 일어났지만, 아시아와 남아메리카 등 여타 대륙에서는 권위주의 정권들이 계속 집권을 이어갔다. 포르투갈에서는 1974년 4월 25일 쿠데타가 일어나 독재 정치가 물러났고, 그리스에서도 같은 해에 "군사 체제"를 끝낼 수 있었다. 스페인은 1975년 프랑코가 죽고 후안 카를로스가 즉위하면서 법을 공포하여 자연스럽게 민주화를 이룩했다. 그러면서 이 국가들은 유럽 공동시장에 가입하는 절차를 밟게 된다.

1973년은 경제사상 전환점이 되는 해로 기록된다. 첫 번째 오일쇼크로 화폐가치 절하와 함께 경제성장은 사라지고 불황과 위기가 닥쳤다. 미래는 더욱 불확실해졌다. 1978년에 불어 닥친 두 번째 오일쇼크로 인해 기존 산업이 위태로워졌으며, 인플레이션이 갑자기 발생하여 대량 실업의 그림자가 드리워졌다.

1870년 유럽의 주간 노동시간은 78시간에 달했으나 1974년에는 43시간으로 줄었다. 중산층의 증가와 함께 노동시간의 감소로 인해 여가 시간에 대한 새로운 개념이 정착되었다. 관광과 여가가 증가한 것이 그 증거라 볼 수 있다.

8장 권력의 '광기'에 맞서야 주체적인 역사의 기록이 가능하다

이 시대에 두 가지 대표적인 정치적, 종교적 사건이 발생하는데, 이 사건들은 영성 생활의 재탄생과 종교적 투쟁의 상징이 된다. 우선, 1978년 폴란드인 요한 바오로 2세가 교황으로 선출되었고, 해외(특히 라틴 아메리카)로의 잦은 방문과 이에 열광하는 사람들을 보며 종교적 열정을 확인할 수 있었다. 이슬람교에서도 1979년 이란 혁명이 발생하고, 아야톨라 루홀라 호메이니의 지도하에 이슬람 신정체제가 수립되어 새로운 국면에 접어들게 된다.

권력의 '광기'에 맞서야
주체적인 역사의 기록이 가능하다

1970년대 초, 콜레주 드 프랑스(1530년에 설립된 프랑스의 고등교육기관)에 미셸 푸코(1926~1984)의 강의를 들으려는 사람들이 쇄도했다. 구조주의적 마르크스주의의 창시자 루이 알튀세르와 과학철학자 조르주 캉길렘의 제자로, 23세의 젊은 나이에 철학 교수자격을 취득한 푸코는 당시의 시대정신을 구현하는 인물로 급부상했다. 그는 박사논문을 책으로 엮은 『광기와 비이성: 고대 광기의 역사』(1961)에서 모든 종류의 권력을 비판했으며 사회적 금기들을 문제시했고 계몽주의의 유산인 인문주의와 보편주의, 심지어 합리주의와 이성까지도 그 타당성과 정당성에 의문을 나타냈다. 푸코는 광기가 이성의 반대 개념으로서 인지되고, 광인을 수용하는 정신병원이 만들어진 것이 바로 17세기부터이며, 이 무렵에 이성주의는 광기를 배제하고 소외시키는 핵심 개념이 됐다고 주장했다. 데카르트의 세기라 불렸던 17세기는 광인, 무위도식자, 걸인, 방탕가, 동성애자들을 '대거 감금'하던 시대였던 것이다. 푸코는 이어 저술한 『감시와 처벌: 감옥의 역사』(1975)에서 '규범적 사회'에 대한 분석을 학교와 군대, 공장, 감옥으로까지 확장했다.

미셸 푸코가 말하는 권력, 광기, 지식

　부르주아 계층이 지배하는 '규범적 사회'는 일반 대중이 아닌 그들 자신의 '합리주의'나 '이성' 같은 근대적 가치들을 수호하는 교사, 의사, 경찰이 각 개인을 엄격하게 훈련하고 통제함으로써 유지돼왔다는 것이 그의 지적이다. 푸코는 원형감옥(Panopticon)의 예를 들어, 서구의 이 같은 규범 사회가 개개인의 이성적 능력의 확대와 자율성을 증대하기보단 오히려 축소시켜왔다는 점을 체계적으로 입증했다.

　푸코의 주장에 따르면 1791년 영국의 철학자이자 법학자인 제레미 벤담은 죄수를 효과적으로 감시할 목적으로 원형감옥 판옵티콘(Panopticon)을 설계했다. 판옵티콘은 '모두'를 뜻하는 'Pan'과 '본다'는 뜻의 'Opticon'의 합성어로, '모두 다 본다'는 뜻이다. 판옵티콘은 중앙의 원형 공간에 높은 감시탑을 세우고, 중앙 감시탑 바깥의 둘레를 따라 죄수들의 방이 배치되도록 설계됐다. 감시탑은 늘 어둡게 하고 죄수의 방은 밝게 함으로써 감시자의 시선이 어디로 향하는지 죄수들이 전혀 알 수 없도록 고안돼 있다. 죄수들은 자신들이 늘 감시받고 있다는 느낌이 들며 결국 '훈육적 권력(Disciplinary power)'에 순응하게 된다. 이런 점에서 권력은 억압적일 뿐 아니라 생산적이다. 원형감옥은 중앙 탑에서 죄수들을 감시할 수 있도록 고안된 합리적인 장치이나, 이런 감시체제 내에서 감시자와 죄인 모두가 권력 조직의 부품으로 전락하고 만다.

　푸코는 어떻게 권력이 개개인들의 행위를 지배함으로써 각 개인을 종속시켰는지 문헌적으로 탐구했다. 그는 권력의 속성보다 권력이 생기는 방식에 주목했다. 그는 권력이 수직적인 속성을 지니는 것이 아니라, 중심이 없는 밑으로부터 다양한 지점에서 생긴다고 봤다. 또한 그는 이런 권력에 맞서 조직적으로 저항하는 것이 어렵다고 봤다. 푸코가 비판을 받는 지점은 바로 개개인의 주체적 역동성과 저항의 가능성을 중시하지 않은 데 있다[1]. '담론(Discourse)' 은 푸코가 특별히 고안해낸 용어로 전통적으로 말하기(Talk), 말하는 행위 (The act of speaking), 담화(Conversation)의 의미로 통용됐지만, 그는 'Discourse'란 용어의 사용을 고집한다.

푸코가 강조한 담론이란, 지배계급이 피지배계급에 특정한 지식과 규율을 강요함으로써 '진리'의 장을 구성하는 언술 체계(말하기와 글쓰기를 포함)를 말한다. 예컨대, 노동 계층이 비위생적이고 게으르며, 피식민지 국민이 열등하다는 언술은 지배 이데올로기가 자의적·일방적으로 만들어낸 하나의 담론이다. 광인과 죄수가 감시와 처벌과 교화의 대상이 돼야 한다는 인식체계도 지배권력을 정당화하기 위해 고안된 하나의 담론이다. 이처럼 담론은 세상의 모습을 보여주는 하나의 방식이다. 그런데 문제는 이렇게 드러나는 세상의 모습이 일방적으로 조작된 것이라는 데 있다. 어떤 언술은 허용되고, 다른 언술은 허용되지 않는다. 분류, 배분, 순서를 정해서 만들어진 언술 체계는 개개인을 통제하고, 지배하고, 순응시키는 데 동원된다. 국가권력은 특정 지배 세력의 통치수단으로 변질될 수 있고, 권력 담론은 독재나 식민주의라는 형태로도 나타날 수 있다. 일제 강점기의 식민지 근대화론이나 군부 독재 시절의 '한국적 민주주의론'이 그러한 예라 할 수 있을 것이다.

오늘날 국가는 CCTV, 지문날인제도, 전자주민카드 및 전자 증서 등을 통해 개개인을 미시적으로 감시한다. 더욱이 요즘엔 국가권력보다는, 자본 권력에 의한 판옵티콘적 감시와 통제가 촘촘하게 이뤄진다. 푸코는 권력이 우리 몸

---

1 푸코의 권력 담론 (탈식민주의에 대한 성찰-푸코, 파농, 사이드, 바바, 스피박, 2006. 7.
   30. 살림출판사)

의 구석구석을 미시적으로 지배한다는 점에서 '생체권력(Bio-power)'이란 용어를 사용하기도 했다. 시대를 앞지른 그의 통찰력은 최근의 우려할 만한 현실로 확인된다. 푸코의 이 같은 권력 담론은 앞서 1966년 저서 『말과 사물』과 1969년의 저서 『지식의 고고학』에서 보인 인식론적 사유의 연장이다. 그는 두 책에서 어느 한정된 시공간에서 어떻게 하나의 권력이 지식을 전유하고, 지배질서를 형성하는지 질문했다. 이에 답하고자 특정한 시대를 지배하는 인식의 무의식적 체계, 혹은 특정한 방식으로 사물들에 질서를 부여하는 무의식적인 담론체계라 할 '에피스테메'와 그에 따른 담론 생산에 주목했다. 에피스테메는 일반 철학 용어로서 실천적 지식과 상대적 의미에서의 이론적 지식, 또는 감성에 바탕을 둔 억견(臆見, Doxa)과 대조되는 '참의 지식'을 일컬었지만, 푸코는 특정 시기의 근간을 형성하는 담론 체계를 의미하는 것으로 이해했다.

그런데도 푸코의 저작은 수많은 비판을 받기도 했다. 오늘날 일각에서는 푸코를 사상적 지도자(무엇보다도 포스트모더니즘 철학의 선구자로서)로 여기는 한편, 또 다른 일각에서는 그의 저작이 지닌 흠결을 지적한다. 푸코가 역사 분야를 다루는 데 있어, 특히 시대 구분에 성의 없는 모습을 보였다는 것이다. 그러나 '주변적 지식인'을 지향했던 푸코는 이민자, 노동자, 동성애자, 나아가 소비에트 체제 저항자 및 스페인 독재에 대한 반프랑코파에게 남다른 성원과 연대를 보였다는 점에서 실천적 지식인의 전형으로 평가받는다.

'블루칼라'에서 '화이트칼라'로…후기산업시대

경제학자이자 사회학자인 마르크스의 사후, 고도화한 산업사회에 대한 사회학적 분석은 1960년대에 이르자 문화적 행위의 변천을 배경으로, 노동뿐 아니라 생산의 본질에서도 주요한 연구 테마가 됐다. 후기산업사회 개념에 천착한 대표적인 두 학자는 미국의 대니얼 벨(1919~2011)과 프랑스의 알랭 투렌(1925~)을 들 수 있다. 대니얼 벨은 저서 『후기산업사회를 향하여』(1973)에서 주로 미국 사회를 관찰한 뒤에 후기산업사회의 도래를 선언했다. 우선 제조업에 관련된 보조적 경제로 정의됐던 서비스 경제의 탄생을 예고했는데, 그 유명한 3차 산업이 '블루칼라' 대다수가 포진한 농공업 분야를 제치고 전체 생산활동인구의 절반 이상을 차지할 것이라고 봤다.

보건, 교육, 연구, 행정 서비스가 결정적인 역할을 하고, 사회 직능 구조에 근본적 변화가 일어나 '화이트칼라'에게 유리하게 돌아갈 것이라는 얘기다. 화이트칼라의 특징은 무엇보다도 상대적으로 더 높은 수준의 대학교육을 받았다는 것이다. 게다가 벨은 이 후기산업사회의 핵심에는 지식이 자리해 있다고 강조했다. 지식은 아주 훌륭한 전략적 수단으로서, 점점 더 경제활동에 긴밀하게 작용한다는 것이다. 같은 시기의 벨과는 달리, 알랭 투렌은 저서 『후기산업사회』(1969)에서 새로운 사회관계적 유형의 문화적 요인을 강조하며, 모순적 징후들이 어느 때보다도 날카롭게 대립하고 있는 후기 산업사회에서 시대를 특징짓는 '현대성'의 재정립을 고민했다.

기계적이고 도식적인 모더니즘과 이성의 종말을 고하는 포스트모더니즘 양쪽 모두로부터 일정한 거리를 취한 투렌은 니체-프로이트-푸코로 이어지는 반(反)합리주의 대신 타락한 이성을 회복시킬 수 있는 '창조적인 주체'에 의해 현대성을 재정립하려는 시도를 보여줬다. 투렌이 중시한 사회학의 중심 개념들은 주체, 역사성, 사회 운동이다. 그는 사회의 통합과 질서를 전제로 하는 사회 체계론이나 자연 진화론을 거부하는 대신 내재적 갈등과 창조적 행위자에 의한 역사적 변화를 강조했다. 그는 탈산업 사회의 지식과 지식인의 역할에 주목하면서 지식인은 사회의 지배 담론을 분석하고 해석해 주는 역할을 통해 '사회학적 개입'을 함으로써 사회 운동을 고차원으로 끌어올리고 압제로부터 자유로운, 사회적 관계의 조건을 만드는 데 기여해야 한다고 주장했다. 그는 1968년 5월의 68혁명을 개인의 개성과 '프라이버시', 상상력을 중심으로 하여 '몰개성적인 가짜 합리성'에 맞서 싸우는 새로운 문화운동의 상징이라고 해석했다.

거세게 불어닥친 저항운동

1960년대와 1970년대에는 저항의 바람이 거세게 일었다. 프랑스를 비롯한 여러 유럽국가와 아메리카 대륙에서 68혁명은 여러 철학적 사조에서 구체화된 '반(反)'과 '저항'의 바람으로서 베트남전 반대운동에서부터 캘리포니아 공동체의 '언더그라운드' 문화까지 실어 날랐다. 저항의 시대가 활발한 것은 1965년부터 1975년까지였지만, 이 전복적인 대항문화의 사상은 아주 오래 전부터 무르익어왔다. 예컨대 오스트리아 출신의 사상가로서 정신분석과 마르크스주의의 결합을 지향한 빌헬름 라이히(1897~1957)는 사회적 성격 구조를 상부구조와 하부구조 사이에 설정하고, 사회적 성격 구조의 혁명 없이는 정치혁명은 있을 수 없다고 주장했다. 문화, 특히 성문화의 중요성을 역설한 그는 저항운동을 벌이다가 1957년 어느 미국의 교도소에서 생애를 마감했다. 한편 나치즘의 부상으로 조국 독일에서 추방당한 헤르베르트 마르쿠제(1898~1979)는 유서 깊은 보스턴대학에서 교편을 잡은 뒤 1960년대의 석학으로 자리매김했다.

상상력은 저항의 원천

각기 제 나름의 방식으로, 라이히와 마르쿠제는 프로이트와 마르크스에 관한 비판적 해석에서 출발한 '프로이트 마르크스주의'의 예찬자가 됐다. 독일 공산당원이자 국제정신분석협회 회원이었던 라이히는 1920년대 빈의 정신분석학적 임상 진단을 통해 '사회적 빈곤이 훨씬 더 중대한 정신적 문제의 원인이 될 수 있다'는 사실을 발견했다. 이론의 중심에는 성적 억압과 소외의 문제가 자리해 있었다. 사회적 억압, 특히 성적 억압 아래서 인간은 '생산도구'로 변모한다는 것이다. 따라서 여기에서 혁명적 행위란 개인에 내재된 억압 그리고 권력에 대한 수동성을 유발하는 억압에 맞서 싸우는 것을 말했다.

68혁명이 받아들였던 라이히의 사상은 '미국에 오기 전'의 사상이었다. 왜냐하면 추방당할 당시에는 수차례의 실험으로 오르가즘의 강도를 측정하려 했다가 불법적 약물 실험으로 형을 선고받은 상태였기 때문이다. 반면에 철학자이자 사회학자인 마르쿠제는 마르크스와 프로이트의 결합을 이와는 상이한 관점에서 인식했다. 자본주의와 소비사회의 발전은 개인을 그 자신의 진정한 쾌락으로부터 갈라놓기에 이르렀다. '에로스'는 억압이라는 대가를 치렀으며 욕망은 소비나 낭비라는 대체물로 옮겨갔다. 바로 여기에서 소비사회의 양순한 노예인 '1차원적 인간'이 유래했던 것이다. 이러한 현대사회의 악몽에서 벗어날 유일한 길은 상상력이라는 수단을 동원하는 것이다. 쾌락의 원칙을 창출해 보존하는 힘인 상상력은 저항과 혁명적 힘의 근간이다.

8장 권력의 '광기'에 맞서야 주체적인 역사의 기록이 가능하다

산업사회에서의 일차원적 인간

"(…) 인간은 현실의 존재 양식을 반성적으로 초월할 수 있는 다차원적 존재이지만, 눈에 보이는 것과 느끼는 것만 믿게 되면 일면적인 존재로 전락하게 된다. 기술 사회가 요구하는 부분적 기능을 자기 자신과 동일시하는 데서 인간이 1차원적으로 일면화되고, 기술의 부속품으로 소외된 주체는 자기가 수행하는 기능에 먹히고 만다. 산업 사회는 인간의 의식과 언어, 예술을 모두 1차원적으로 만들려고 한다. 모순과 대립이 없는 일차원성은 사회적으로 일차원적 사유와 행동의 유형으로 나타난다. 여기서는 기존의 진술과 행위를 초월하는 사유나 소망이나 목적들이 배제되거나 아니면 기존 세계의 용어로 축소된다. (…)"

- 마르쿠제, 『일차원적 인간』 중에서

무의미한 시간 없이 살고, 구속 없이 즐기기

좌파적, 여성주의적, 생태학적 해방 운동은 더욱 행복하고 자유로운 세상을 요구했다. 1968년의 학생들은 대부분 분석하기보다는 구호를 외치길 좋아했지만, 때로는 다양한 지적 사조와 복합적인 만남을 반겼다. 마르크스주의, 구조주의 사조에 연관된 라캉의 정신분석학, 사르트르의 실존주의, 조르주 바타유에게서 차용한 '위반(Transgression)'이나 라이히의 성적 쾌락, 마르쿠제의 해방 등의 개념은 욕망이나 억압의 문제를 고민하도록 했다. 니체, 키에르케고르, 하이데거, 사르트르, 푸코는 반(反)정신분석학주의 창시자들의 이론적 기반으로 인용됐다. 그리고 1968년 5월, 파리 시내의 바리케이드에서 실천운동가 펠릭스 가타리와 철학자 질 들뢰즈가 만났다. 바로 이 만남 덕분에 1972년, 이 두 젊은 철학자의 주요한 저작 『앙티오이디푸스』가 탄생했다. 마르크스주의나 정신분석학뿐 아니라 지배적 구조주의, 라캉 사상 등을 모두 아울러 비판하는 '욕망의 기계(Machine désirante)'라는 개념을 중심으로 두 사람의 사상이 결합했던 것이다.

'자주관리(Autogestion)'라는 개념은 1970년대의 대항문화에서 강한 존재감을 지녔다. 자주관리는 노동과 사생활, 교육 분야에서 이미 오래 전부터 주장돼 왔지만, 1968년 이후에는 전 방위적으로 표방됐다. 1970년대 초에 프랑스 브장송의 립 시계공장에서 시작돼 1976년 중반까지 이어진 대규모의 노동자 파업사태나 비폭력 시민 불복종 운동, 라르작 고원의 군부대 확장 반대운동, 그리고 각종 저항 커뮤니티의 탄생, 특히 캘리포니아의 아티스트 커뮤니티 등이 자주관리를 내세운 대표적인 예였다. 자주관리 개념은 공장, 학교, 의학, 문화, 가족에 이르기까지 기존 제도권에 대한 근본적 문제를 제기하면서 발전해나갔다. 오스트리아 빈의 주교였다가 후일 푸에르토리코 가톨릭대학의 학장이 된 후 멕시코에 자리를 잡은 신학자 이반 일리치는 사회의 제도적 대안들을 제안했고 『학교 없는 사회』(1971), 『자율적 공생을 위한 도구』(1973, 한국어 번역 『성장을 멈춰라』), 『병원의 한계』(1975, 한국어 번역 『병원이 병을 만든다』) 등의 저서를 연이어 출간했다. 『학교 없는 사회』는 큰 성공을 거두었다. 이 책에서 일리치는 "교육시스템이 개인의 잠재력을 낭비하고 낙심과 좌절만 낳고 있다"며 평생교육의 중요성을 강조했다.

그렇다면 서구세계에 이 강력한 대항문화의 바람이 불어 닥친 지 30년 후에는 무엇이 남았을까? 이 조류는 근본적인 열망에 부응했을까, 아니면 한낱 유행에 불과했던 지식인 운동이었을까? 혹자는 이것이 실패한 운동이며 깊이가 없는 표면적 운동에 불과하다고 주장한다. 하지만 이상향을 꿈꾸는 이 같은 대항문화의 힘이 우리 사회에 지속적인 영향을 주었다는 평가도 만만찮다.

'망탈리테'를 중시하는 신(新) 사학의 부상

1970년대에는 역사학계에 '신(新) 사학(Nouvelle histoire)'이라는 현상이 나타났다. 프랑스 역사학계에서는 1929년 이후 아날학파가 주류를 이뤘다. 아날학파를 창립한 뤼시엥 페브르와 마르크 블로크가 군림한 이후, 학술지『아날』을 창간한 페르낭 브로델은 1971년에 프랑스고등연구실천원(EPHE)의 제6부문을 역사학이 대부분을 점하는 사회과학고등연구원(EHESS)으로 독립시켰다. 앞서 1969년에는『아날』지를 이끌었던 브로델과 샤를 모라제는 역사학자 앙드레 뷔르기에르, 마르크 페로, 자크 르고프, 엠마뉘엘 르로이 라뒤리, 자크 르벨(EHESS 총장을 지냄)로 이뤄진 지도부에 편집위원 자리를 넘기기도 했다. 이 역사학자들은 지적·문화적 권력의 공간들을 차례로 쟁취해 나갔다.

프랑스 역사학파의 핵심적인 전문지『아날』과 세계적인 명성을 자랑했던 EHESS의 강단을 차지했을 뿐 아니라 (1970년에는 조르주 뒤비가, 1973년에는 르로이 라뒤리가, 1975년에는 장 들뤼모가 교수진으로 들어감으로써) 콜레주 드 프랑스에서도 인정받기에 이르렀다. 프랑수아 도스의 표현에 따르면, 제3세대 아날학파는 청중의 수가 점점 늘어남에 따라 성공을 거두며 '황금기'를 구가했다. 하지만 이 '신 사학'이란 대체 어떻게 탄생한 것일까? 신 사학이라는 용어는 앞서 마르크 블로크에 의해 사용됐으며(1924년 저서 『기적을 행하는 왕들』), 페브르는 개인이 집단적 믿음에 이르도록 해주는 '정신적 공구(outillage mentale)'를 연구할 필요성을 강조했다. 특히 정신상태나 구조, 심성을 중시하는 망탈리테 연구는 성적 행동에서부터 축제, 카니발, 사교성, 대중문화(로베르 망드루), 공포(J. 들뤼모), 혹은 지옥 묘사를 비롯해 세금에 대한 태도에 이르기까지 다양한 연구를 통해 이뤄졌다. 이 신 사학파의 명성을 드높였던 것은 주로 중세 연구자들과 근대사학자들이었다. 방대한 업적의 연구 덕분에 1987년 아카데미 프랑세즈의 회원이 됐던 조르주 뒤비는 중세를 새로운 관점으로 바라봤다.

자크 르고프는 『연옥의 발명』에서 중세의 신앙 탄생을 연구했고 『중세적 상상계』(1985)를 통해 연구의 폭을 확장했다. E. 르로이 라뒤리는 그의 저서에서 다양한 접근법을 결합시켰다. 1966년에 발표한 『랑그독 지방의 농민들』이라는 논문에서 앙시앙 레짐의 농촌사회와 기후의 역사, 망탈리테(대중적, 종교적, 문화적 신앙)의 역사를 결합했던 것이다. 그의 또 다른 저서인 『몽타이유, 오크어를 사용하는 마을』(1975)은 200만 부 이상이 팔리며 출판계에서 큰 성공을 거두었다. 라뒤리는 어느 종교재판 문서로부터 아리에주 지방의 어느 작은 마을의 인류학적 연구를 제시했고, 농민들의 일상, 풍속, 이단파로 몰린 카타르파 신앙(12~13세기에 유럽에서 위세를 떨친 그리스도교 이단. 청정무구를 의미하며, 물질을 악의 근원이라 해서 신과 대립시키는 이원론과 육식·결혼생활·재산의 사유 등을 부정하는 극단적인 금욕주의가 특징이다)을 중심으로 마을의 사회구조가 형성되는 모습을 묘사했다.

8장 권력의 '광기'에 맞서야 주체적인 역사의 기록이 가능하다

다양성과 분산?

신 사학파는 출판 및 커뮤니케이션 분야에서 자신들만의 세력 범위를 형성했다. 신 사학파 역사학자들은 갈리마르나 쇠이, 플라마리옹 같은 대형출판사의 기획위원이 됐다. 또한 피에르 쇼뉘는 〈르피가로〉지에서, 르로이 라뒤리는 〈르몽드〉지에서 칼럼을 맡았으며 어떤 이들은 라디오 채널 프랑스퀼튀르의 〈역사 월요일〉 같은 프로그램에서 활동하기도 했다.

1971년, 피에르 노라는 자신이 새로이 기획한 갈리마르 출판사의 '역사 도서관' 컬렉션을 소개하는 자리에서 "우리는 '역사학'의 분산을 경험하고 있다"고 말했다. 즉 아날학파 역사학과 그 창시자인 블로크와 페브르가 지녔던 첫 야망인 '통합적 역사', 즉 역사적이고 사회학적인 내용을 담는 역사학을 만들자는 야망과 인식론적으로 단절됐다는 지적이다. 노라는 1984년부터 2000년까지 수행한 장기연구프로젝트 『기억의 장소(Lieux de mémoire)』에서 "우리 시대의 역사나 기억이 더 이상 생생하지도 객관적이지도 않으며 오직 어렴풋한 이미지의 형태로만 존재한다"며, "우리가 알고 있는 기억의 장소란 단지 기억의 흔적이나 잉여물에 지나지 않는다"고 강조했다.

자크 르고프는 로제르 샤르티에와 자크 르벨의 도움을 받아 1976년에 거의 사전만 한 두께의 『신 사학』이라는 책을 펴냈다. 그런데도 시간이 흐름에 따라 신 사학파 학자들 가운데서는 아날학파에 충실하다고 자부하는 것 외에는 개념적 합의를 이루는 통일성을 찾아보기 어렵게 됐다. 출간되는 저작은 점점 더 수가 많아졌고 그 내용도 다양해졌으며 이 '신 사학자'들의 재능은 특히 역사학적 호기심의 분산을 보여줬다. 그와 동시에 심리학과 사회학, 특히 민족학 같은 다른 인문과학 분야와 역사학 간의 이종교배도 나타났다. 신 사학은 클로드 레비-스트로스나 조르주 뒤메질 같은 구조주의 거장들뿐 아니라 미셸 푸코의 연구에서도 가지각색의 영향을 받았다. 푸코는 『지식의 고고학』(1969)에서 역사학을 서로 겹쳐지는 지식 및 불연속성의 다양한 편린들로 바라봤다. 어쨌든 아날학파의 후계자로 자처했던 신 사학자들은 연구방식과 관심사를 다양하게 넓혀가면서 이 같은 분산의 시작을 예고했던 것이 아닐까?

전체주의 비판과 마르크스주의의 쇠퇴

1974년 프랑스에서는 러시아 체제에 저항했던 소설가 알렉산드르 솔제니친의 『수용소군도』가 출간됐다. 이 책에서 솔제니친은 소비에트연방의 현실을 생생하게 묘사했다. 이 책은 서구세계에서 성공을 거두었다. 특히 다른 어느 곳에서보다도 프랑스에서 굉장히 큰 반향을 일으킨 것은 몇십 년 전부터 대다수 프랑스 지식인층이 마르크스주의에 동조해왔으며, 역사적으로 구현된 형태인 소비에트연방을 어느 정도 인정해왔다는 점에서 주목할 만한 일이었다. 이책의 성공은 정치참여 및 사상 면에서, 즉 전체주의라는 정치체제와 마르크스주의라는 사회학 이론에 대한 급격한 전환점을 만들어냈다. 전체주의와 마르크스주의의 현상은 서로 연결됐지만, 그 본질은 달랐다. 그리하여 오랫동안 부르주아들의 위선으로 치부됐던 인권과 민주주의라는 주제가 제일선으로 되돌아왔다.

1970년대 중반 이후로 가장 눈에 띄었던 것은 베르나르 앙리 레비, 앙드레 글뤽스만 등 '신 철학자'라 불리는 존재의 급부상이었다. 이 신 철학자들은 수많은 평론을 비롯해 미디어의 단골 인사가 되었으며, 미국식 자유민주주의의 적극적인 옹호자로서 활동했다. 경제적 인프라의 우위에 초점을 맞춘 이들의 해석방식은 늘 정치적 및 이념적 측면을 등한시했다. 그런데 이제는 바로 이러한 측면들로 전체주의 및 그 반대항인 민주주의에 관한 사상들을 재평가하게 된 것이었다. 그러나 일부 저자들은 이러한 전체주의와 민주주의 간의 대립을 성찰하는 쪽으로 방향을 돌렸다. 유대인 출신의 미국 철학사상가 한나 아렌트(1906~1975)의 사상은 1970년대에 반향을 얻기 시작하여 1980년대에는 더 큰 인기를 누리며 국제 정치철학에 큰 영향을 미쳤다. 아렌트의 『전체주의의 기원』은 이보다 훨씬 전인, 스탈린주의의 전성기였던 1951년에 출간됐다. 이 책에서 아렌트는 정치 체제들의 역사를 완전히 새로운 시각으로 바라보며 전체주의적 지배 현상을 묘사했다. 아렌트의 이론적 독창성은 전체주의를 이념으로 이해하려 한다는 데 있었다. 그리고 그 핵심에는 '역사주의(문화적·사회적 사건과 상황이 역사로 설명될 수 있다는 이론)'라 불리는 역사관이 자리해 있었다.

사실상 공산당이 절대 권력을 공고히 했던 것은 '형이상학적' 역사관 덕분이었다. 공산당이 지지하는 이 전위적인 역사관이야말로 역사 해석의 핵심을 쥔 채 민주주의를 몰수하고 공포를 강요할 권리를 부당하게 취득했다는 게 아렌트의 지적이다. 아렌트는 이러한 이념이 인간의 현실을 소외시키고 역사를 인간의 상위에 있는 추상적인 '관념'으로 만든다고 지적했다. 소수의 전문가가 역사의 의미를 지배하는 것으로 여겨지는 것이다. 아렌트는 이처럼 소수가 '역사의 의미를 지배한다'는 환상을 강력하게 비난했다.

프랑스의 철학자이자 사회학자 레이몽 아롱(1905~1983)은 한나 아렌트의 견해가 프랑스에서 보급되는 데 기여했다. 마르크스주의가 승리를 구가하던 시절, 반마르크스적인 아롱에 대해 올바르게 판단하느니 그냥 친마르크스적인 사르트르에 대해 착각하는 편이 낫다(추상예술에 관한 아롱과 사르트르의 토론을 보고서는 어느 기자가 했다는 말. 당시 지식인들이 아롱과 사르트르에 대해 가졌던 이미지를 단적으로 보여주는 문장이다)는 식으로 오랫동안 소외당했던 아롱의 사상과 저작은 '솔제니친의 해'에 이르러 갑작스레 재평가됐다. 아롱의 『회고록』(1983)이 크게 주목받았다.

르포르, 정치적인 것의 의미를 탐색

이 시기에 결코 잊을 수 없는 독창적 인물을 꼽는다면, 클로드 르포르 (1924~2010)를 들 수 있다. 르포르는 자유주의, 정치적인 것, 인간의 권리를 새롭게 규정하고, 또한 그것들을 프랑스의 역사와 연결했다. 칼 슈미트 (1888~1985)나 한나 아렌트(1906~1975)와는 다른 관점에서 '정치적인 것'에 대해 천착했다. 나치 부역으로 논란을 일으킨 슈미트는 그의 저서 『정치적인 것의 개념』에서 "'정치적인 것'은 적과 동지를 구별하는 것"이라고 말했고, 나치의 피해자인 아렌트는 "'정치적인 것'을 폭력의 부재를 특징으로 하는 행위의 공간"으로 파악했으나 르포르는 '정치적인 것'을 민주주의적 제도가 아니라 '빈 공간으로서의 권력'으로 사유했다. 전체주의에서는 하나로서의 국민과 사회적인 것의 총체로서 정당에 대한 표상이 일치한다. 결국, 그렇게 되면 1인 통치자라는 전능한 권력이 출현하게 된다. 전체주의의 대척점에 있는 '빈 공간으로서의 권력'은 민주주의의 본질로서 '통치자=국체'라는 확실성을 해체한다. '빈 공간으로서의 권력'은 다시 르포르에게 '인간의 권리'라는 문제와 자연스럽게 연결된다. 그는 1948년에 그리스 출신의 프랑스 귀화 철학자인 코르넬리우스 카스토리아디스와 '사회주의인가 야만인가' 그룹을 발족한 뒤에 마르크스주의자로 출발했으나, 소련의 전체주의화를 목격하며 이같은 자신만의 이론을 전개해나갔다. 그로부터 몇십 년 후, 솔제니친이 그에게 전했던 '충격적 내용'은 학문적인 만큼이나 개인적인 차원의 것이었다. "우리는 솔제니친의 책 같은 저서들을 (…) 아주 오래전부터 예상해왔던 소수의 사람이다." 르포르는 1975년 그의 저서 『잉여 인간』 한권을 통째로 이 주제에 할애했다. 그에 따르면, '사회적 분열'이라 부를만한, 즉 이익과 가치의 분열, 대립과 다양성의 인정이야말로 바로 민주사회의 구성요소라는 것이다. 르포르는 마르크스의 사상이 사회적 구분을 넘어, 조화로운 사회를 강제하려했다는 점을 비난해 눈길을 끌었는데, 사회적 구분에 대한 전체주의적 부정은 소비에트연방에서 하나의 국민이라는 신화, 그리고 그 필연적인 귀결로서 하나의 당이라는 형태로 나타났다는 지적이다(『민주적 발명: 전체주의적 지배의 한계(1981)』).

르포르에 따르면 인간의 권리는 인간적 '관계'를 형성하고, 그 형태가 정치적 범위를 규정지을 때 정당성을 갖는다. 결국 인간 권리의 출현은 공적 공간, 즉 생각이 소통되고 순환하는 공간의 등장으로 이어진다. 이렇게 르포르는 민주주의를 '빈 공간'이라는 개념에서 시작해, 인간의 권리가 지닌 지위에 대해 새롭게 규정짓는 데까지 밀고 나간다. 르포르의 말대로라면, 극단의 정치체제에 대한 저항자들, 민족 말살을 피해 도망친 보트피플, 폴란드 등 전체주의 체제하의 노동운동, 그리고 텐안먼 광장에서 탱크에 맨몸으로 맞선 대학생들의 이미지는 패러다임적 변화와 민주적 가치들의 재발견을 보여주는 생생한 상징이었음이 분명했다.

'루시'의 발견, 인류의 기원을 찾다

이 무렵, 원시 인류 '루시'가 대단한 명성을 누렸던 것은 이 발견 자체가 워낙 중대한 사건이기도 했지만, 엄밀히 따지자면 발견자들이 홍보를 잘했기 때문이다. 1974년에 도널드 요한슨과 모리스 타이에브가 이끌고 이브 코펜스가 참여한 프랑스와 미국의 공동 발굴단은 에티오피아 하다르 계곡에서 수색 작업을 벌였다. 발굴단은 뇌가 유인원의 뇌보다 살짝 더 크며 하체에서 직립보행의 흔적이 보이는, 즉 원숭이와 인간의 중간에 해당하는 해골을 땅속에서 발견해냈다. 거의 40% 정도가 온전한 상태였다. 연구자들은 오스트랄로피테쿠스라고 판별했고, 약간의 논쟁을 벌인 후 '오스트랄로피테쿠스 아파렌시스'라고 확신했다.

하지만 그러기 전까지는 이 유골에 좀 더 친숙한 이름을 붙여줘야 했다. 발견되었을 당시 고인류학자들은 라디오에서 흘러나오는 비틀즈의 'Lucy in the Sky with Diamond'를 듣고 있었다. 그래서 '루시'라 부르게 되었다. 몇 주 후, 이 이름은 전 세계에 널리 퍼졌고 루시는 곧바로 선사시대의 스타가 되었다. 하지만 인류 진화의 시나리오에서 루시가 지닌 의미와 위치 또한 찾아내야 했다. 그리고 이 일은 훨씬 더 어려웠다.

오스트랄로피테쿠스의 가족

루시는 누구인가? 루시는 인류의 기원이라는 거대한 퍼즐의 한 조각이다. 수천 개 조각으로 이루어진 이 퍼즐 가운데서 오늘날 발견된 퍼즐 조각은 불과

수십 개에 불과하다. 이 퍼즐 조각들 덕분에 진화의 전체 그림이 어떤 모습이었을지 상상해볼 수 있는 것이다. 오늘날 채택된 도식은 대체로 다음과 같다.

약 800만 년 전, 유인원과 인류의 공통 조상은 여러 계보로 갈라졌다. 약 4백만 년에서 5백만 년 전, 이 공통 조상의 일부는 (침팬지를 비롯한) 현생 유인원으로 진화해나갔고 다른 일부는 오스트랄로피테쿠스를 탄생시켰다. 루시는 이 오스트랄로피테쿠스를 대표하는 가장 유명하며 미디어에 가장 많이 노출된 사례였다. 오스트랄로피테쿠스는 아프리카 대륙에 살았다. 적어도 바로 이 아프리카에서 모든 오스트랄로피테쿠스 표본이 발견되었던 것이다.

첫 번째 오스트랄로피테쿠스의 발견은 1924년으로 거슬러 올라가는데 남아프리카에서 레이먼드 다트 교수가 세운 공이었다. 약 30년 동안 다트 교수와 그의 동료들은 또 다른 오스트랄로피테쿠스 표본들을 발굴해냈지만, 학계에서는 다트가 '원숭이 인간'이라 이름 붙인 이 발견물을 받아들이기 어려워했다. 1960년대가 되어서야, 그리고 주로 리키 부부가 동아프리카에서 펼쳤던 발굴 작업 덕분에 오스트랄로피테쿠스는 인류의 가계도에 진정 입성하게 되었다. 루이스 리키와 메리 리키는 디어보이(Dear Boy)를 비롯한 여러 표본을 세상에 내놓았다. 1959년에 발견된 디어보이는 발견된 지 몇 년 후에 비로소 발전된 연대측정기법에 따라 175만 년 된 화석이라는 사실이 밝혀졌다. 이후 몇 년간 리키 부부는 중요한 발견을 해냈다.

1974년에 루시가 발견되고 나자 사람들은 오스트랄로피테쿠스의 전형적인 대표 표본을 보유했다고 생각하기도 했다. 하지만 1990년대에 여러 표본이 발견된 이래로 오늘날에는 루시 즉 '오스트랄로피테쿠스 아파렌시스'가 오스트랄로피테쿠스과의 수많은 분파 중 하나에 불과하며(현재는 수십 개의 분파가 있다고 본다), 약 4백만에서 5백만 년 전에 아프리카 대륙에 분포했다가 약 1백만에서 50만 년 전에 멸종했다는 사실이 알려져 있다.

호모(사람종)의 무대 등장

지금으로부터 약 250만 년 전, 오스트랄로피테쿠스과에서 호모 계통이 갈라져 나왔다. 최초의 사람종인 '호모 에렉투스'는 1891년 인도네시아의 자바섬에서 유진 뒤부아에게 발견되었다. 1960년대 초, 리키 부부는 아프리카에서 여러 사람종 화석을 발견했다. 학계에서는 이 화석들을 '호모 에렉투스'로 판별했다. 이후 1964년에 루이스 리키와 필립 토비아스는 '호모 하빌리스'라는 새로운 유형의 사람종을 처음으로 판별해냈다. '호모' 종을 대표하는 표본들은 오스트랄로피테쿠스보다 훨씬 더 발전된 뇌를 지녔다. 키도 더 컸고 완전한 직립 보행을 했으며(이로 인해 '호모 에렉투스'라는 학명이 만들어졌다), 특히 도구를 제작했다. 알려진 최초의 도구 사용의 흔적은 약 2백만 년 전의 올두바이 공작(탄자니아의 올두바이 계곡에서 발견된 구석기 초기의 도구 제작 문명)으로 거슬러 올라가며 그 발견의 공은 다시금 리키 부부에게로 돌아갔다. 더 나중에는 '호모' 종이 불을 사용했다는 얘기가 나왔다. 이들에게 말하는 능력이 있었을까? 이 문제에 관해서는 전문가 사이에서 의견이 분분했다. 이 '호모' 종의 표본은 전 세계를 열광시켰다. 이후 '호모' 종은 그 후손인 '호모 사피엔스'에게 자리를 넘겨주었다.

'호모'는 언제 어디서 어떻게 '사피엔스'가 되었을까? 이 질문에 관해서는 해석들이 다양하다. '호모 사피엔스'로 말하자면 네안데르탈인과 크로마뇽인(현생인류의 직접적 조상)이라는 두 유형이 널리 알려져 있다. 일부 전문가들은

8장 권력의 '광기'에 맞서야 주체적인 역사의 기록이 가능하다

'다지역기원설'이라는 모형을 옹호한다. '사피엔스' 종은 (호모 에렉투스와 호모 에르가스터 같은) '호모' 종이 수렴진화를 거쳐 아프리카, 아시아, 유럽을 비롯한 여러 지역에서 동시다발적으로 등장했다는 것이다. 또 다른 전문가들은 '아프리카 이브'라는 학설을 지지했다. DNA연구에 기반을 둔 생물학적 조사 덕분에 '호모' 종이 20만 년 전 아프리카에 등장했던 하나의 뿌리에서 생겨났다고 생각하게 된 것이다. 그리고 이 두 가지 학설을 결합한 학설 또한 가능한 이야기이며 점점 더 많은 학자들이 이쪽으로 기울고 있다. 한 가지는 분명하다. 1990년대 말에 시행된 대규모의 발굴 작업 덕분에 오늘날 적어도 여덟 종의 오스트렐로피테쿠스와 여덟 종의 호모 종을 헤아린다는 것이다. 이 사실을 고려한다면, 인류 기원이라는 큰 그림은 하나의 줄기를 지닌 것이 아니라 일종의 '덤불' 같은 형태임을 알 수 있다. 인류 기원의 퍼즐이 완성되기란 여전히 요원한 상황이며, 바로 이것이야말로 21세기의 고인류학자들이 완수해야 할 임무일 것이다.

9장

1980~1990년대

9장

1980~1990년대

▼ 손을 잡은 신자유주의옹호자인 밀턴 프리드먼과 로널드 레이건 미대통령(오른쪽)

[시대적 배경]
소련의 해체와 미국 자본주의의 독주

1980년대에는 커뮤니케이션 기술과 정보과학의 발달에 힘입어, 이른바 '제3차 산업혁명'이 촉발됐다. '경쟁력 강화'라는 이름 아래, 국가 단위의 산업구조가 규제 완화, 민영화, 자유화로 새롭게 재편되던 시기였다. 전후 계획경제와 복지정책을 이끈 케인스주의는 이 무렵에 등장한 영국의 마가렛 대처 전 총리와 미국의 로널드 레이건 전 대통령이 내건 이른바 '신자유주의'에 자리를 내주며, 구시대의 공허한 사상으로 밀려났다.

앵글로 색슨식 신자유주의가 대세로 부상하면서, 노동자들의 일자리는 불안정해지고, 빈부격차가 심해져 갔다. 또 기업 활동을 위한 규제완화로 인해 환경파괴가 심화되고, 오염성 물질 배출이 증가하는 등 지구촌 곳곳이 병들어 갔다. 이 시기에 주목할 만한 점은 베를린 장벽이 무너지고, 공산주의의 종주국인 소련이 해체됨으로써 마침내 미국 자본주의의 독주가 시작됐다는 것이다.

반면에 유럽 국가들은 높은 실업률에 따른 사회 불안을 겪었다. 이 시기에 홈리스들에게 무료식사를 제공하는 '사랑의 식당'이 생겨나고, '노숙자'라는 개념도 생겨났다. 라틴아메리카 사람들의 판자촌, 앵글로색슨계 국가들에서의 빈부 격차, 프랑스의 '방리유'(이민자들이 많이 거주하는 교외 지역)가 바로 사회의 이원화를 보여주는 단적인 예라고 볼 수 있다.

1950년대부터 제3세계란 개념은 '저개발국가'들을 총칭하는 용어로 쓰였다. 이 가운데 한국처럼 선진국 대열에 합류한 국가도 있으나 아프리카 대륙, 특히 사하라이남 아프리카는 여전히 저개발의 피해국으로 남아있다.

9장 더 이상 국가엔 당신이 없다, 경쟁과 카오스만 있을 뿐

1987년 우크라이나 체르노빌 원전이 폭발하는 사건이 발생하는데, 이는 인류에게 매우 큰 충격으로 각인되었다. 유럽 대부분의 국가가 버섯모양의 원자 구름에서 나오는 방사능 피해를 입었다. 같은 시기에 '환경 경고'가 곳곳에서 내려졌는데, 오존층 파괴나 지구온난화 가속화, 해수면의 상승 등 환경문제의 심각성이 대두되고, 열대우림 특히 아마존 숲의 파괴 가 임계점에 다다랐다는 연구결과가 발표되기도 했다.

영원히 무너지지 않을 것처럼 보였던 동구권의 공산주의 체제는 폴란드의 독자적 노동조 합인 '자유노동조합(Solidarity)'이 설립되면서 기존 체계를 흔들어 놓았다. 소련에서는 미 하일 고르바초프의 지도하에 경제개혁인 '페레스트로이카'와 정보의 자유와 공개를 의미 하는 '글라스노스트'가 실시되어 공산주의 체제에 새로운 변화의 바람이 시작되었다. 한편, 제2차 세계대전 말기인 1945년 2월의 얄타 협정[1]으로 양극화된 세계질서는 베를린 장벽 이 무너지고, 소련이 몰락하면서 마침내 붕괴된다.

1   1945년 2월 4~11일 소련 크리미아 반도의 얄타에서 미국 대통령 루즈벨트와 영국 총리 처칠, 소련 총리 스탈린에 의해 2차 세계대전의 완수와 전후 처리에 대한 일련의 협정이 체결되었다.

비판 인문학 120년사

더 이상 국가엔 당신이 없다, 경쟁과 카오스만 있을 뿐

구조주의가 1950~70년대에 사회학, 민족학, 언어학, 정신분석학, 사학, 미학과 정치이론의 발달에 지대한 영향을 끼쳤다면, 1980년대는 평형추가 되돌아온, 즉 개별성이 부각된 '개인 행위자의 회귀'로 요약된 시기라 할 수 있다. 구조주의에 대한 최초의 대대적인 비판은 사회학 분야에서 나타났다. 중도우파 학자로 알려진 레이몽 부동(1934~)[2]과 프랑수아 부리코는 1982년 『사회학의 비판적 사전』을 출간했는데, 당시 이 책은 구조주의와 마르크스주의에

---

2 부동은 칼 포퍼와 레이몽 아롱으로 대표되는 유럽의 자유주의 정치철학의 유산과 고전사회학(토크빌, 뒤르켐, 베버, 짐멜, 애덤 스미스) 전통을 가장 성공적으로 결합해 현대 사회학과 사회사상 분야에 독창적이면서도 설득력 있는 인문사회학 재건의 방향과 프로그램을 제시했다는 평을 듣고 있다. 그의 학문적 여정 중 가장 주목할 만한 점은, 1968년 5월 혁명 이후 거의 30년 동안 프랑스 사회의 지적 헤게모니를 장악했던 네오마르크시즘(대표적인 학자는 피에르 부르디외와 미셸 푸코다!)에 대항해, 토크빌에서 레이몽 아롱에 이르는 유럽의 자유주의 철학 정신을 계승하고 확장해 자신만의 독창적인 인문사회학 이론 체계를 구축했다는 데 있다. 그 과정에서 자연스럽게 등장한 그의 핵심적 사회학 인식론은 구조주의를 비판하는 방법론적 개인주의적 시각의 행위 사회학이다. 대표적 저서로는 『기회의 불평등』(1973), 『오늘날 다시 읽는 토크빌』(2005), 『민주주의에 대한 새로운 성찰』(2006) 등이 있다.

대한 전쟁 선포처럼 여겨졌다. 이 책의 저자들은 사회학에서 피에르 부르디외 (1930~2002)가 제기한 지배적 구조주의에 맞서 '방법론적 개인주의'의 패러 다임을 확립하고자 했다.

> "일부 사회학자들은 사회적 구조의 산물인 '개인'을
> 사회분석에서 등한시할 수 있다는 전제에서 출발한다."

부동은 사회학의 행보가 '방법론적 개인주의'를 기반으로 삼아야 함을 주장 했고, 막스 베버, 알렉시스 드 토크빌 등 고전 저자들의 철학에서 그 정당성을 찾았다.

> "한 사회적 현상을 설명하려면,
> 관련된 개인의 동기를 재구성하고 이 현상을 그 동기가 규정하는
> 개인적 행동들이 집결된 결과로 파악해야 한다."

한편 부동의 사전이 출간된 지 2년 후인 1984년, 알렝 투렌은 저서 『행위자 의 복귀』(1994, 조형 옮김, 이화여자대학교 출판부)에서 행위자의 사회학을 강 조해 탈산업사회의 사회이론 전반을 고찰하고 현재의 문제점을 제기했다. 그 의 사회학적 중심개념들은 주체, 역사성, 사회운동이다. 그는 사회의 통합과 질서를 전제하는 사회 체계론이나 자연 진화론을 거부하는 대신, 내재적 갈등 과 창조적 행위자에 의한 역사적 변화를 강조한다. 탈산업 사회의 지식과 지식 인의 역할에 주목한 그는 "지식인은 사회의 지배적 담론을 분석하고, 해석하는 역할을 통해 '사회학적 개입'을 함으로써 사회운동의 차원을 끌어올리고, 압제

로부터 자유로운 사회적 관계를 만드는 데에 기여해야 한다"고 주장했다. 이는 노동자 운동의 쇠퇴 현상을 반영한 투렌의 견해이지만, 마르크스주의에서 영감을 받은 관점임이 분명했다. 하지만 새로운 사회 운동들이 노동운동의 바통을 이어받아 일어났는데, 이미 10년 전부터 사회학자들은 여성운동, 환경운동, 지역운동, 학생운동을 대상으로 하는 일련의 연구에 뛰어들었다. 예를 들면, 프랑수아 뒤베(1946~)는 고된 삶을 살아가는 젊은이들이 새로운 사회운동의 주체로서 어떻게 활동할 수 있는지 연구를 진행했다.

역사와 행위자들

'개인 행위자의 복귀'는 사학 분야에서도 뚜렷하게 나타났지만, 전기(傳記), 개인, 사건 그리고 특히 문제시됐던 정치성의 복귀라는 조금 다른 형태로 나타났다. 이러한 움직임은 페르낭 브로델(1902~1985)이 창안한 '고정된 역사' 혹은 구조의 역사와 반대됐다. 『위대한 기사 윌리엄 마셜』(1984)의 저자인 조르주 뒤비는 아날학파의 창시자 중 한 명인 뤼시앵 페브르의 유산을 연장했다. 뤼시앵 페브르는 『마틴 루터』와 『라블레』 등의 전기에서 개인을 통해 사회를 이해하는 것을 목표로 삼았다. 바로 이 1980년대 초에, 이탈리아 사학자 카를로 긴츠부르그(1939~)가 구현한 '미시사(microhistory)' 역시 유행했다. 이 연구의 목적은 앞서와 마찬가지로 사회의 역사를 구현하되, 개인들의 일상생활에 초점을 맞추는 개인적 차원의 역사를 구현하는 것이었다. 여기서 말하는 '개인에 초점을 맞추는 관점'은, 개인주의에 호의적인 이론적 관점이 아니다. 이는 방법론적 변화이자 사회적 현상을 관찰하는 또 다른 방식을 의미했다. 1980년대를 '인문학의 성숙기'로 보는 시각도 있다. 즉, 이제는 단순히 사회집단의 차원만이 아니라 개인적 상호작용의 차원까지 더해져 한층 복합적이고 구체적으로 관찰 가능한 인문학이 도래했던 것이다. 하지만 그렇다 해서, 사회적 과정과 집단적 의사결정이 사라졌음을 의미하지는 않았다.

밀려오는 신자유주의의 물결

밀턴 프리드먼이 1947년 컬럼비아대서 박사학위를 취득할 당시, 케인스 학설은 '유일한 공인교리'로 영향력을 떨쳤다. 하지만 신자유주의자 프리드먼이 그 철옹성을 무너뜨리러 나섰으며, 다른 학자들도 그의 뒤를 따랐다. 프리드먼이 영감을 불어넣었던 통화론 이후, 하나의 공통목표를 지닌 다양한 이론들이 등장했다. 그 목표란, 경제생활에서 국가를 몰아내고 시장의 자유로운 작동을 회복시키는 것이었다. 자유방임주의의 옹호자들이 점차 학문적 논의에서 득세하기에 이르렀지만, 자유방임주의적 정책들이 실제로 적용됐던 것은 1970년대 중반의 경제 위기(1973년 및 1979년의 석유파동, 물가상승률과 실업률의 동반 상승, 효과 없는 경제부양책) 때문이었다. 신자유주의의 물결이 몰려들었던 것이다.

프리드먼, 케인스에 반대하다

시장의 우월성을 신봉한 프리드먼은 실증주의자이자 열정적인 워커홀릭이었다. 그는 케인스식 경기부양책들이 효과가 없다는 사실을 통계자료를 통해 입증하려 했다. 프리드먼은 경제주체의 소비가 현 소득이 아니라 영구소득, 즉 실질소득과 향후 예상소득에 따라 계산한 소득에 좌우된다고 주장했다. 그래서 공공지출을 전제로 하는 경제부양책은 소비에 부분적인 영향밖에 미칠 수 없는 것이다.

경제주체는 영구소득에 따라 소비를 결정하는데, 이러한 부양책은 일시적 소득처럼 여겨지기 때문이다. 그 다음, 그는 통화정책 공격에 나섰다. 존 메이너드 케인스는 경제순환 과정에 통화량을 투입함으로써 경제 활동을 진작시키고 실업을 극복할 수 있다고 봤다. 반면에 프리드먼은 이런 효과가 존재한다는 점은 인정했으나, 일시적인 효과에 불과하다고 주장했다. 오히려 팽창적 통화정책은 '인플레이션'이라는 또 다른 결과를 낳을 것이라고 지적한 것이다. 장기적으로 볼 때 경기 부양책은 인플레이션을 악화시킬 뿐, 실업률을 낮추지 못한다는 것이다. 프리드먼은 예산을 안정시키고, 생산총액의 변화에 따라 통화량의 변화를 산정해야 한다고 주장했다.

프리드먼의 열정과 학문적 시각을 경계했던 학계는, 프리드먼의 이론에 곧바로 설득되지 않았다. 하지만 프리드먼은 이에 개의치 않았다. 성공리에 책을 출간했고 〈뉴스위크〉지에 시평을 썼으며, 미디어의 사랑을 받는 스타 학자가 됐다. 1970년대의 경제위기와 '스태그플레이션'은 신자유주의의 승리를 낳았고, 1976년 프리드먼은 노벨경제학상을 받았다. 레이건 행정부를 비롯해 다양한 공공기관의 자문으로 활약했던 그는 제자들과 함께 1978년부터 1982년까지 통화정책 운영에 결정적인 역할을 했다.

다양한 경제학파의 기원과 발전

경제학자 3명을 한 방에 넣으면 4가지 의견이
나온다는 농담이 있다. 이 지침을 잘 알고 있는 만큼,
다음의 표가 경제학의 서로 다른 모든 생각을 모두
담아내기를 바라지는 않는다. 그 대신 3가지 축으로
나누어 경제학의 흐름을 종합적으로 소개하고자 한다.

신케인스주의
존 힉스(1904~1989)* 폴 새뮤얼슨(1915~200
조지프 스티글리츠(1943~)* 틀 크루그먼(19

신고전주의의 틀에서 케인스의 이론과
접목을 시도해 주요 경제 지표
(인플레이션, 실업, 무역 수지)와
국가 정책 간의
관계를 수학적으로
분석하고 모형화해
연구한다.

포스트케인스주의
니콜라스 칼 도어 (1908~1986)
칼레츠키(1899~1970)

화폐의 비 중립성이나 불확실성 가설 등
케인스의 후기 연구와 급진적인 주장을
복원, 발전시킨 학파로 1980년을
지나면서부터 본격적인
활동을 펼쳤다.

존 메이너드 케인스(1883~1946
1930년대의 대공황을 거치면서 신고전주
이르게 하는 시장의 능력을 부정했다.
늘림으로써 경기를 부양시키는 정책

조절주의
미셸 아글리에타(1938~)
로베르 브아예(1943~)

이 학파는 서로 다른 시기각 공간에 걸친
다양한 형태의 자본주의를 연구한다.
각 국가에 해당하는 정쳬-제도(규쳬의
방식에 따른 기복을 수립하고
자본과 위기가 가중되는 형태를
각각의 특수한 양태로
분석한다.

제도주의
경제 질서는 보편적 자연법칙가 아니라 사회의 정치 제도 위에 수립된다고 봤다.
제도주의는는 뉴딜 정책을 시행한 루스벨트와 사회민주의의 정책에 영향을 주었다.

고전주의: 애덤 스미스(1723~17
자유 시장 경제의 창시자 중 한 사람으
절대 우위에 있는 상품을 특화해 교
모두에게 이익이 발생해 궁극
국가 번영에 이바지하게 되

마르크스주의
사를 베텔하임(1913~2006)
제라르 뒤메닐(1942~)

생산수단의 사유화와 축적이나 관계를
중심으로 마르크스의 사상을 새롭게
해석한다. 착취의 문제는 시장의
지리적, 사회적 속한까지 확장해
이윤율의 경향적 저하 법칙과
제조주의의 같은 현상의
기멸을 밝혀낸다.

카를 마르크스(1818~1883)
철학자, 경제학자, 역사가였던 마르크스는 자본의
사적 사유화은 아니라 집단으로 생산수단을
소유하는 공산주의 정쳬에 대해서도
과학적 접근을 통해 밝혀내고 있다.

중농주의
계몽주의의 결과로 생겨난 중농주의
경제 '과학'의 기반을 마련
민들어 내는 토지,
농산물과 함

중심에서 뻗어나아가는 축은 시간을 나타낸다. 경제학의 선도자(18세기~19세기)에서부터 현대 경제학파에 이르는 흐름을 보여준다. 다음은 서로 대립하는 견해를 가진 학파를 정통과 비정통으로 구분했다. 정통주의 학파가 시장 안에서의 경제주체를 합리적이고 이해타산적인 존재로 본다면, 비정통주의 학파는 사회과학이나 정치철학적 시각에서 경제 현상을 분석한다. 세 번째 축은 시장에 대한 견해에 따라 세 분류로 나누었다. 즉, 자본주의에 비판적인 입장과 자율시장을 옹호하는 입장, 그리고 시장에 대한 정부 규제가 필요하다고 보는 입장이다.

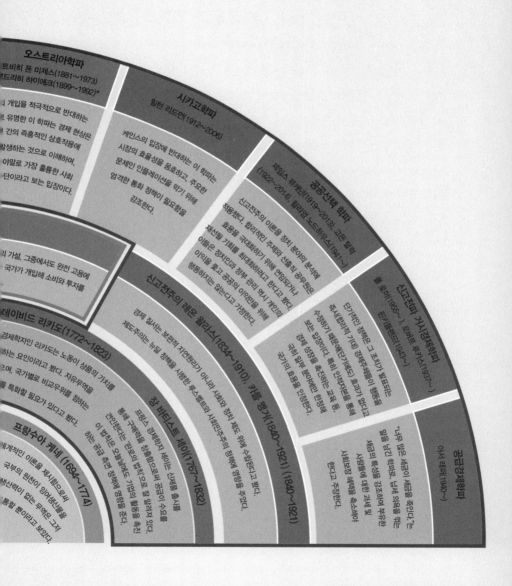

복지국가에 반대하다

1960년대와 1970년대 이후로 또 다른 사조들이 통화론의 행보를 이어나가면서 이를 급진화시켰다. 이같은 양상의 격화는 두 가지 방식으로 실행됐다. 첫째는 미시경제적 관점을 채택하고 경제주체의 합리성에 관한 가설을 극단으로 밀고 나가는 것이었다. 예컨대 신고전학파의 주요 인물이자 1995년 노벨경제학자 수상자인 로버트 루카스는 1972년에 '합리적 기대', 즉 각 개인이 합리적으로 현상을 판단할 수 있기 때문에, 정부가 어떠한 경제정책을 펴더라도 미리 합리적으로 예상해 행동한다는 가설을 제창했다. 루카스에 의하면, 각 개인은 시장이 어떻게 작동하는지 알고 있기 때문에 정확한 예상을 펼친다는 것이다. 그리하여 국가가 행하는 모든 정책은 경제주체가 이를 좌절시키는 만큼 실패로 끝나기 마련이라는 지적이다.

신고전학파가 주장했던 정책들, 즉 경제부양책과 예산적자를 멀리하고 중앙은행의 자립을 중시하는 것 등은 바로 이러한 입장에서 유래했다. 유럽에서 20년 전부터 시행된 정책들을 상기시키는 수많은 권고도 마찬가지였다. 미시경제적 접근법은 역시 신자유주의적 물결의 일종인 또 다른 발전을 맞이하게 됐다. 둘째는 복지국가 비판론을 고조시키는 것이었다. 공급론의 옹호자들은 생산의 공급이 수요를 창출하지, 수요가 공급을 창출하지 않는다고 주장했다. 이들은 국가의 개입이 부를 창출하려는 경제주체들을 좌절시키면서, '경제라는 기계'에 제동을 건다고 봤다. 1980년대에 확장된 조세저항 운동에 학문적 의미를 부여했던 공급론자들은 곧바로 미국 정부의 최측근 자문으로 참여하게 됐다. 이러한 경향을 구현하고 묘사하는 것이, 바로 그 유명한 래퍼 곡선(경제학자 아서 래퍼의 이름에서 따왔다)이다. 이 곡선은 조세율이 특정 비율을 넘어가면, 돈을 더 많이 벌고자 하는 개인의 의지가 꺾인다는 사실을 보여준다. 이 경우 개인들은 일을 덜 하려고 하고, 결국 조세수입도 줄어든다. 세금이 너무 과하면 오히려 세수가 줄어드는 셈이다.

매우 상식적이었던 이 주장은 조세 감소 정책에 영감을 선사했다. 민영화, 조세 감소, 복지국가 해체, 규제 완화는 새로운 '공인교리'로 자리 잡은 신자유주의의 승리를 상징했다. 미국 경제학자들이 만든 이 정책들은 1980년대 초반 레이건 정부와 대처 정부에 의해 적용됐다. 더 넓게 보자면 '신자유주의의 정신'이 모든 서구 국가 사이로 빠르게 퍼져나갔으며, 이후 관련 국제기관들의 영향력 및 경제 세계화로 인해 전 세계로 확산된 것이다. 오늘날에는 '세계적 신자유주의'라고 말한다.

신자유주의와 커뮤니케이션의 결합

1980년대에 들어서면서, 정치적·기술적·경제적·사회적인 다양한 요인이 한데 모여 '커뮤니케이션'이라는 개념이 유행하게 됐다. 커뮤니케이션의 개념이 출현한 것은 무엇보다도 신매체의 발전과 신기술의 등장 덕분이었다. 1980년부터 1986년 사이에 이뤄진 미니텔(국영 프랑스텔레콤이 전화와 정보기술을 결합, 문자 기반의 통신서비스로 개발한 정보통신 단말기), 케이블, 마이크로컴퓨터 정보처리기술의 동시다발적 등장, 무선 라디오의 비약적 발전, TV 채널의 민영화 및 다양화에 이어 1990년대 중반 인터넷의 성공과 무선전화의 열풍이 뒤이었다. 이 시대에 커뮤니케이션은 정치적 영역까지 파고들었다. 정치광고가 등장했고, 정부 기구에도 관련 부처가 생겨났다. 이 무렵, 정치

커뮤니케이션의 붐이 불어 닥쳤다. '대변인'을 두는 것이 일반화됐으며, 대다수 정치인이 '이미지 관리'에 치중했다. 메시지를 함축한 간략한 문장을 사용하는 것이 유행이 됐고, 여론조사 결과는 우선 사항이 됐다. '쇼비즈니스 정치'의 시대가 온 것이다.

기업 또한 커뮤니케이션을 중시하기 시작했다. '커뮤니케이션 책임자'가 고위임원의 특권계급 속으로 혜성같이 등장했다. 이미지와 화법을 쇄신하고, 기업내 정보의 공유를 권장하며, 소속감을 만들어내는 것이 이들에게 부여된 까다로운 임무였다. 기업에선 신입사원을 뽑으면, 모호하기 짝이 없는 커뮤니케이션과 결부된, 최신 유행의 심리학적 기법(신경언어학적 프로그래밍, 교류분석)을 연수 기간 동안 교육했다. 이 연수를 통해 개인 상호 간 관계를 용이하게 하고 경영진의 관계적 장악력을 증폭시킨다는 것이었다. 커뮤니케이션은 유의미한 활동, 즉 '최신 유행하는' 활동으로 자리 잡았다. 현대성을 완성하고 시민 자격을 획득하는 '마법의 주문'에 다름 아니었던 것이다. 더 나아가서는 사회 내 모든 층위의 관계적 문제를 해결해준다고 여겨지는, 사회적 윤활유의 기능까지 떠맡게 됐다. 이러한 비약적인 발전을 보여주는 것이 바로 오늘날 개인 간 갈등이든 사회적 갈등이든 수많은 분쟁에서 중재 역할을 하는 '중재자'의 존재다.

정보커뮤니케이션학의 등장

아울러, '정보커뮤니케이션학'이라는 학제 간 학문이 각광받았다. 대학에서는 관련 학과나 학부가 속속 생겨났고, 관련 학술지, 학회, 연구단체들이 등장해 이론적인 연구 작업에 나섰다. 예를 들면, 도미니크 볼튼은 사회학적 관점에서 TV, 언론매체, 영화, 신기술 등을 인식했고, 카트린 베르토라브니르는 정보통신 기술의 역사에 역점을 뒀으며, 아르망 마틀라르는 경제와 정치의 관점에서 정보통신의 영향을 분석했다. 그리고 다니엘 다양은 수용이론, 기호학, 담론 분석, 인류학 등을 차용해 정보통신사회의 현상들을 연구했다. 레지 드브레가 전수한 매체학적 연구들은 광범위한 역사학적 관점으로 볼 때 '문화의 물질성'이 지닌 가장 중요한 역할을 증명하는 데 전념했다. 이 역할은 강력한 상징적 기능을 떠맡았으며, 문명적 과정의 흐름을 바꾸기까지 했다. 그러한 관점에서 매체학은 캐나다출신의 마샬 매클루언(1911~1980)의 패러다임을 재해석하고 발전시켰다. 이 패러다임에 의하면 '메시지를 구성하는 매체'는 이념의 힘을 확대할 본질적인 위협을 지니고 있다. 또한 커뮤니케이션 연구의 내부에도 비판적인 사조가 존재했다.

미디어학자인 뤼시앙 스페즈, 필리프 브르통, A. 마틀라르는 커뮤니케이션 이념 및 커뮤니케이션의 이상을 비판했고, 세르주 알리미(《르몽드 디플로마티크》 프랑스어판 발행인), 피에르 부르디외는 미디어 시스템의 일탈을 공격했으며, 폴 비릴리오, 장 보드리야르는 정보통신이 발휘한 마력을 비판했다. 커뮤니케이션이라는 학문적 교차점은 상충하는 두 가지 경향 사이에서 갈팡질팡했다. 하나는 인문과학 및 사회과학(사회학, 심리학, 역사학, 경제학, 인류학)이라는 '전통적인' 학문을 향한 주제 및 문제의식으로 되돌아가자는 경향이었고, 또 하나는 통합적 주제, 방법론, 개념을 찾아 그 자체로 완전한 하나의 학문을 구성하자는 경향이었다.

카오스 이론, 학계의 유행?

정보통신의 마력에 직면한 세계는 불안정하고 예측 불가능하다. 세계화로 집약되는 1980년대의 변화무쌍한 시대적 혼란은 카오스 이론을 필요로 했다. 사실, 카오스 이론은 소위 '비선형적'인 특정 함수들의 불안정한 작동을 묘사하는 하나의 수학 이론이다. 20세기 초에 수학자 앙리 푸앵카레가 발견한 이 이론은 1970년대부터 진정한 전성기를 맞이했다. 비선형적 함수들의 첫 번째 특징은 원래의 아주 작은 변동이 장기적으로는 중대한 결과를 야기할 수 있다는 것이다.

1960년대에 기상학자 에드워드 로렌츠는 기후 변화를 컴퓨터로 모형화하다가 이 현상을 발견했다. 컴퓨터에 전송된 원 데이터의 아주 작은 변동이 완전히 다른 최종 결과로 이어진다는 것이었다. 기후학적 용어로 표현하자면 '나비 효과'를 일으키는 셈이었다. 특정 사안의 나비효과라는 영향력과 관련, 중국 베이징에서 나비의 날갯짓이 미국 뉴욕에서 폭풍을 일으킬 수 있다는 식의 은유적 표현으로 자주 사용되었다. 한편 이 나비 효과를 비방했던 이들은 "방금 재채기 했어? 지진 조심해!"라는 농담을 즐겨 했다.

"원인은 미미하나 그 영향은 거대하다."

카오스 함수들에는 또 다른 주목할 만한 특징이 있었다. 곡선이 갑작스럽게 궤도를 변경해 결국 하나의 고정점으로 수렴하게 되는 분기점이 존재한다는 것인데, 이 분기점을 '끌개(Attractor)'라고 불렸다. 하천의 경로가 고정돼 있지 않음에도, 결국에는 언제나 바다로 합류하게 되는 것처럼 말이다. 나비

효과, 갑작스러운 분기, 끌개…. 이 가설들은 물리학(유체동역학), 화학(특정 반응의 변화), 기상학 등을 막론하고 수많은 현상에 적용 가능한 것처럼 보였다. 카오스 이론은 당시에 불안정하고 무질서하며 혼란스럽기 그지없는 세계에 관한 새로운 관점을 제시했고, 이전 관점과의 단절을 선언했다. 곧이어 카오스 이론이 적용될 수 있는 정확한 범위에 관한 논의가 빠르게 시작됐다. 일리야 프리고진, 에드가 모랭 등이 저자로 참여한 저서 『결정론 논쟁』에서는 비결정론적인 새로운 관점을 옹호하는 이들과 카오스 이론의 기만적인 해석을 규탄하는 이들이 서로 대립각을 세웠다.

새로운 인간 묘사

인문과학 분야에서는, 카오스 이론이 직접 적용될 만한 부분이 얼마 없었다. 재정학 분야에서 사용됐는데, 카오스 이론의 모형이 주가 변동의 설명에 적용된 것으로 보였다(앙드레 오를레앙). 정신의학 분야의 일부 학자들은 이 카오스 이론이 정신적 위기를 모형화하는 수단이 될 수 있다고 봤다. 하지만 그것이 기만적이든 아니든 적용된 사례를 넘어서서, 카오스 이론은 인문과학이 새로운 패러다임으로 전환 중인 시대에도 살아남았다.

이전의 시대는 구조나 기능, 발전 법칙이라는 용어로 인간과 사회에 접근하는 결정론적 관점의 지배를 받았으나, 이제는 새로운 방식의 인간 묘사가 자리 잡았다. 불확실성, 미확정성, 무질서에 더 큰 자리를 남겨두는 묘사였다. 질서와 무질서의 만남은 자크 모노의 평론 『우연과 필연』(1972)의 주요 주제였다. 인식론적 관점에서 볼 때 에드가 모랭의 『방법론』, 앙리 아틀랑의 『수정과 연기』(1979) 또한 그와 비슷한 견해를 옹호했다. 시인 폴 발레리도 나름의 방식으로 이 주제에 영감을 받아 다음의 문장을 남겼다.

"질서와 무질서라는 두 가지 위험이 세계를 위협하고 있다."

"커뮤니케이션 기술은 통제 못하면
괴물 '프랑켄슈타인'이 될 우려"

뤼시앙 스페즈와의 인터뷰

인류의 역사는 커뮤니케이션 발달의 역사
라고 해도 과언이 아니다. 과연 인간은 호모
커뮤니칸스(Homo communicans)인가?

날로 눈부시게 발전하는 정보기술(IT)은
인류의 종(種)에 대한 개념을 새롭게 정의하
고 있다. 우리는 정보통신(IT)의 발달에 힘입
어 시간과 장소에 구애 받지않고, 원하는 누구와도 리얼타임으로 커뮤니케이
션을 나눌 수 있게 된지 오래다.

많은 전문가들은 IT 기술을 통해 인류의 공존과 화해, 평등이 가능한 유토
피아적 사회를 건설할 수 있다고 믿고 있다. 하지만, 한편으로는 커뮤니케이션
기술의 발달에도 불구하고, 인류의 소외감과 빈익빈 부익부의 갈등은 심화되
고 있다. 왜 그러한가.

필자는 2002년 5월 어느 날, 프랑스의 대표적인 정치사회학자인 파리 1대
학의 뤼시앙 스페즈 교수(1937~2018)를 만나 IT의 정치 사회적인 본질과 의
미를 물어보았다. 60년대 이후 줄곧 IT와 커뮤니케이션 연구에 몰두해온 그는
수많은 저서와 기고를 통해 IT에 대한 유토피아적 맹종을 경고하고, 개인 주체
와 사회공동체적 커뮤니케이션의 구현을 주장해왔다.

-당신은 IT 신기술의 유토피아적 기능과 역할에 비판적인데, 왜 그러한가.

"IT를 통한 커뮤니케이션의 신기술이 유토피아를 가져올 것으로 생각하는 것은 환상일 뿐이다. 유감스럽지만, IT에 대한 유토피아적 환상에는 경제적 이익을 목표로 한 미국의 정치 경제적 이데올로기가 자리잡고 있다. 과거 전체주의적인 공산주의나 파시즘이 민중들에게 유토피아의 환상을 심어주었다면, 이제는 IT가 그 역할을 대신하고 있다"

-많은 전문가들이 칭송하는 IT 신기술의 미덕을 공산주의나 파시즘의 유토피아적 세계관에 견주는 것은 다소 놀라운 일인데.

"IT신기술이 커뮤니케이션 기술의 발전을 가져온 것은 사실이다. 그렇다고 해서 IT신기술이 우리 인류의 모든 문제점을 해결해줄 수 있다고 믿는 것은 옳지않다. IT신기술의 미덕을 열거하는 것은 컴퓨터와 인터넷에 대한 접근이 용이한 '가진 자'나 '부유한 나라'에서 가능한 일이지, 아프리카나 가난한 나라에서는 전혀 무관하다. 이같은 현실에도 불구하고, IT 신기술에 대한 환상을 과대 포장하는 것은 공산주의나 파시즘적 유토피아일 뿐이다. "

-누가 IT 신기술의 유토피아를 퍼뜨리는가. 미국의 세계적 다국적 기업인 마이크로 소프트의 창업자인 빌 게이츠나 IT의 전도사인 MIT 공대의 니콜라스 네그로폰테 교수 같은 사람인가.

"그렇다. 그들은 인터넷 같은 신기술을 통해 사회불평등과 사회 결속을 이뤄낼 수 있다고 강조하고 있다. 또한 그들은 IT산업에 대한 자신들의 기여를 통해 예술과 교육 및 연구 성과를 얻어낼 수 있다고 밝히고 있다. 하지만, 그들은 경제적 이익을 최우선의 목표로 삼는 경영자이며 정보산업의 생산자나 판매자일 뿐이다. 결국, 그들은 인간사회의 커뮤니케이션 발전에 아무런 기여도 할 수 없다. 유토피아 이데올로기의 이면에는 경제적 이익과 새로운 기술적 지배구조를 창출해내려는 집단의 교묘한 전략이 자리 잡고 있다."

–당신은 미국이 커뮤니케이션과 매니지먼트의 결합을 통해 영속적인 세계 지배를 기도하고 있다고 보는가. 그렇다면, IT 신기술에 대한 미국의 지배에 대해 어떻게 대응해야 하는가.

"미국은 군사적 경제적으로 강국이며, 실제로 효율성있는 사회시스템을 지니고 있다. 미국은 정치 경제 문화 영화 등에서 막강한 영향을 미치고 있고, 신기술에 대해서도 그러하길 원하고 있다. 미국의 지배방식은 경제적 지배와 이데올로기적 지배가 함께 진행된다는 점이다. 하지만 미국의 이데올로기가 세계를 지배하고 있다고 보기는 힘들다. 다행스러운 것은 유럽과 아시아 등에서 미국의 부분적 지배와 이에 따른 미국으로부터의 자유가 가시화되고 있다는 사실이다."

–IT 기술의 진보에도 불구하고, 인류의 오랜 갈등과 부조리는 여전히 해결의 기미가 보이지 않고 있는데.

"그것은 현대 사회에서 IT 기술 그 자체가 중요한 화두의 대상으로 부상한 반면, 인류 사회의 쟁점이 관심 밖의 영역으로 밀려난 까닭이다. 유감스럽게도 현대사회에서는 기술과 커뮤니케이션, 권력 등 3가지의 영역이 경제적 이익 추구라는 공통분모를 통해 그 자체로서 엄청난 영향력을 발휘하고 있는 것이다. 중요한 것은 인류의 오랜 숙제와 문제의 해결을 위해 IT신기술에 전적으로 의존하기 보다는 우리 스스로가 노력하고, 사회결속을 다져야 한다는 것이다."

   –인류는 근본적으로 커뮤니케이션의 발전을 추구해왔으며, 따라서 일부 학자들은 인간을 호모 커뮤니칸스로 새롭게 정의하길 주저하지 않는데.

   "현재 인류는 타인과의 커뮤니케이션에 어떠한 장애를 갖지 않는다. 이를 테면, 전화와 비디오, 컴퓨터 등의 정보수단들은 각각 기술적으로 발전하거나 서로 조합돼 무선 이동통신, 비디오폰, 버추얼 통신 등의 새로운 커뮤니케이션 기술들을 선보이고 있다. 그것도 부족해 일각에서는 커뮤니케이션을 즐길 수 있는 의상을 입고, 장식을 달고 있다. 따라서 인류를 가히 호모커뮤니칸스로 일컬을 만하다. 그러나 호모커뮤니칸스는 전적으로 이들 커뮤니케이션 도구들에 의존하며, 결국에는 이들 도구에 종속되고 만다.

   그 결과, 우리 인류는 커뮤니케이션 신도구의 간편성과 용이성으로 인해 사회문제에 대해 너무 무관심하고 게으른 인간형이 되어가는 것이다. 호모커뮤니칸스가 만들어낸 사이버 문화권에서는 비록 누구나 동종 커뮤니티의 언어를 사용하고 있으나 실제의 현실을 공유하지는 않는다. 호모커뮤니칸스가 두려워하는 것은 타인과의 단절이 아니라 컴퓨터 같은 커뮤니케이션 수단의 고장이다."

–그러나 IT신기술과 인터넷의 순기능적인 측면이 더 많지 않은가. 가까운 예로, 극우인종주의자 장마리 르펜이 프랑스 대통령 선거의 1차 예선투표에서 집권 사회당의 리오넬 조스팽 전총리를 누르고 2위에 올라 결선투표에 진출했을 때 수많은 네티즌들이 인터넷을 통해 프랑스의 가치를 부르짖었는데.

" 나 역시 기술적 진보의 자체에 대해선 반대하지는 않는다. 우리가 경계해야 할 것은 기술 만능주의 역사관과 세계관이다. 프랑스 젊은이들이 인터넷을 통해 극우주의를 반대한 것은 인터넷을 신봉해서가 아니라 인터넷이 효율적인 커뮤니케이션의 도구라고 생각했기 때문이다. 사실, 젊은 이들이 인터넷 이메일을 통해 현실 정치에 관심을 보였다고 해서 전자민주주의가 실현된 것처럼 보는 것은 허구다. 문제는 기술 편의주의의 속성상 폐쇄적이며 단절적인 커뮤니케이션 신기술에 의존하는 것보다는 항구적인 사회 결속력의 회복이 중요하다는 점이다. 솔직히, 인터넷이 없어도 얼마든지 젊은이들의 집단적 행위가 가능하다."

–왜 현대사회의 커뮤니케이션 신기술에 대한 속성이 폐쇄적이며 단절적이라고 규정하는 가.

"IT기술이 가져온 커뮤니케이션의 속도혁명은 기술적 진보이지, 결코 도덕적 진보가 아니다. 한 역사적인 예로, 10년 전 루마니아의 구 공산체제 독재자였던 차우체스코가 수많은 양민을 집단 학살한 증거가 되는 무덤을 발견했다고 루마니아의 TV가 폭로해 세계의 수많은 신문 잡지 TV가 이를 인용, 확대 보도했다. 그러나 사실은 차우체스코에 의해 학살당한 무덤이 아니라 병원에서 사망한 시체들의 무덤이었다.

　나는 오래전에, 커뮤니케이션의 이 같은 사회병적 증후군을 이른바 '토티즘'(Tautisme)으로 명명한 바 있는데, 이는 자폐증세의 오티즘(autisme), 동어반복적인 토톨로지(tautologie), 독단주의적인 토털리타리즘(totalitarisme)의 합성어다. 실제로, 기술적 진보에 힘입은 커뮤니케이션의 속도혁명은 도덕적 진보와 사회적 결속을 이끌어내지 못한 채 그 자체가 프랑켄슈타인 같은 괴물이 돼 인류의 통제력을 벗어나고 있다."

－인터넷을 즐기는 한국인들에게 한마디 해달라.

　"한국의 IT기술에 대한 발전이 눈부시다. 그러나 인터넷과 IT기술은 어디까지나 의사소통의 수단일 뿐이지 결코 사회부조리의 해결책은 아니다. 생산과 분배의 투명성 제고와 사회통합은 사회 구성원들의 책무이지, 인터넷의 몫이 아니라는 점이다."

　*스페즈 교수의 부음소식은 2018년 12월 30일 프랑스 온라인 신문을 통해 전해졌다.

10장

1990~2000년대

▼ 『네트워크 사회의 촘촘한 연결망』, 2016 - 권재원

[시대적 배경]
미국식 자유 민주주의의 승리와 네트워크 사회의 등장

미국의 프랜시스 후쿠야마는 1990년대 초반 소련과 동유럽의 사회주의 체제 붕괴와 미국식 자유민주주의의 승리를 보고, "역사는 종언했다"고 말했다<『역사의 종언과 최후의 인간(1992)』>. 그는 서구의 자유민주주의가 공산주의에 승리하고 인류사회의 궁극적인 체제로서 정착하는 최후의 이데올로기라고 단정했다. 1990년대 이후 세계는 빠른 속도로 미국식 자본주의 체제로 바뀌어 갔다. 여기에 기술·정보 혁명이 본격화되면서, 미국식 자본주의는 세계 전역에서 정치, 경제, 사회, 문화, 교육 등 전 방위적으로 영향을 미쳤다. 이른바 '세계화(Globalization)'는 '미국화(Americanization)'에 다름 아니었다. 인문학과 사회과학 등 학계에서는 지구촌 유일의 지배적 이데올로기로 등장한 세계화의 실체와 그 영향을 분석하고 진단하는데 역량을 쏟아왔지만, 아직 그 결과를 가늠하기란 쉽지 않다. 미국의 독주 속에서 상품 생산이 국제적으로 이루어졌으며, 동구권 국가들과 중국에서 자본주의가 확산되기 시작한다. 세계적 규모의 금융 시장과 글로벌 기업, 단일화폐권의 출범 등이 경제 세계화의 현상이자 특징이라 볼 수 있다. 미국의 주도하에 세계무역기구(WTO), 세계은행, 국제통화기금(IMF) 등 국제 경제기구들이 경제 세계화를 본격적으로 이끌었다. 그러나 이러한 세계화에 대항하는 세력들도 빠르게 확산되었는데, 가령 한국의 노동조합에서부터 멕시코의 사파티스타[1]에 이르기까지, 그리고 1995년 프랑스의 파업노동자들부터 1999년 시애틀에서 벌어진 세계무역기구(WTO) 반대 운동에 이르기까지 다양하다. 1990년대 말에는 새로운 경제 역할이나 인수합병 등의 쟁점들이 등장했다.

1982년 이후, 생식 기술이 활용되기 시작했고, 1995년에 시행된 인간 게놈 프로젝트를 통해 인류의 유전자 조작에 관한 다양한 견해가 나오기 시작했다. 즉, 유전자 조작을 연구하는 우생학을 어디까지 허용할 수 있는가 하는 문제가 제기된 것이다. 이에 따라 1994년, 프랑스에서는 생명윤리에 관한 법이 처음으로 도입됐다. 바로 출생 전 성별 진단을 금지하는 법이었다. 이 당시 언론은 주기적으로 생명공학과 관련한 새로운 사건들을 보도하곤 했다. 특히 1997년, 양 복제가 성공했다는 소식이 전해지고, 이는 인간 복제에 대해 깊이 있게 고찰하는 계기가 됐다. 결국 전문가들은 원리원칙에 따르기로 결정했지만, 과연 이미 진행된 프로젝트를 멈출 수 있을지는 알 수 없는 상황이었다.

동서(東西)로 나뉘는 양극화현상은 끝이 났지만, 강대국 사이의 긴장감은 끊이질 않았다. 특히 중국의 민족주의나 인도-파키스탄 간의 분쟁은 주기적으로 계속 발생했다. 정치, 민족, 종교로 인한 국내 분열도 심화됐다. 1994년 르완다에서 대량학살이 일어날 당시, 구 유고슬라비아에서는 십여 년 동안 분쟁이 지속되었다. 이 밖에, 아프리카 국가들(콩고, 라이베리아, 알제리)과, 체첸 공화국, 필리핀에서도 내전이 발생했다. 비록 국제기구조차도 힘을 못 쓰는 경우가 많았지만, 협상의 진전이 어느 정도 이뤄졌다. 북아일랜드에서 발생한 개신교와 가톨릭 간의 분쟁은 소강 국면에 접어들었다. 근동(近東)에서는 팔레스타인의 영향력이 약해지고, 아랍-이스라엘은 미국의 후원하에 타협을 시도했다.

위성 네트워크, 신호의 디지털화, 미디어 융합, 정보통신 등 IT의 대중화는 미국에서 시작된 듯하다. 1990년대 말, 서방국가에서 인터넷은 가정뿐만 아니라 기업, 학교 등 사회에도 큰 영향을 미치기 시작했다. 한 예로, 1997년 7월, 화성 합성사진을 게재한 인터넷 사이트에 10만 명 이상의 네티즌이 접속했다.

---

1   공식 명칭은 사파티스타 민족해방군이며, 멕시코 남부 치아파스 주를 근거지로 하고 있
     는 반세계화 아나키즘 무장단체이다. 부사령관 마르코스는 풍부한 언변과 호소력 깊은 문
     장으로 체 게바라를 이은 혁명의 아이콘으로 떠올랐다. '사파티스타'라는 명칭의 연유는
     멕시코 혁명에서 판초 비야와 연합군을 구성해서 싸웠던 아나키스트 에밀리아노 사파타
     의 이름에서 연유했다. 사파티스타의 등장 배경은 멕시코 혁명에서 시작되었다고 볼 수
     있으나, 그 촉발제는 북미자유무역협정(NAFTA)으로 인한 값싼 미국산 농산물의 대량유
     입과 거대 식품업체의 경제적 잠식, 멕시코 농장경제의 급격한 몰락이었다.

네트워크에 연결된 당신, 왜 고독감을 느끼는가?

포스트모더니티, 세기말 현상?

프랑스 사회학자 미셸 마페졸리에 의하면, 더 이상 개인은 어느 일사불란한 조직에 속해 있지 않으며, 유동적이며 불안정한 이 '신(新)부족'들의 근간을 이루는 것은 취향과 감정의 공유, 임시적 유대 그리고 가상의 네트워크다. 그는 모더니티에서 야기된 개인주의 너머로, 각 개인의 자유로운 표현과 이에 기인하는 불균일성에서 진보의 가능성을 봤다. 광화문 집회 참가자들이 그러했듯이, 라이프스타일, 부족, 상호작용, 네트워크가 현대사회를 정의하는 핵심 키워드가 된 것일까?

얘기를 더 하자면, 1990년대에는 이런 비상식적이고(집회에서 대오를 이탈해 연인과 스킨십을 하고, 스마트폰을 즐기다니!), 지엽적인 움직임들은 당시 팽배했던 포스트모더니즘이 구현된 형태로 볼 수 있었다. 오래된 로큰롤 LP를 스크래치해 테크노음악을 만들고, 아프리카의 설화에 현대 재즈, 교외 지역의 랩, 그리고 켈트족의 민간설화를 접목하여 '월드뮤직'을 탄생시키며, 점심에는 인도 식당, 저녁에는 텍사스와 멕시코 음식이 혼합된 '텍스멕스토랑'에 가고, 몸에 착 달라붙는 가죽 의상에 캐시미어 소재의 낡은 히피 스타일 숄을 걸치며, 이슬람 문화권에서 인기 있는 부적의 일종인 '파티마의 손'과 기독교의 십자가를 함께 걸고, 오래된 기념품을 사 모으며 '심미안'을 통과해낸 구식의 빈티지 물건들로 집 안을 수놓는 것이 합리나 이성과는 거리가 먼 행동인 것처럼 말이다. 여러 영미권 사회학자들(데이비드 하비, 콜린 캠벨[2], 지그문트 바우만, 배리 스마트)은 새로운 소비 형태가 포스트모더니즘 문화에서 중심적 위치를 차지한다고 생각했다. 이 포스트모더니즘 문화란 다양하고 폭넓으며 때로는 아주 덧없는 '라이프스타일'로 표출됐으며, 특히 표준화된 모더니티가 만들어낸 천편일률적 대중문화에 저항하는 형태로 나타났다.

태즈메이니아 섬 출신 사회학자(호주 출신이라 말하는 것보다는 이렇게 말하는 것이 훨씬 포스트모던하다!) 스티븐 크룩, 잔 패쿨스키, 말콤 워터스는 선진국의 사회적 변화를 자본과 노동의 '탈구조화', 사회계급의 '탈구성화', 국가권력의 '탈중앙화', 지식인 문화와 대중문화의 '탈차별화'에 따른 결과로 봤다. 포드주의(통일된 작업 과정으로 노동 생산성을 증대시키는 집약적인 축적체제)가 유연한 노동조직 방식으로 새롭게 대체됐다. 과거에 완전히 분리됐던 사회계급들은 구분이 불분명한 중산층들로 바뀌었다. 미셸 마페졸리는 『부족들의 시대』에서 "(상호작용적 네트워크의 확산에 따라) 사회적 '세분화'가 일어나며, 이제 개인은 더 이상 어느 일사불란한 조직에 속해 있지 않다"고 말한다.

포스트모더니티의 시대는 기존 질서에 의구심을 널리 표출한 시대이기도 했다. 1960년대 반체제적 운동들은 서구문화의 우월성, 경제성장의 효용, 이

---

2 영국의 사회학자 콜린 캠벨은 "끝없는 욕망을 추구하는 활동으로서 현대 소비사회의 가장 두드러진 특징은 결코 만족하지 못한다는 것"이라고 말했다.

성이나 과학 혹은 공통된 역사를 향한 무조건적 집착 같은 기성 체제의 가치를 동요시키는 데 상당 부분 기여했다. 최근 수십 년간은 '문화연구'가 특히 미국에서 폭발적으로 이뤄졌다. 이런 문화연구를 통해, 흑인, 인디언, 여성, 동성애자 등의 공동체들은 대학 커리큘럼이 앵글로 색슨계의 지배적 문화에 지나치게 편향되어 있다고 지적하며, 수정을 요구하고 나섰다. 문화연구는 다문화주의와 공동체주의의 탄생에 영감을 제공하기도 했다. 포스트모더니즘이라는 개념이 사회과학(사회학, 인류학) 전반뿐 아니라 특히 철학, 문학 연구, 문화연구를 파고들었던 것은 1980년대에 주로 영미권에서 나타났던 현상이다. 실제로, 이 포스트모더니즘 개념은 이성주의적이고 보편주의적인 모더니티를 비판하는 여러 철학적 사조에 기반을 뒀다.

1979년, 『포스트모던의 조건』에서 리요타르는 포스트모더니즘에 대해 계몽주의시대 정신에서 발전한 진보적 사상들을 지양(止揚)하고, 또한 합리주의와 그로 인한 과학만능주의에 대해 문제를 제기하는 것이라고 정의했다. 진실, 진보, 혁명은 모더니즘의 위대한 가치들이었다. 그러나 리오타르에 의하면 20세기의 참화(양차 대전, 전체주의 체제) 이후 이제 더 이상 과학에 그 무엇을 기대할 수도 없고, 위대한 정치적 이념이나 빛나는 미래를 바랄 수 없다는 것이다. 따라서 공산주의 체제의 붕괴는 포스트모더니즘 사상을 확인시켜준 현상으로 해석됐다. 이 세기말의 사조는 과연 무엇을 남겼을까? 온갖 현상들을 지칭하는 일상용어의 홍수 속에서, 포스트모더니즘은 이미 과거의 용어가 돼버렸다. 인문과학에서의 포스트모더니즘 분석은 정체됐다. 포스트모더니즘은 일시적으로 유행한 사상에 불과한 것일까?

위계질서보다 중요한 가치, '교류'

　인문사회과학에서는 20여 년 전부터 '관계망'이라는 새로운 패러다임이 자리 잡기 시작했다. 일부에서는 이 관계망을 오늘날 사회를 설명해주는 핵심 원칙으로 여기기도 한다. 마누엘 카스텔은 저서 『네트워크 사회』(1998·박행웅 옮김, 한울아카데미, 2009)에서 네트워크 사회의 도래에 대해 1960년대에 시작된 문화적 변화, 즉 무정부주의적 사상이나 한층 유연하고 상호작용적인 관계를 향한 열망, 그리고 1970년대 이후 가시화된 기술적 혁명이라는 두 역사적 현상의 상호작용으로 설명했다. 특히 관계망이 기업, 노동, 도시, 가상문화 같은 다양한 사회 영역에 결정적인 영향을 미쳤다는 점을 강조했다.

　관계망 연구는 사회적 관계를 위계질서, 권력, 제도 같은 용어보다는 커뮤니케이션, 교류, 왕래 같은 용어로 분석하는 새로운 경향을 의미했다. 예컨대 음악이나 스포츠 등에 같은 취향을 지닌 공동체를 중심으로 하나의 관계망이 만들어질 수도 있는 것이다. 여기서 주목할 만한 것은 특정 세대를 기반으로 하는 사회적 관계의 구축이다. 클레르 비다르는 저서 『우정, 하나의 사회적 관계』(1997)에서 청소년들 사이에 파티장이나 카페를 빈번히 드나들며 인맥을 확보하고, 이렇게 맺은 관계를 이메일이나 휴대전화를 사용해 강화하는 모습을 관찰했다. 마찬가지로, 노년층 혹은 퇴직자층이라 불리는 세대의 친교방식에 집중한 연구도 많아졌다. 노년층은 자신이 편입한 관계망을 정보의 창구이자, 정서적 안정을 얻는 장소로 삼았다. 이런 점에서 관계망은 규범보다는 정서, 개인적인 기반에 근거한 사회적 관계로 재편성된다는 것을 보여준다. 이에 대해 알랭 대젠과 미셸 포르세는 저서 『사회적 관계망』(1994)에서 더 고유하고 덜 제약적인 사회적 관계를 향한 열망이 발현된 것이라고 설명했다.

주목할 만한 사실은 1990년대 후반부터 '관계의 사회학'이 발전해왔다는 점이다. 이 현상은 사회가 더 이상 노동 중심으로 구성되지 않은 데다 여가가 늘어난 것과 무관하지 않다. 예컨대 〈모스誌(Revue du MAUSS)〉의 특집기사 '관계만이 유일한 해답인가?'(1998)나 장루이 라빌과 르노 생소리외의 저서 『관계의 사회학』(1997)에서처럼 관계망은 아주 다채롭게 관찰됐다.

국제적 차원의 새로운 관계망

훨씬 더 국제적인 차원으로 보자면, 관계망은 세계화 과정의 상징이 되기도 했다. 전통적인 국제관계 이론들은 각국 간의 전쟁 혹은 평화 관계를 주요 연구 대상, 혹은 유일한 관심 대상으로 삼았다. 소위 '현실주의적 접근법'이라 불리는 이 접근방식에 대해 아리엘 콜로노모스의 『국제관계망의 사회학』(1995)처럼 초국가적 관계 및 왕래의 다양한 형태를 강조한 정치적·경제적 분석이 더해지거나 아예 대체되기도 했다. 관계망을 통한 국가 주권의 (상대적) 초월은 개인에게 새로운 이익을 안겨준 만큼이나 조직범죄 혹은 부패에도 이용되었다. 냉전 이후에는 국경을 초월해 공통 이익을 추구하는 마피아들이 조직한 암거래가 폭발적으로 급증했다. 알랭 라부르스는 『마약의 세계지도』(1996)라는 저서에서 무기와 장기 밀매, 그리고 마약 밀매가 빈번히 이뤄지는 현실을 상세히 서술했다. 또한 종교적·문화적 호전성을 확대하는 집단적 네트워크의 발전도 통제하기 어렵기는 마찬가지였다. 예컨대 아리엘 콜로노모스가 『네트워크의 교회』(2000)에서 지적한 것처럼, 사이언스톨로지, 오순절교단 같은 이단 종파나 국제 테러리즘이 세계적인 확장을 도모했다.

그렇지만 미셸 지라르에 의하면, 국제적 차원에서 조직된 정체성 운동, 문화 운동은 새로운 개인 및 집단 행위자가 국제무대에 미치는 영향을 반증하는 셈이었다. 특히 국제앰네스티 같은 인권단체나, 환경단체인 그린피스 등의 NGO가 대표적 사례다. 마누엘 카스텔은 『권력과 정체성』(1999)에서 현대의 대규모 집단운동이 네트워크 논리에 따라 형성되며, 그 핵심은 커뮤니케이션과 정보의 영향력이라고 강조했다. 예컨대 치아파스의 열대우림 보호를 위해 자파티스트들이 자신들의 운동이 지닌 의미와 목표를 담은 각종 이미지와 정보를 인터넷상에서 전 세계 환경운동가들을 향해 배포했던 것을 떠올려보자. 이는 본질상 서로 다른 두 현상, 즉 네트워크상에서 조직된 새로운 형태의 친교 관계, 그리고 그 관계의 확장을 상당 부분 용이하게 해준 신기술이 결합했음을 보여주는 사례다.

참여형 지식인 모델의 종말?

1980년대는 사상적 지도자들의 잇따른 죽음을 맞이했다. 1980년 사르트르가 사망했고, 같은 해 롤랑 바르트와 장 피아제가 숨을 거뒀다. 이후 자크 라캉(1983), 미셸 푸코(1984), 페르낭 브로델(1986), 루이 알튀세르(1990)가 그 뒤를 따랐다. 그러는 사이에 '68혁명의 사상'을 꽃피우게 했던 이념들이 저물어갔다. 위대한 사상가들의 죽음은 '대의'를 위해 사회적 이슈에 개입해온 '참여형 지식인' 모델에 종지부를 찍는 셈이 되었다. 이젠 수수께끼처럼 난해한 문장들과 화려한 문체가 결합한 철학 사조들(예컨대 라캉의 『에크리』, 푸코의 『말과 사물』)은 더 이상 주목을 끌지 못한 채 밀려나기 시작했다. 그렇다면 인문학의 위기가 도래한 것일까?

과거의 우상을 불태워서 새로운 우상을 숭배하는 대신, 좀 더 절충주의적이며 다원주의적인 태도가 등장했다. 이론적 차원에서는 어느 한 가지 모형만으로 현실을 설명할 수 없다는 점이 인정됐다. 방법론적 차원에서는 어느 정도의 신중함과 다양한 접근법을 선호했다. 1980년부터 1995년 사이, 대학생과 교사의 숫자가 두 배로 급증했다. 인문과학이 현실사회의 내부로 편입됐다. 커뮤니케이션, 부적응자의 사회편입, 진료 보조, 인간관계, 평생교육, 도시화 등 수많은 직업 분야에서 인문과학 전공자를 채용했다. 출판 분야 또한 재구성됐다. 1960년대의 몇몇 '주요' 출판사들이 사라지거나 업종을 바꾸었던 반면, 특히 교과서나 문제집 분야에서 새로운 출판사가 대거 등장했다.

그러나 사회적 유대감에 위기가 찾아왔다

1980년대 중반부터 1990년대 내내, 사회과학은 '사회적 유대감의 위기'라는 주제에 큰 자극을 받았다. 위기의 원인은 경제·사회·심리학 등 다양한 측면에서 찾아볼 수 있지만, 무엇보다 역사적 원인이 가장 컸다고 봐야 한다. 첫 번째는 1983~1984년의 정치적 전환 이후, 경제위기와 대량실업의 여파를 갑작스럽게 자각했던 것이다. 일자리를 잃은 저숙련 노동자들이 커다란 타격을 입었다. 오래 지나지 않아 이 같은 경제적 여파를 평가하는 연구가 등장했다. 신 빈곤 현상, 소외, 사회의 경제 이원화, 불평등의 귀환, 사회적 단절 등의 주제들이 몇 년 만에 나타났고, 사회과학 전반을 비롯해 특히 사회학과 도시 민족학에서 큰 인기를 끌었다(세르주 포그람이 지휘한 보고서 『소외. 지식의 현상』(1996)과 로베르 카스텔의 사회역사학 총론 『사회문제의 변모』(1995)가 대표적이다). 이후 이러한 균열의 영향이 점차 나타났다. 현재의 사회적 불평등에 더해진 세대 간 불평등, 사회계층 이동 가능성 차단, 학업 불평등의 지속, 도시화에 따른 격리 현상, 경제위기를 벗어난 사람들과 경제위기에 타격을 입은 사람들 간의 계급적 경계가 부분적으로 재구성된 현상 등이 바로 그것이다. 이에 따라 사회학과 정치학에서는 국가의 역할을 묻기에 이른다. 때로는 '국가가 사회의 위기를 저지할 수 없음이 명백하게 드러난 상황'을 '복지국가의 위기(피에르 로장발롱, 1982)'라고 표현하기도 했다.

이민자들, 새로운 행위자들

한편 프랑스에서는 실업 노동자들이 가족을 두고 있고, 대부분 외국 출신이라는 점이 돌연 부각됐고, 이에 따라 이민 연구가 활발히 진행되었다. 1985년에는 『국제이민 유럽』, 1989년에는 『이민과 사회』 같은 전문지가 창간됐다. 1988년에는 제라르 누아리엘의 『프랑스라는 도가니』가 출간됐다. 사실상 1980년대 전반의 가장 인상적인 사건은, (프랑스 국적의) '2세대 이민인구'라고 애매하게 부르거나, '뵈르(Beur, 버터/Beurre와 발음이 같음. 프랑스에 이민 온 북아프리카인 부모에게서 태어난 이민자 2세대를 다소 속되게 지칭한 말)'라고 부르는 사람들이 얼마나 많은지 처음으로 인식했다는 것이다. 이 2세대들은 자신들이 처한 사회적·경제적 소외 상황에 저항했는데, 보란 듯이 탈선이나 경범죄를 저지르거나, 전례 없는 사회 운동을 벌여 정치적 인정을 받으려 했다. 그것이 바로 1982~1983년 반인종주의단체들과 무허가 자유 방송국 등이 중심이 됐던 '인종차별반대행진(Marche des beurs)'이었다. 프랑수아 뒤베, 디디에 라페로니, 아딜 자줄리 등 알랭 투렌의 제자들은 이를 주제로 한 연구에 달려들었다. 연구 결과물들이 쏟아지자, 곧바로 정치적 논의가 반인종주의와 공공안보를 위시한 이민자 규탄 담론으로 엇갈려 나타났다.

1980년대 후반 들어 프랑스나 독일 등 유럽 국가들은 자국의 통합모델에 대한 소수 민족들의 거센 도전을 받았다. 이민자 출신의 일부 프랑스 젊은이들은 아랍공동체로 들어가 이슬람교도로 돌아섰다. 그리고 마침내 1989년 히잡 착용 금지 사건이 발생하면서 새로운 긴장감이 조성되었다. 이후 몇 년간 프랑스는, 최근까지만 해도 미국이나 영국에 국한된 문제로 여겼던 교외 지역의 폭동을 목도했다. 중산층에서 점차 멀어져, 경제위기에 가장 큰 타격을 받는 인구 계층이 집중된 교외 HLM(저가형 공공임대주택) 지역을 가리키는 '방리유(프랑스식 게토)'에 관한 연구가 진행되었다. 그리고 또다시, 사회학자와 도시학자들은 비참한 처지의 청년들에 관한 초기 연구에서부터 교외 지역 폭력, 학교폭력 등에 대해 활발하게 연구하기 시작했다. 일례로, 크리스티앙 바크만과 니콜 르게넥이 공저한 『도심 폭력』(1996)을 들 수 있다.

아버지의 부재와 가족의 해체

1980년대 후반은 1968년 5월의 '68혁명'이 상징적으로 촉발시킨 문화혁명의 여파를 체감했던 시기이기도 했다. 가족의 변동이라는 또 다른 불안 요소가 생겨난 것이다. 모순적이게도, 여성의 자율권 획득과 특히 동거의 일반화. 결혼의 불가침성 상실은 날선 이념 투쟁 이후 천천히 이뤄졌다. 한편 이혼의 증가, 한 부모 가정, 그리고 때로는 가족의 재구성 등은 새로운 불안감을 야기했으며, 이런 불안감은 때때로 복고주의적인 성격을 띠었다. 이제 가족의 해체, 아버지 부재 등의 '탈 제도화'가 미치는 영향을 우려하기 시작했다.

루이 루셀(『불안정한 가족』, 1989) 같은 학자들의 인구학 및 사회학적 연구는 이 지점에서 때때로 심리학(특히 정신분석학)과 교육학의 좀 더 전통적인 담론과 맞물리기도 했다. 그러나 학자들의 의견은 저마다 달랐는데, 사회학자들은 이같은 가족적 변화의 특징을 개인주의에서 찾아볼 수 있다는 데 동의하는 한편(프랑수아 드 생리, 자크 코마이유, 이렌 테리 등), 마약 및 항정신성 약품의 소비 증가, 자살 빈도의 급증 같은 신호를 가족의 구조가 급변한 탓으로만 돌릴 수 있는지는 입증하지 못했다. 여기에는 실업률의 증가, 희망의 상실 등 다양한 요인들이 영향을 미쳤거나, 그 이상의 역할을 했을 것으로 보인다.

마침내 '사회적 유대감의 위기'라는 주제는 집단심리학의 차원으로 확장됐다. 1980년대에는 정치에 대한 신뢰가 점차 떨어져 바닥을 쳤다. '사회 변혁' 가능성을 향한 믿음이 사라졌고(이는 좌파 정권들이 시장경제 체제로 전환했다는 점, 이후 동유럽 공산주의가 몰락했다는 점으로 상징됐다), 자유주의 사상이 비약적 발전을 맞이했다. 이에 따라 집단주의적 영역은 대부분 공백 상태였다. 그런 한편, 정권이 교체되고 사법부와 행정부 간 분리-독립으로 인해 수많은 사건의 폭로로 이어졌다. 그 후, 정치는 점차 시민들의 신뢰를 상실했으며, 선거가 다가오면 시민들은 투표 거부나 제3의 소수당에 투표하는 식으로 불만을 표출하였다. 전반적으로 1990년대 시민들은 미래를 딱히 우려하지도, 대단히 특별한 그 무엇을 기대하지도 않았다. 그러나 연구자들은 국민과 정치 간의 관계, 극우파의 변화 그리고 '거버넌스'의 변화 등을 연구해 시민들의 무기력한 현상들을 알고 싶어 했다.

철학은 부활한 것일까?

　1990년대 들어 철학이 차츰 부활하는 양상을 띠었다. 이번에는 엘리트 중심보다는 대중 친화적인 철학이었다. 1991년 요슈타인 가아더(1952~)가 『소피의 세계』라는 책을 출간했다. 일종의 철학 입문서인 이 소설은 소크라테스에서부터 사르트르까지 이르는 철학의 거장들을 소개했다.

　『소피의 세계』는 유례없는 전 세계적인 성공을 거두며 수백만 부가 팔려나갔다. 이후 프랑스의 젊고 유능한 철학자 앙드레 콩트-스퐁빌이 성공리에 저서를 출간했고 TV에서 인기를 끌기 시작했다[3]. 그가 선호했던 주제는 삶의 의미, 사랑, 죽음, 도덕 등이었다. 특히 그의 대표작인 『미덕이란 무엇인가』(번역 조한경, 까치, 2012)는 바칼로레아 준비생들의 필독서로서 20여 개국에 번역 소개되었다.

| 더 알아보기 |

미덕이란 무엇인가

　앙드레 콩트-스퐁빌의 『미덕이란 무엇인가』는 사물, 동물과는 다른 존재인 인간만의 아름다운 자질인 미덕에 관해서 이야기한다. 저자는 예의, 용기, 정의, 감사, 관용, 사랑 등 18가지 미덕을 엄선하여 그것들의 의미와 중요성을 살펴보고, 나아가 실천할 수 있는 방법을 알아본다. 저자는 스피노자, 칸트, 니체, 아리스토텔레스, 시몬 베유, 몽테뉴 등 유명한 철학자들의 견해와 함께 자신의 생각을 한데 엮어내면서, 식상한 도덕론이 아닌 우리 삶과 밀접한 관련을 맺고 있는 미덕에 대해서 살펴보았다.

이 책은 모든 미덕의 기원이며 도덕의 모습을 드러나게 하는 예의에서부터 시작하여, 다른 미덕들의 원칙인 성실, 미덕의 조건인 신중, 만족할 줄 아는 힘인 절제, 비겁함과 무모함의 중용인 용기, 모든 미덕을 포괄하는 미덕인 정의, 베푸는 마음인 후의, 타인의 행복을 기뻐하고 불행을 슬퍼하는 미덕인 연민, 용서의 미덕인 자비, 받아서 기쁜 마음인 감사, 자신을 알고 자신의 한계를 인식하는 겸손, 인식이나 사고를 초월하여 자유로워질 수 있는 미덕인 단순, 서로를 존중하고 이해하는 미덕인 관용, 이기주의와 소유욕을 버리게 하는 순수, 잔혹과 난폭성의 반대에 위치하는 유순, 진리에 대한 사랑과 존중인 정직, 즐거움과 자유를 주는 유머에 대해서 살펴본다.

이 책의 대단원은 사랑이다. 저자는 우리가 흔히 생각하는 남녀 간의 사랑에서 더 나아가 사랑에 대한 보다 넓은 의미에 대해서 이야기한다. 저자는 내용의 3분의 1가량을 할애하여 에로스(Eros), 필리아(Philia), 아가페(Agape)로 나뉘는 3가지 사랑의 면모들을 상세히 살펴본다. 배타적이고 절대적이며 소유하는 사랑인 에로스는 욕망이 충족되고 열정이 식는 순간 공허한 것이 되어 삶 속에서는 실패하고 마는 사랑이다. 필리아는 현재의 것을 사랑하는 것으로, 사랑하는 대상의 존재 자체를 기쁘게 생각하는 즐거운 사랑이자 우정의 사랑이다.

아가페는 이보다 더 높은 단계의 사랑으로, 우리와 아무런 상관없는 사람, 심지어 적까지도 포용할 수 있는 사심 없는 사랑이며 신(神)의 사랑이다. 저자는 이런 사랑이 비록 개념과 이상일 뿐이더라도 포기할 필요는 없다고 이야기한다. 이 책은 프랑스의 대학입학 자격고사인 바칼로레아의 시험 준비서로 많이 읽힌다. 우리는 이 책을 통해 삶을 어떻게 살아야 할 것인가, 인간다운 삶은 과연 무엇인가라는 중요한 질문을 던지며, 동시에 그 답을 모색하는 길을 우리에게 제시한다.

-출판사 서평-

철학의 대중화 현상은 더욱 확장되었다. 삶과 죽음, 천사, 기계, 시간을 주된 주제로 다룬 현대 인식론 철학자인 미셸 세르(1930~2019)[4], 세속적 인본주의를 강조한 뤽 페리(1951~)[5], 쾌락주의와 급진주의 등 '반역의 철학'을 강조한 미셸 옹프레(1959~)[6] 같은 철학자들도 '대중적인' 인기를 끌었다. 철학의 부활을 감지한 출판사들은 '철학자들의 귀환(《르누벨 옵세르바퇴르》, 1999년

3 파리1대학의 철학 교수를 지냈고, 2003년 대학을 떠나 집필과 대중강연에 집중하고 있다. 주요 저서로, 『미덕이란 무엇인가』, 『철학 교육』, 『자본주의는 윤리적인가?』 등 20여 권이 있다.

4 세르는 과학과 철학, 예술의 경계를 넘나들었던 보편적 사상가로 평가받는다. 그는 여러 저서에서 기술의 변화를 교육제도부터 사회에 이르기까지 모든 것을 재고하는 기회로 사용할 것을 제언하기도 했다. 1969년 파리 소르본 대학의 과학사 교수로 임용됐으며 1984년부터는 미국 캘리포니아주 스탠퍼드 대학에서도 교편을 잡았다. 1990년에는 프랑스 한림원 회원으로 이름을 올렸다. 세르는 50권이 넘는 저서를 남겼다. 국내에 번역된 그의 주요 저서로는 『헤르메스』 5부작(이규현 역, 민음사,1999)을 비롯해 『천사들의 전설』(이규현 역, 그린비, 2008), 『엄지 세대, 두 개의 뇌로 만들 미래』(양영란 역, 갈라파고스, 2014)등이 있다.

5 자크 데리다 이후 가장 주목받는 정치철학자. 포스트모더니즘을 비판하고 실천철학과 세속적 인본주의를 강조한다. 파리 7대학 철학과 교수를 역임하다가 2002년부터 2004년까지 자크 시라크 정부에서 교육부 장관을 지냈다. 68혁명 이후의 피에르 부르디외, 라캉, 데리다, 푸코 사상을 비판한 『68 사상』(알랭 르노 공저)을 출간하며 널리 알려지기 시작했으며, 이와 더불어 『정치철학』(전3권, 알랭 르노 공저) 『하이데거와 현대인』 『사랑에 관하여』 등을 통해 전 세계적으로 큰 반향을 이끌었다.

6 1983년 캉 대학에서 철학박사 취득 후 20년 동안 고등학교 철학교사로 근무하고, 그후 2002년 캉에 누구나 수강할 수 있는 자유대학 UP(Universite Populaire)를 설립하여 대중에게 철학을 가르치고 있다. 1989년 『철학자들의 위장』을 시작으로 지금까지 철학사, 쾌락주의 이론, 여행, 미학 등 다양한 분야에 걸쳐 50권이 넘는 책을 펴냈다. UP에서의 강의 노트에 해당하는 『반(反)철학사』에서는 인류 지성사의 주류에서 소외되어온 철학 사상들, 그중에서도 쾌락주의와 급진주의를 재조명했다. 감각기계인 육체와의 합일을 강조하며 미학에 바탕을 둔 새로운 윤리학을 제안하는 그는 반역의 철학자이고, 열렬한 니체주의자이며, 정신분석 없는 철학은 존재할 수 없다고 믿는 프로이트-마르크스주의자다. 한국철학사상연구회에서는 그를 조르조 아감벤, 알랭 바디우, 슬라보예 지젝, 페터 슬로터다이크, 마이클 샌델 등과 함께 '우리 시대의 위험한 사상가들' 중 한명으로 꼽은 바 있다.

5월 13일)' 같은 주제의 기사를 내보냈다. 심지어는 TV에서도 몇몇 '철학적' 프로그램을 찾아볼 수 있었다. 이후 프랑스 거의 전역에서 '철학 카페'들이 우후죽순으로 생겨났다. 이 철학 카페에서는 대중적인 철학자들을 초청해 사회적 관심사인 생명윤리, 연대성, 과학적 책임감 등의 주제로 토론을 벌였다. 어쩌면 '철학의 부활'은 사회 일각의 새로운 사회적 요구에 대한 부응이었다!

잠시 시대를 거슬러 올라가면, 베르나르앙리 레비와 앙드레 글뤽스만이 주창한 1970년대의 '신 철학'이 공산권 전체주의에 대한 세간의 비판과 이에 따른 마르크스주의의 위기가 지닌 배경을 파고들었다면, 1980년~1990년대의 철학 사조는 자본주의의 고도화에 따른 정치의 몰락, 환경문제, 인도주의의 확산, 인간 게놈 지도의 해독 등에 직면해 좌표를 잃은 대중을 겨냥하였다. 특히 대중은 뜬구름 잡는 담론보다는 당장의 해결책을 원했다. 그리하여, '생명윤리', '사전예방원칙(확실한 증거가 존재하지 않더라도 심각한 환경파괴의 위험이 있을 때는 적기에 적극 동참해야 한다는 원칙)', '윤리위원회', '책임감' 등의 단어들이 공공 토론에 등장했고, 여기에는 철학자들이 초청됐다.

그렇지만 이 철학자들은 간명한 답을 들려줄 순 없었다. '보편적 윤리'를 다루는 칸트 사상은 진부해 보였다. 앞서 폴 리쾨르(1913~2005)[7] 같은 철학자들은 '보편적 윤리'를 추구했으나, 우리에게는 선과 악을 판단할 절대적 기준이 존재하지 않는다는 비판을 받았다. 윤리에 대한 요구는 있으나, 절대적인 설명을 찾을 수 없는 게 현실이기 때문이다. 따라서 이러한 근본적 위기에 직면한 철학계에서는 정의 영역의 다원성, 경계의 원칙, 책임의 원칙 등을 강조했

7 후설의 『현상학의 이념들』을 프랑스어로 번역하여, 현상학을 소개했다. 그는 현상학을 통해 인간 존재의 유한성을 밝히고, 그러한 유한성으로 초월적 존재인 신과 보편적 윤리를 해명하려고 노력했다.

다. 한편, 1980년대의 의기양양했던 '개인주의'는 불안하고, 불명확하며, 방향을 잃은 채 '자아를 찾아 나선' 개인에게 자리를 내줬다. 고용 위기, 부부와 가족 내 불안정, 자유시간의 급증 역시 '삶에서 무엇을 추구해야 하는가?' '행복이란 무엇인가?' 등 존재론적인 질문으로 회귀하는 데에 한몫했다. 모두가 철학카페에서 이런 질문들에 관해 논의했다. 동양사상 등이 인기를 끌었던 것도 마찬가지 현상이다. 학계의 철학 역시 이러한 움직임을 받아들였다. 이에 따라 해체주의적 전통에서 멀리해왔던 '인문주의적' 주제들, 즉 자아, 행복, 윤리, 타인 같은 주제들이 재등장하기에 이르렀다.

정치철학도 부활했다. 이는 분명 소비에트연방의 붕괴, 마르크스주의의 종말, 인권운동, 민주주의의 비약적 발전, 소수자들의 요구 증가 등 사회적 변화와 관련이 깊다. 사회적 삶의 조건들이 사유의 주제로 떠올랐다. 사회정의와 자유를 어떻게 연결할까? 개인주의와 사회질서를 어떻게 양립시킬까? 다문화 사회에서 어떻게 공존할 것인가?

사실, 이러한 사유의 대부분은 미국에서 건너온 것이었다. 존 롤스 (1921~2002)의 『정의론』은 분분한 논의의 대상이었다. 1971년에 출간된 이 책은 자유롭고 합리적인 개인들로 구성된 한 사회의 기틀 내에서 사회적 재분배를 실행할 필요성을 입증하는 데 집중했다. 일종의 사회민주주의적 철학이었지만, 순전히 개인주의적이고 자유주의적인 논거를 기반으로 했다는 지적을 받았다. 그에 대한 반발로, 찰스 테일러(1931~), 마이클 왈저(1935~), 앨러스데어 매킨타이어(1928~) 같은 '공동체주의자'들은 이런 사유 방식이 개인을 사회의 출발점이자 종착점으로 삼는다고 비난했다. 이들은 개인이 소속된 공동체 없이는 아무것도 아닌 존재라고 주장했다.

심리철학의 재도약

'심리철학'은 인지과학의 비약적인 발전 덕분에 재도약하기에 이르렀다. 인공지능의 발전, 신경과학의 성장은 사유의 본질에 관한 오랜 질문들을 다시금 제기했다. 사유란 오로지 인간의 두뇌로만 가능한 행위인가? 기계도 사유할 수 있을까? 의식이란 무엇인가? 이 모든 질문에 대해 분석철학 계열의 철학자들 간에 격렬한 논쟁이 벌어졌다. 패트리샤 처칠랜드(1943~)와 폴 처칠랜드(1942~) 같은 뇌 신경 철학자들과 힐러리 퍼트남(1926~2016), 제리 포더(1935~2017), 존 설(1932~), 대니얼 데닛(1942~), 데이비드 차머스(1966~) 등 인지과학 철학자들 간의 논박이 오갔다. 여기에 후기 분석철학파이자 실용주의파로 평가받은 리처드 로티(1931~2007)도 이 격렬한 논쟁에 가담했다. 한편 영미권 철학과 유럽 철학은 서로 쫓고 쫓기는 관계를 이어나갔다. 일부 프랑스인 저자들('포스트 모더니스트'라는 꼬리표가 붙은 장 프랑수아 리요타르, 자크 데리다, 미셸 푸코 등)은 미국에서 명성을 얻었고, 프랑스는 미국 철학의 중요성을 발견해 이를 대거 역수입했다. 상품의 자유로운 유통과 국제무역기구를 칭송하는 시기에, 이제는 사상 또한 세계화의 시대를 맞이했다.

11장

2000년대 이후

▼ 세계 패권을 놓고 다투는 미국과 중국은 흔히 독수리와 용으로 상징된다.

[시대적 배경]
AI시대의 두 강대국 : 중국의 부상과 미국의 초조함

프랜시스 후쿠야마가 예고했듯이, 세계는 잠시나마 시장경제와 자유민주주의로 동질화된 글로벌 빌리지를 역사의 종착지로 삼는 듯했다. 그러나 그의 발언은 그저 희망 사항이었을 뿐이다. 그의 예언 이후 약 30년이 지난 지금 글로벌리즘이 후퇴하고 내셔널리즘이 부상했다. 자유 질서에 제동이 걸리는 현상이 곳곳에 나타났다. 자유민주주의의 확산은 순조롭지 않고, 오히려 보호주의와 무역 규제가 기승을 부리고 있다.

이 진통을 불가피하게 만드는 두 원천적 요인이 있다. 하나는 인공지능(AI) 등 첨단 기술을 앞세운 4차 산업혁명의 주도권 다툼이고, 다른 하나는 정치이념과 철학이 배제된 채 오로지 집권과 정권 유지에만 목표를 둔 포퓰리즘의 확산이다. 애덤 스미스가 『국부론』에서 분업 생산성의 가치를 주장한 대로, 지금까지의 국제 무역은 국가 간 '상생적' 분업의 성격이 강했고, 이 과정에서 여러 분야의 생산성이 함께 올라가는 효과를 거두었지만 2000년대 들어선 상황이 달라졌다.

지금은 일부 첨단 분야에서는 생산성이 높이 올라가는 반면, 대부분 영역에서는 생산성이 정체되는 불균형 구조가 나타나고 있다. 특히 인공지능을 비롯한 신세대 통신망, 사물인터넷, 데이터, 양자컴퓨팅 등 첨단 기술은 4차 산업혁명 분야로 꼽으며, 주요 강대국들 간의 치열한 경쟁을 유발하고 있다. 자유시장경제의 수호국을 자처해온 미국 입장에서는 이제 자유무역 질서를 유지하는 것보다 자국의 이익을 지켜내는 게 중요하다. 미국이 자국과 더불어 양대 강대국(G2)로 급부상한 중국을 규제하는 것은 이 때문일 것이다. 또한 일본이 한

11장 마침내 혁명은 경쾌한 발걸음으로 시작되었다! 그러나…

국을 상대로 '무리한' 무역규제에 나선 것도 같은 맥락으로 보인다. 현대 과학기술의 비약적 발전은 토마스 쿤의 지적처럼 우리에게 '패러다임적 전환'을 요구하지만, 이를 뒷받침하는 체제와 권력은 '자유의 가치'보다는 포퓰리즘적인 '전체주의'에 경도되어 간다. 신 냉전의 본질은 이기적이며, 탈(脫) 이데올로기적이다.

미국과 중국 간의 경쟁은 한국뿐 아니라 미·중 사이에 낀 모든 중간국의 최대 고민거리다. 지리적, 경제적, 전략적으로 미·중 사이에 놓인 한국은 더욱 고민이 크다. 특히 미국과 동맹관계에 있으면서 중국과는 거리를 두고 있는 일본의 향방까지 신경을 써야 해서 더더욱 그렇다. 미·중 경쟁의 근원은 중국의 급속한 국력 신장에 있다. 중국은 2010년 국내총생산(GDP)이 일본을 추월하여 세계 2위 경제 대국이 되었고, 2030년까지는 미국도 추월하여 명실상부 세계 1위 경제 대국이 될 전망이다. 20세기 내내 압도적 경제력 우위와 이에 기반을 둔 최강 군사력으로 세계 패권을 지켰던 미국은 중국의 부상에 초조할 수밖에 없는 처지가 되었다. 최근 시진핑 정권의 권위주의 체제 강화와 팽창적인 일대일로(一對一路) 구상은 미국의 견제를 촉발했다. 트럼프는 중국을 자유주의 국제질서에 대한 수정주의 국가이자 미국 패권에 대한 전략적 경쟁국으로 규정하고 전면 경쟁을 선포했다. 그러나 아이러니하게도 미국이 오랫동안 반자유주의적인 권위주의 국가로 비난해온 중국은 미국의 무역 규제를 자유주의 질서를 거스르는 이기주의적 보호 체제라며 반발하고 있다. 심지어 냉전 붕괴 후, "역사가 미국식 자유주의 국제질서의 승리로 귀결된다"고 주장한 프란시스 후쿠야마 마저 이번엔 중국을 편들고 있다. 그는 2011년과 2014년 잇따라 펴낸 『정치질서의 기원(The Origins of Political Order)』과 『정치질서와 정치쇠퇴(Political Order and Political Decay)』라는 두 권의 책에서 자신의 생각이 바뀌었음을 밝혔다.

"현대 정치질서의 세 가지 기본 요소는 국가와 법치, 민주 책임제다. 이상적인 경우는 이 삼자가 평형을 이룰 때다. 그리고 정치질서 건설에서 우선순위는 강력한 정부를 구성하는 게 첫 번째고 이어 법치, 그리고 마지막이 민주 책임제다. 법치와 민주 책임제가 정부 권력을 견제해야 하지만 국가가 능력을 상실하면 이는 재앙이다. 시리아·이라크에서 보이는 것처럼 사회는 대혼란에 빠지고 만다. 중국의 성공은 강한 정부 구축에 기인하는 바가 크다. 반면 정부 권력이 약화된 미국은 현재 쇠퇴의 길을 걷고 있다."

중국에 추월당하고 한국에 쫓기는 일본의 경우, 미·일 동맹에 기대어 미·중 갈등의 틈바구니를 절묘하게 파고들며 미국 및 유엔의 대북제재에 한국 정부가 미진하다는 점을 들어 무역규제와 보복을 가함으로써 신냉전에 합류했다. 이 역시 자유주의 국제질서에 반하는 것이다. 일본이 한국에 반도체 소재 수출을 제한한 것은 외견상 한국 측의 전략물자관리 허술을 이유로 삼았지만, 실은 자국을 바싹 추격하는 한국 경제에 대한 초조함 때문이라 할 수 있다. 한·일이 과거사 문제를 놓고 경제·외교적 마찰을 빚는 과정에서 대북 제재 카드를 핵심 쟁점의 하나로 꺼내 들었지만, 당초 일제 강점기 강제 징용에 대한 판결 등 한·일 간 외교 갈등에서 시작된 사안을 '한국 정부의 대북 제재 이행' 공방으로 둔갑시켰다는 외교가의 대체적인 분석이었다. 그러나 보다 근원적으로 이 일본을 바싹 추격하는 한국 경제에 대한 견제라고 봐야 한다.

한국은 국가 규모로 중견국의 정체성을 갖고서 국제질서와 국제 규범을 지키고자 했다. 5개 중견국 협의체인 믹타(MICKTA, 멕시코 인도네시아 한국 터키 호주) 창설을 주도했고, 그동안 강대국과 약소국, 선진국과 개도국, 핵국과 비핵국을 연결하여 세계 평화와 번영에 기여해온 것이다. 중견국의 운명이 그러하듯, 한국은 미국과 중국의 초강대국 틈바구니에서 예기치 않은 여러 도전을 맞고 있다. 그 어느 때보다도 인문학적 상상력과 패러다임적 인식의 전환이 필요하다.

워싱턴 컨센서스 vs. 베이징 컨센서스

1990년 미국 국제경제연구소(IIE)가 남미 국가들의 경제위기 해법으로 제시한 세제개혁, 무역·투자 자유화, 탈규제화 등 10가지 정책으로 미국식 시장경제 체제를 주 골자로 한다. 미국의 정치경제학자인 존 윌리엄슨이 1989년 자신의 저서에서 제시한 남미 등 개도국에 대한 개혁 처방을 '워싱턴 컨센서스'로 명명한 데서 유래되었다. 이후 1990년대 초 IMF와 세계은행, 미국 내 정치경제학자들, 행정부 관료들의 논의를 거쳐 '워싱턴 컨센서스'가 정립되었다. 이후 미국 주도 신자유주의의 대명사로서 워싱턴 컨센서스는 동구 사회주의국가 체제전환과 1990년대 후반 아시아의 경제위기 극복 과정에서 주요 개혁정책으로 채택됐다. 이 용어는 반세계화주의자들에 의해 미국의 이익을 극대화하기 위한 금융자본주의의 거대한 음모 내지는 술수라는 비판을 받기도 했다. 또한 중남미에서 좌파 정권 도미노를 부른 원인으로 워싱턴 컨센서스의 실패가 지목되면서 베이징 컨센서스가 보다 현실적인 대안으로 떠오르고 있다.

마침내 혁명은 경쾌한 발걸음으로 시작되었다! 그러나…

때로는 현실에서 때로는 가상에서

토요일 광화문 집회현장에 가봤는가? 전국의 노조와 시민단체, 정당, 친목단체, 대학동아리들이 저마다 고유 깃발을 휘날리면서 시위에 나서지만, 대부분은 나 홀로, 또는 연인이나 친구끼리 참여하며 리더도 없이 대오(隊伍)도 흐트러지고, 구호도 제각각 외쳐댄다. 1백만 명이 훨씬 넘는 시위대가 모인 광장 무대에선 가수들이 나와서 개사곡을 부르고, 다른 곳에선 어떤 이들은 스마트폰을 만지작거리고, 어떤 이들은 유모차를 끌며, 또 어떤 이들은 박근혜-최순실-이재용의 게이트를 풍자한 퍼포먼스를 펼친다. 축제의 한마당이다. 저, 강고한 정권에 어떻게 이런 '무질서한' 시위대가 맞설 수 있을까? 그러나 이 '하찮고 지엽적인' 움직임들이 그토록 강고한 정권에 구멍을 내고, 급기야 대통령을 권좌에서 끌어내리는 결정적인 역할을 하였다. 또 다른 한쪽에서는 태극기와 성조기, 이스라엘기를 흔들면서 '한미동맹 강화', '종북 세력 축출' 등을 외치는 시위가 벌어진다. 하지만 시위대의 집회 방식은 대단히 스마트하다. SNS를 통해 네트워크로 촘촘히 연결되어, 시간과 공간을 초월해 뜻을 같이하는 이들이 메신저를 통해 순식간에 모였다가 순식간에 헤어진다.

미디어 철학자인 마뉴엘 카스텔(1942~)은 저서 『네트워크 사회의 도래』에서 "네트워크 사회로 요약되는 사회변화의 과정은 생산의 사회적, 기술적 관계의 영역을 뛰어넘어, 문화와 권력에도 큰 영향을 미친다"고 말한다[1]. 모든 커뮤니케이션 양식의 전자적 통합을 중심으로 조직된 새로운 커뮤니케이션 시스템에 가상현실의 유도가 아니라 현실적 가상성의 구축이 이뤄진다는 점에서 역사적인 의미를 지닌다는 게 그의 설명이다. 즉 현실적 가상성을 발생시키는 커뮤니케이션 시스템은 현실 그 자체가 전적으로 포착되고 가상의 이미지 환경에 완전히 몰입케 한다는 것. 동일한 멀티미디어 텍스트 속에 과거, 현재, 미래의 인간 경험 전체가 담겨 있고, 인간 생활의 근본적인 차원인 공간과 시간이 대폭 변화한다는 것이다. 첨단 정보기술을 이용한 가상현실과 증강현실 등의 기술은 시위대가 없는 가상의 홀로그램 시위를 선보였다. 국제앰네스티 한국지부는 박근혜 정권의 퇴진 운동 당시, 청와대 앞에서 집회 및 시위의 자유 보장을 촉구하는 내용의 집회를 열 계획이었지만, 교통혼잡 유발을 이유로 불허되자 영화에서나 나왔을 법한 홀로그램 시위를 벌였다. 증강현실, 가상현실 기술은 실재하지 않아도 강렬한 메시지를 전달할 수 있는 방법으로, 시위뿐 아니라 캠페인, 상업 광고 및 공연 등 다양한 영역에서 활용되고 있다.

1   스페인의 프랑코 독재에 저항하는 학생운동가로 활동하다가 프랑스로 망명하여 1967년 25살에 파리 대학에서 박사학위를 받고 파리 대학 교수로 취임한 카스텔은 1983년 『도시와 민중』으로 C. 라이트 밀즈 상을 수상했으며, 새 밀레니엄을 즈음하여 3부작 『네트워크 사회의 도래』, 『밀레니엄의 종언』, 『정체성 권력』을 잇따라 출간했다.

네트워크 사회의 두 얼굴

　네트워크로 연결된 사회는 1차 농업혁명, 2차 산업혁명, 3차 정보통신혁명에 이어, 그 완숙기인 이른바 4차 산업혁명이 진행 중이지만 아직 그 구체적 실체가 어떻게 전개될지는 예견하기가 쉽지 않다. 4차 산업혁명은 2016년 1월 세계경제포럼 연차총회, 일명 '다보스포럼'의 의제(agenda)로 등장한 후 미래를 상징하는 대표적 키워드로 자리매김했다.　여전히 3차 산업혁명이 유효한 가운데 느닷없이 부각된 4차 산업혁명은 뭘 의미할까? 4차 산업혁명은 누가, 어떻게 정의하느냐에 따라 다양한 의미를 지닌다. 4차 산업혁명의 본질은 네트워크다. 사람·사물·공간 등 모든 것들이 인터넷으로 이어지고(초연결), 그로 인해 생산되는 빅데이터를 기계학습으로 분석하는 과정에서 스스로 진화하는 지능이 존재하며(초지능), 그 지능이 서로 연결된 대상을 다시 하나로 아우르게 된다(초융합). 4차 산업혁명 과정에서 이뤄지는 융합은 인간과 기계 간 융합(인공지능·빅데이터), 현실과 가상세계 간 융합(가상현실), 공학과 생물학 간 융합(바이오·생명공학), 조직과 비조직 간 융합(공유경제) 등이며, 이들 융합물은 다시 서로 융합되는 것이다.

　『사피엔스』의 저자 유발 하라리 예루살렘 히브리대 교수의 표현을 빌리면 "인류는 기술융합 덕택에 신(神)의 영역에 한발 내디딘" 상황이다. 물론 여기에 선악(善惡) 판단은 없다. 기술은 어디까지나 가치중립적이기 때문이다(이 문제에 관해서라면 하라리 교수의 다른 책 『호모데우스』를 읽는 것도 좋은 방법이다). '초연결' '초지능' '초융합'으로 대표되는 4차 산업혁명의 핵심엔 인공지능(AI)·사물인터넷(IoT)·로봇·드론·자율주행차·3D프린터·가상현실(VR) 등의 기술이 있다. 인공지능을 두뇌에, 빅데이터를 혈액에 각각 비유할 수 있다면 가상현실의 역할은 눈이나 손발에 가깝다. 핵심 요소 기술이 따로 존재하는 게 아니라 인체 기관처럼 유기적으로 연결되면서 서로 간의 융합을 통해 새로운 기술 혁명을 일으키게 되는 것이다. 더구나 가상현실은 홀로 존재하기보다 다른 기술과의 융합을 통해 분명한 존재감을 드러낸다.

마크 저커버그 페이스북 CEO가 2014년 당시 제대로 된 제품 하나 보유하지 못했던 가상현실 게임업체인 오큘러스(OCULUS)를 2조 원 넘게 주고 인수한 것은 정확히 그 중요성을 간파한 까닭에서다. 즉 4차 산업혁명 시대에 가상현실은 다른 기술이 반드시 필요로 하는, 공기나 물 같은 필수 요소 기술이 될 것이다. 최근 흥행에 성공한 〈아이언 맨〉를 비롯해, 〈매트릭스〉〈데몰리션맨〉〈아바타〉 등의 인기 영화들은 놀라운 가상현실과 증강현실 기술을 접목한 작품들이다. 문화예술은 인류의 현실을 반영하기도 하지만, 때로는 인류의 꿈과 가능성을 담아내기도 한다. 가상현실의 현실화는 『80일간의 세계 일주』로 잘 알려진 프랑스 작가 쥘 베른이 『지구에서 달까지』(1865)를 발표한 후 실제 인류가 달에 발을 내딛기(1969)까지 걸린 100여 년보다 훨씬 짧아질 것으로 여겨진다. IT와 연계한 자동화와 지식 정보화에 힘입어 AI 기술과 연계한 자율주행, 가상현실, 증강현실 등으로의 급격한 이동이 전망되면서도 노동과 생산의 사회적 관계에서는 어떤 일이 벌어질지 우려스럽다. 물론, 카스텔의 주장대로, 정보기술의 확산은 확실히 노동자를 대체하고 몇몇 직업을 없애버리기는 하였지만, 대량실업이라는 결론으로 마감되지 않았으며, 가까운 미래에도 그렇게 되지는 않을 것이다.

핵심은 지구적 자본이다. 거대한 국제자본은 네트워크의 힘을 사용하여 자본의 지구화를 이끌었다. 골드만삭스 같은 거대자본이 주도하는 플랫폼 자본주의에서 노동은 작업 과정(수행)에서 분리되고, 조직에서는 파편화되는 한편,

존재에 있어서 다각화되며, 집합적 행동에서는 분할된다. 그래서 자본주의적 생산 관계가 여전히 지속된다고는 하지만 자본과 노동은 점차 상이한 공간과 시간에, 즉 흐름의 공간과 장소의 공간에, 그리고 컴퓨터화된 네트워크의 (순간)시간에 존재하는 경향을 보인다. 공유경제라는 이름 아래 거대 자본은 에어비엔비, 우버, 카카오 카풀에 투자하는 한편, 배달 플랫폼 출시를 통해 오토바이나 자전거, 또는 발로 뛰는 긱 노동자들(gig workers)을 양산하고 있다. 플랫폼에 기반한 노동자들은 사용자 측(자본가 또는 고객)과 함께 한 자리에서 어떠한 의견조차 내지 못한 채, 자신이 지닌 유일한 안식처와 자동차, 신체를 시장에 내놓아 삶을 영위하는 셈이다.

네트워크에 접속 못하면 언제든지 아웃되는 신세다. 21세기 들어, AI 기술을 기반으로 네트워크 혁명이 사회 전반을 변화시키고 있으나, 폭염과 홍수, 에너지 위기, 환경오염, 전염병 확산 등 생태학적 위기도 가중되면서 이에 대한 인문학적 사유와 해결책도 새롭게 모색되고 있다. 흔히 재난은 발생 원인에 따라 자연 재난인 '재해'와 인공 재난인 '인재'로 구분하지만, 오늘날 기후변화는 재해로 봐야 할지 인재로 봐야 할지 매우 애매하다. 인간이 발생시킨 온실가스가 주된 원인이라고 알려져 있기 때문이다.

인류세냐, 자본세냐?

이제 지구에서 벌어지는 재난을 이분법적으로 구분하기란 쉽지 않다. 이에 따라 자연의 세계와 인간의 세계를 확고히 분리하는 기존의 근대주의적 사유도 큰 도전에 직면했다. 네덜란드 화학자 폴 크뤼천은 2000년 인류의 자연환경 파괴로 인해 지구의 환경체계는 급격하게 변하게 되었고, 그로 인해 인류가 지구환경과 맞서 싸우게 된 새로운 지질시대인 '인류세(人類世)'라는 용어를 제안했다. 지질시대를 연대로 구분할 때 기(紀)를 더 세분한 단위인 세(世)를 현대에 적용한 것으로, 시대 순으로 따지면 신생대 제4기의 홍적세(洪積世)와 지질시대 최후의 시대이자 현세인 충적세(沖積世)에 이은 전혀 새로운 시대이다. 아직 학문적으로 정립된 개념은 아니지만, 구태여 구분하자면 크뤼천이 제안한 2000년 안팎을 인류세의 시작으로 보면 된다.

인류세의 가장 큰 특징은 인류에 의한 자연환경 파괴를 들 수 있다. 그동안 인류는 끊임없이 지구환경을 훼손하고 파괴함으로써 인류가 이제까지 진화해 온 안정적이고 길들여진 환경과는 전혀 다른 환경에 직면하게 되었다. 엘니뇨·라니냐·라마마와 같은 해수의 이상기온 현상, 지구온난화 등 기후 변화로 인해 물리·화학·생물 등 지구의 환경체계도 근본적으로 변화하였다. 이로인해 인류는 급격하게 변화하는 지구환경과 맞서 싸우면서 어려움을 극복하지 않으면 안 되게 되었는데, 인류세는 환경훼손의 대가를 치러야만 하는 현재 인류 이후의 시대를 가리킨다. 이에 대한 반론으로, 미국 빙엄턴 대학교수이자 세계생태학연구네트워크(WERN)의 조정관인 제이슨 W. 무어는 "인류세라는 개념이 자본주의로 인한 문제들의 책임을 인류 전체로 돌려온 부르주아적인 구습을 강화하는 것은 아닐지 우려가 크다"라는 의견을 내놓는다[2]. 그는 인류세 대신 '자본세'의 개념을 주장한다. 오랫동안 아무런 대가없이 원자재를 과

---

2   Kamil Ahsan, 'La nature du capital : un entretien avec Jason W. Moore(자본의 성격 : 제이슨 W. 무어와의 인터뷰)', 〈Période〉, 2015년 11월 30일, http://revueperiode. net; Joseph Confavreux & Jade Lindgaard, 'Jason W. Moore : "Nous vivons l'effondrement du capitalisme"(제이슨 W. 무어 "우리는 자본주의의 붕괴를 겪고 있다")', 〈Mediapart〉, 2015년 10월 13일, www.mediapart.fr.

잉 채굴하고 환경 자원을 남용해 온 지금의 경제체제가 기후변화의 원인이라는 것이다. 결국 한정된 저장량의 비재생 자원을 계속 값싸게 사용하려던 경제 전략이 끝을 맞이했을 뿐, 이를 인류의 끝으로 보아서는 안 된다는 주장이다.

무어는 "우리는 현재 자본주의의 붕괴를 겪고 있다"면서 "이것은 우리가 취할 수 있는 가장 낙관적인 자세다. (…) 이 붕괴를 두려워할 필요는 없다. 오히려 받아들여야 할 것이다. 인간이나 건물이 붕괴되는 것이 아닌, 인류와 인류를 제외한 모든 자연을 마치 자본주의를 위해 무상으로 사용할 수 있는 사물처럼 여겨온 권력관계가 붕괴되는 것일 뿐이기 때문이다."라고 덧붙였다. 그렇다면, 인류세이든, 자본세이든 인간 탓에 생겨난 전 지구적 기후변화는 자연 과학의 대상인가, 아니면 인문 과학의 대상인가?

기후변화만이 아니라 오늘날 우리 삶을 좌우하는 많은 사건이 근대주의적 사유와 그에 기초한 자연 과학·인문 과학 이분법에 대해 의문을 제기한다. 미세먼지, 에너지 위기, 식품·농업 위기, 플라스틱 쓰레기, 전염병, '4차 산업혁명'으로 불리는 과학 기술의 변혁 등은 더 이상 자연·사회, 비인간·인간의 이분법에 기초해서는 제대로 이해하거나 해결할 수 없는 '하이브리드'적 현상이기 때문이다. 따라서 21세기 사상은 근대주의적 사유에서 벗어나지 못한 20세기 사상이 외면하거나 크게 관심을 두지 않았던 이런 문제들을 진지하게 탐구해야 할 책무를 지닌다.

21세기엔 20세기 사상이 외면한 문제들을 탐구해야

20세기 사상을 대략 돌이켜보자면, 서구의 사회과학 분야에서 1940~

1960년대에 지배적 영향력을 발휘했던 기능주의와 구조주의는 사회 체제가 촘촘한 구조물로 이루어져 있다고 보고 이를 구성하는 요소들의 유기적 관계가 어떻게 사회적 통합과 질서를 이뤄내는지를 과학적으로 설명하고자 했다. 그러나 기능주의와 구조주의는 전후 자본주의의 '영광의 시대'가 저물고, 미국에 의한 베트남 전쟁 발발과 프랑스 등 유럽 청년들의 반(反) 권위주의적인 '68 혁명' 참여로 인해 설득력을 잃고 쇠퇴했다.

1970년대에는 사회적 갈등과 변혁의 필요성이 중시되면서 이를 계급투쟁의 역사 유물론적 관점에서 설명하는 마르크스주의가 지식인 사회에 큰 영향력을 발휘했다. 사회 운동이 잦아든 1980년대에는 마르크스주의가 쇠퇴하고 포스트모더니즘과 해체주의가 유행했다(당시 전두환 군사정권에 항거한 한국의 저항운동은 세계사적 흐름에서 예외적이다!).

포스트모더니즘은 일반적으로 모더니즘의 이성 중심주의에 대해 근본적인 회의를 드러낸 서구의 사회, 문화, 예술의 총체적 운동으로, 이 무렵의 페미니즘, 학생운동, 흑인 인권운동의 영향을 받았다. 특히 앞서 데리다가 주창한 해체(déconstruction, 탈구축)의 개념은 포스트모더니즘의 특징이라 할 탈중심적 다원적(多元的) 사고, 탈이성적 사고의 바탕이 되었다. 포스트모더니즘은 사회를 일종의 언어·기호학적 구성물로 보고 다양한 의미 해석을 통해 사회 현상을 설명하려는 시도들이 나타났다. 하지만 이것 역시 지극히 인간 중심적인 지적 패러다임을 보였다. 즉 인간에 대해선 이성과 자유 의지가 있고 언어와 기호를 사용하는 능동적 '주체'로 본 반면, 동물과 기계 같은 비(非)인간은 단순한 물질로서 인과적 결정 법칙을 따르는 수동적 '객체'에 불과했다. 따라서 인간은 비인간보다 우월한 존재이고, 비인간 사물은 인간 행위에 사용되는 도구나 자원 또는 그 배경이나 제약 조건으로 간주해 왔다. 이같은 인간 중심적 사고의 근간은 서구 르네상스의 휴머니즘과 17세기 근대 철학의 기초를 놓은 데카르트의 이원론(정신·물질)으로 거슬러 올라간다. 하지만 인류적 위기에 봉착하여, 인간의 우월성은 심각한 의문을 사고 있다.

21세기 사상의 특징은 모든 근대주의적 사유의 토대를 이루는 인간 중심적 사고를 극복하려는데 있다. 동물에 대한 인식의 변화를 살펴보면, 아리스토텔레스는 이성을 동물과 다른 인간의 고유 본성으로 보았고 이를 근거로 인간의 우위를 주장하였다[3]. 유교와 같은 동아시아의 사상 역시 도덕을 인간의 본성으로 보아 금수(禽獸)에 대한 인간의 우선권을 당연히 여겼다[4]. 계몽철학자 데카르트는 동물을 생각 없는 존재, 영혼 없는 기계 같은 것으로 봤다. 마르크스 역시 인간의 일과 동물의 일이 겉으로는 비슷해 보여도 인간은 생각에 따라 일하는 반면, 동물은 본능에 따라 일한다고 주장했다. 베버가 말한 '의미 있는 사회적 행위'도 오직 인간에게 국한되며, 뒤르켐이 말한 '사회적 사실' 역시 인간이 정신 활동을 통해 만들어 낸 집합 표상만을 포함한다. 근대 이전의 철학 사상은 동물과 인간의 차이에 강조점을 두었다. 동물권은 근대 법철학의 다음과 같은 물음에서 출발한다. 인권이 조건 없이 주어진다면 동물권 역시 조건 없이 주어져야 하지 않는가?

동물학대는 인종차별과도 같은 것

최초의 동물의 권리에 대한 법적 보호는 1822년 영국 하원에서 제정된 마

---

4 조길혜, 김동휘 역, 《중국유학사》, 신원문화사, 1997년, ISBN 89-3590-623-9, p.197

틴 법을 들 수 있다. 이 법에서는 말이나 소에 대한 학대를 금지하였다[5]. 윤리학자 피터 싱어는 1975년 발표한 『동물 해방』에서 즐거움과 고통을 느낄 수 있고 의식이 있는 존재인 동물을 인간이 마음대로 사용하고 학대하는 것은 성차별이나 인종 차별과 같은 종차별주의라고 주장하였다. 오늘날 여러 나라에서는 동물 학대를 금지하는 동물보호법을 제정하고 있다. 독일의 경우 2002년 '국가는 미래 세대의 관점에서 생명의 자연적 기반과 동물을 보호할 책임을 가진다'는 내용을 세계 최초로 헌법에 명시해 동물권을 보장했으나 우리나라는 아직 초보적 수준에서 동물권이 논의 중이다. 현재 국내에는 동물보호법, 실험동물에 관한 법률, 야생동물 보호 및 관리에 관한 법률 등 40~50개의 동물 관련법이 존재한다. 해당 법은 동물을 어떻게 보호·이용하고 관리할지에 대한 내용을 다룬다. 이렇게 많은 동물 관련 법령이 있는데도 불구하고 문제는 법이 동물을 제대로 보호하고 있지 못하다는 데 있다. 특히 동물보호의 일반법적 지위에 있는 동물보호법 대부분이 '가정에서 반려 목적으로 기르는 경우'의 동물들에게만 집중되어 있어 사실상 그 이외의 목적으로 키우는 동물은 법의 사각지대에 놓이게 되는 것.

서국화 동물권연구변호사단체 PNR 공동대표는 "동물보호법 전체 47개 조문 중 38개가 반려 목적의 동물들에 관한 규정으로 구성돼 있다"며 "물론 파충류, 양서류 및 어류도 동물 학대 금지 보호 대상이지만 현실적으로 공장식 축산으로 사육되는 동물들, 실험실의 동물 등을 대상으로 한 행위에 동물보호법이 적용된 사례는 찾아보기 어렵다"고 밝혔다.

한편 식물권에 대한 논의는 복잡하다. 식물의 생태는 인간을 포함한 동물과

---

5   Legge, Debbi and Brooman, Simon (1997). Law Relating to Animals. Cavendish Publishing, pp. 40 - 42.

판이하며, 이성 소유의 흔적이 보이지 않는다. 식물의 생명권이나 종족 보존권이 보장되어야함은 분명하지만, 식물에게도 천부권이 있는지는 어떤 윤리학자라도 명백히 대답하기 힘들다. 식물은 개체 전체를 위해서 개개의 생명은 덜 중요하게 취급함을 발견할 수 있다. 이성이나 통각이 없으며 개체 간의 변별성도 떨어진다. 따라서 식물권은 보통 동물권의 부수적인 주제로 다뤄진다.

코로나 시대의 인문학

코로나19 사태 이후 우리 사회에서 가장 많이 언급된 단어는 두말할 나위 없이 '코로나'와 그 술어 격인 '팬데믹'이다. 팬데믹은 세계적으로 전염병이 대유행하는 사태를 일컫는다. 징후보다는 징후를 일으킨 경로에 초점이 맞춰진 전염병 개념은 '전염'이란 수식어가 붙지 않은 다른 병과 동일하게 인간 신체에 부정적인 변화를 일으키는 물리적 현상을 가리킨다. 그런데 물리적 현상인 팬데믹에 비(非)물리적 현상이 수반되곤 한다. 그것이 바로 정보전염병으로 번역되는 인포데믹(Infodemic)이다. 인포데믹은 인포메이션(Information)과 에피데믹(Epidemic)의 합성어로, 잘못된 정보가 미디어·인터넷 등을 통해 전염병처럼 급속하게 퍼져나가는 현상을 의미한다. 미국 전략분석기관 인텔리브리지(Intellibridge)의 창업자 데이비드 로스코프(David Rothkopf)가 2003년 5월 〈워싱턴 포스트〉 기고문에 처음으로 사용한 이 용어는 특히 코로나19 시대에 '보이는 사실'의 개연성과 불확실성을 파고들어, '보이지 않는 진실'의 확증 편향을 널리 유포한다는 의미를 지닌다. 인포데믹은 일종의 가짜 뉴스이자 잘못된 소문이지만, 소소한 인포데믹은 때론 삶의 동력이 된다. 우리가 사는 사회에서 사실의 왜곡과 오해 자체는 문제가 아니다. 그걸 해결하기 위해 어떤 능력을 갖췄는지가 중요하며 그에 따라 품격의 여부가 좌우된다. 인포데 믹이 문제가 되는 상황은 전염병처럼, 에피데믹이 지나치게 힘을 발휘하여 잘 못된 정보가 소소한 수준에 그치지 않고 급격하게 대규모로 퍼져서 혼란과 위 기를 증폭시킬 때다. 혹은 반대로 위기와 혼란이 인포데믹을 초래하기도 한다. 로스코프가 과거 사스 SARS(중증급성호흡기증후군) 공포로 아시아 경제가 추 락한 사례 등을 거론하며 "인포데믹은 한번 발생하면 대륙을 건너 전염된다"고 말한 적이 있는 것처럼, 코로나19 위기의 장기화로 인해 코로나에 대한 거짓된 정보와, 코로나 이후의 불확실한 전망들이 우리 사회에 널리 퍼져있다. 그러나 인류는 코로나 바이러스가 기승을 부리는 동안에도 생존을 위해 분투했고, 그 분투 속에는 더 나은 세상을 향한 다양한 모색들이 담겨있다. 세계화와 신자유 주의의 국면에서 돌출된 코로나 팬데믹은 인류가 서로의 고통을 걱정하고 고 통을 나누며 인류애를 확인하는, 이른바 세계시민주의를 각성하는 계기가 되 지 않을까 싶다(제3세계에 대한 마스크 및 백신 무상 기부 등). 지금까지 인류 는 전염병이 창궐할 때마다 엄청난 공포와 재앙을 겪으면서도 문명사적 진보 를 거듭해왔다. '유스티아누스 역병'이라고 불리는 1차 대역병은 6세기 중엽 발 병하여 긴 시간 중동과 동로마제국을 중심으로 위세를 떨치며 약 1억 명의 목 숨을 앗아갔지만, 로마법 대전이 편찬되고, 이 법이 중세유럽에 계승되어 각국 에 영향을 끼치면서 근대 시민법의 형성에 결정적인 영향을 주었다. 14세기 중 반에 유럽을 포함해 전 세계에 창궐한 흑사병 팬데믹은 유럽인구의 3분의 1을 앗아갔을 정도로 악명을 떨쳤지만, 이 기간 동안 격리제도가 도입되고, 매우 세세한 검역제도가 마련되었다. 이 시기에 흑사병을 배경으로 한 〈로미오와 줄 리엣〉, 보카치오의 〈데카메론〉이 출간되어 르네상스의 시작을 알렸다. 현대사에 기록된 최악의 전염병으로 꼽히는 스페인 독감은 1차 세계 대전 종전과 함께 미군 병사들이 본국으로 귀환하면서 미국에 크게 퍼져나갔고, 1920년 6월까지 극지방은 물론 태평양의 섬 등 전 세계로 확산해 전체 5,000만 명이 사망(우리나라에 기록된 스페인독감의 명칭은 무오년 독감이었으며, 14만 명이 숨졌다)했으나, 이로 인해 참전국들은 종전을 서둘렀고, 국제평화와 안전을 도모하기 위해 국제연합(UN)의 전신이라 할 국제연맹 설립(1920)을 주도해 세계시민사회로의 길을 닦았다.

코로나 이후 지구촌이 한 단계 더 나은 세계시민공화국으로 발돋움하기 위해선 상상력이 필요하다. 저명한 신자유주의 비판학자인 미셸 아글리에타(Michel Aglietta)가 제언하는 해법은 시의적절해보인다. 코로나19 사태로 우연찮게 금융자본주의의 파멸적 힘에서 해방된 공공재의 관리를 경제정책의 최우선 과제로 삼아야 한다는 것이다. 국가의 진정한 부는 공적 자본, 즉 한 나라가 갖춘 공유재산시스템이라는 그의 주장을 국가의 포스트 코로나 패러다임 구축에 관한 정곡을 찌르는 조언으로 받아들여야 하지 않을까?

코로나19 시대는 또한 무섭게 달려오던 4차 산업혁명과 더불어 AI·포스트휴머니즘이라는 미증유의 패러다임을 일상의 삶으로 끌어올렸다. 기술의 발전과 팬데믹의 장기화로 대면 활동을 대신할 수 있는 AR, VR에서 더 진보한 다양한 기술과 서비스들이 생겨나고 있다. 그중에서도 메타버스(Metaverse)라는 개념은 가상, 초월의 의미를 가지고 있는 메타(Meta)와 세계, 우주라는 뜻의 유니버스(Universe)가 합쳐진 것이다. 이는 빠른 네트워크와 AR, VR 등을 기반으로 현실 세계의 사회, 문화 활동을 가상 세계에서 할 수 있게 하는 것이다. 이와 관련하여 기업 연수, 대학 강의 등에서 메타버스 플랫폼을 활용한 교육 서비스를 도입하거나 도입을 준비하고 있다. 최근에는 메타버스에 이어 믹스버스(Mixverse)라는 개념도 등장했다. 믹스버스는 메타버스보다도 진보한 개념으로 가상과 현실을 섞는다는 개념이다. 믹스버스는 오프라인과 온라인 세계를 넘나드는 구성으로 현실과 가상의 세계를 혼합하여 경험하는 것이다.

우리는 지속되는 팬데믹 상황에 따라 직장 생활만이 아니라 학교 교육에서도 대면과 비대면 수업의 전환을 경험하고 있다. 물론 학생들의 교과목 학습뿐만 아니라 사회성 함양에도 비대면 수업보다는 대면 수업이 더 효과적인 것이 사실이다. 하지만 코로나19 뿐만 아니라 미래에 어떤 바이러스가 유행하여 이런 팬데믹 상황이 다시 발생할지는 예측하기 어렵다.

코로나19라는 세계적 규모의 위기에 인류는 다양한 분야에서 패러다임적 전환을 이끌어내고 있다. 먼 훗날 후세대들이 21세기의 인류를 어떤 시선으로 기억할지 궁금해진다.

21세기 세계에서 기후변화, 생태 위기, 바이러스 질병(코로나19의 무서운 전파력을 지적하지 않을 수 없다!), 과학 기술의 획기적 변화 등 하이브리드적 현상들이 점점 확대 및 심화되고 있다. 그러나 인간 중심적 이원론에 기초한 20세기 사상은 이같은 지구적 현안을 해결하는데 더 이상 유효하지 않다. 인간과 비인간을 동등한 행위자로 보면서 그들의 다양하고 역동적인 결합을 이해하려는 탈(脫)인간중심적 관점이야말로 우리 앞에 놓인 과제를 해결하는 실마리가 되리라 본다.

11장 마침내 혁명은 경쾌한 발걸음으로 시작되었다! 그러나…

[인물 색인]

[용어 색인]

비판 인문학 120년사

초판 1쇄 발행   2021년 11월 1일

지은이   성일권
발행인   성일권
편집인   이종훈
운영·책임   최승은
디자인   조예리

펴낸곳   (주)르몽드코리아
인쇄·제작   (주)재능인쇄
주소   서울특별시 마포구 양화대로 1길 83 석우빌 1층
출판등록   2009. 09. 제2014-000119
홈페이지   www.ilemonde.com
SNS   https://www.facebook.com/ilemondekorea
전자우편   info@ilemonde.com

ISBN   979-11-86596-74-6

이 도서의 국립중앙도서관 출판예정도서목록(CIP)은
서지정보유통지원시스템 홈페이지 (http://seoji.nl.go.kr) 와
국가자료공동목록시스템 (http://www.nl.go.kr/kolisnet) 에서 이용하실 수 있습니다.